"十三五"国家重点出版物出版规划项目

上海市"十三五"重点图书出版规划项目

上海文化发展基金会图书出版专项基金资助项目

U0102050

"一带一路"
合作中的国际税收
争议解决机制研究

赵鹏 ——— 著

立信会计出版社
LIXIN ACCOUNTING PUBLISHING HOUSE

图书在版编目(CIP)数据

"一带一路"合作中的国际税收争议解决机制研究 /
赵鹏著. —上海：立信会计出版社，2020.12
（"一带一路"经济与文化融合发展研究丛书）
ISBN 978 - 7 - 5429 - 6704 - 6

Ⅰ.①一… Ⅱ.①赵… Ⅲ.①国际税收—研究 Ⅳ.
①F810.42

中国版本图书馆 CIP 数据核字(2020)第 269748 号

策划编辑　　方士华　　王斯龙
责任编辑　　王斯龙
美术编辑　　吴博闻

"一带一路"合作中的国际税收争议解决机制研究
YIDAI YILU HEZUO ZHONG DE GUOJI SHUISHOU ZHENGYI JIEJUE JIZHI YANJIU

出版发行	立信会计出版社		
地　　址	上海市中山西路 2230 号	邮政编码	200235
电　　话	(021)64411389	传　真	(021)64411325
网　　址	www.lixinaph.com	电子邮箱	lixinaph2019@126.com
网上书店	http://lixin.jd.com		http://lxkjcbs.tmall.com
经　　销	各地新华书店		
印　　刷	江苏凤凰数码印务有限公司		
开　　本	710 毫米×1000 毫米	1/16	
印　　张	15		
字　　数	295 千字		
版　　次	2020 年 12 月第 1 版		
印　　次	2020 年 12 月第 1 次		
书　　号	ISBN 978 - 7 - 5429 - 6704 - 6/F		
定　　价	68.00 元		

如有印订差错,请与本社联系调换

序　言

　　当今世界是一个变革的世界,是一个新机遇和新挑战层出不穷的世界,是一个国际体系和国际秩序深度调整的世界,是一个国际力量对比深刻变化的世界。这些变化与调整促使世界进入一个百年未有之大变局,这也成为当前国际经济领域的显著特征。随着中国日益走进世界舞台的中央,中国不仅是百年未有之大变局的亲历者,更是深刻影响世界变革发展的重要参与者。过去几年,中国以推动构建人类命运共同体为核心目标,以"一带一路"倡议为主要路径,持续地推动国际合作与共同发展。实践充分证明,"一带一路"已经成为当今世界深受欢迎的"国际公共产品",更是成为目前国际上最具影响力的国际合作平台,有效提振了世界经济的复苏与发展。

　　税收规则是国际经贸规则的重要内容,税收条款同样是区域自贸协定的重要组成部分。税收规则与贸易规则、投资规则共同作用,为消除区域内贸易、投资障碍,降低商品服务交易成本,促进劳动力、资本、技术在成员国之间的自由流动,确保资源在国与国之间的最佳配置,提供了重要的制度基础。税收条款将推动成员国税收治理体系与税收管理政策的相互协调,促进地区内各国之间的税收合作。税收作为跨境贸易和投资的重要考量因素,必定会在推动区域经济一体化乃至全球经济治理中大有作为。

　　国际税收争议的产生和发展,是国际经济交往发展到一定历史阶段,国家的税收管辖权扩大到具有跨国性质的征税对象的结果。国际税收争议的实质是国家税收主权和纳税人私权发生矛盾冲突的体现。本书所认为的国际税收争议解决机制,是指国际社会所使用的解决国际税收争议的各种多元化方式组成的动态系统。既有国内机制,又有国际机制;既包含传统的争议解决方法,如行政复议、行政诉讼、相互协商、仲裁、预约定价协议,也包含司法化的解决机制,如由国际法院和世界贸易组织来裁决的新设想。

　　本书的实践作用是在"一带一路"合作背景下针对我国无论是在理论研究还是具体制度方面的不足,提出了借鉴吸收发达国家和地区的科学立法和税务实践成功经验以完善我国国际税收争议解决的制度设计和可行性方案。构建符合

"一带一路"沿线国家需求和实际的国际税收争议解决机制,应依循"一带一路"倡议所倡行的相互尊重、开放包容和合作共赢的国际税收合作新理念,在完善现行相互协商程序机制的基础上构建一种开放多元和复合型的国际税收争议解决机制。

作为赵鹏的博士导师,希冀他以此著作作为起点,继续探索,为"一带一路"争端解决机制的法治化建设贡献一份力量。

是为序。

刘晓红

上海政法学院校长

上海仲裁委员会主任

上海市法学会"一带一路"法律研究会会长

前　言

在全球化、经济一体化背景和世界贸易组织(WTO)框架下,各种关税和非关税壁垒受到进一步削减和控制,各国投资准入和金融外汇管制渐趋宽松,税收因素对跨国经济交易和人员交往的影响更加突出,国际税收权益分配的矛盾冲突也大量出现。在国际税收竞争日趋激烈、各国税制的相互联系与影响不断加强的情况下,如何借鉴、吸收发达国家的科学立法和税务实践经验以完善我国国内税法;在避免国际重复征税和防范国际逃税及避税时,如何更好地利用中外双边和多边税收协定作用,促进中国企业海外投资的健康发展,是国际税法学者必须思考的问题。而我国有关国际税法和比较税制研究的现状与中国改革开放和税收法治的形势发展还不够匹配,无论是研究者的数量还是研究的广度与深度,都与西方发达国家存在很大差距。客观地讲,我们还处在向西方同行学习和借鉴的阶段。要实现理论的本土化乃至为理论和规则的发展作出贡献,我们还有很长一段路要走。

征税权是国家主权的核心之一,各国在设计和制定国内税收规则时可能并未充分考虑其他国家税收规则的效力。因此,各国在按照本国税收规则行使征税权的时候,这些不同的国内税收规则在同一时间适用于同一个纳税人的同一笔跨境交易所产生的收入或所得时,相互之间就产生了冲突和摩擦:如果是积极的冲突,就会对纳税人征税产生双重甚至多重征税;如果是消极的冲突,就会对纳税人产生双重甚至多重的不征税。双重征税或双重不征税都违反了国际税法的单一征税原则(the single tax principle)。至少从 20 世纪 20 年代的国际联盟开始,各国普遍认为,国际双重征税是对跨境贸易和投资的阻碍,会损害经济的可持续发展。直到 2008 年之前,国际税收规则协调和合作的主要目的是消除和预防对纳税人跨境交易产生利润的双重征税。这一点,无论是从 1963 年的经济合作与发展组织(Organization for Economic Co-operation and Development, OECD,简称经合组织)税收协定的范本《经济合作与发展组织关于对所得和财产避免双重征税的协定范本》(the OECD Model Convention),还是从 1977 年的联合国税收协定的范本《联合国关于发达国家与发展中国家之间避免双重征税的协定范本》的名称都可以看出。但从 2008 年以来,整个西方发达国家国内经济逐渐下行,甚至出现国家破产的情况;与此同时,那些富可敌国的跨国企业凭借极具侵略性的税收筹划(aggressive tax planning)却财源滚滚。八国集团(G8)先在各自国内加强对跨国纳税人的税收监管,然后开始反思现行的以消除国际双重征税为目标的国际税收协定体系。它们的共识是,无论是经合组织的税收协定还是双边的税收协定,都无法解决对跨国企业双重不征税的问题。因此,在发达国家的推动及"金砖国家"(BRICS)的共同参与下,二十国集团(G20)的财政部部长们请求经合组织以一种协调和全面的方式制订行动计划来应对跨国企业以转让定价、滥用国际税收协定等方式导致的税基侵蚀和利润转移活动(base erosion and profit shifting, BEPS)。BEPS 行动计划(action plan on base erosion and profit shifting)共包括 15 项具体行动,每项具体行动都有具体的时限要求。例如,第 14 项具体行动增加国际税收争议解决机制有效性方面,要求最晚在 2015 年 9 月由经合组织对其税收协定范本的争议解决机制作出改变,消除协定缔约国依据相互协商程序(mutual agreement procedure, MAP)解决税收争议的障碍。又如,大多数协定中没有规定仲裁解决的条款问题以及寻求 MAP 和仲裁解决被拒绝的情形。[1] BEPS 的实施将对现行的国际税收协定体系产生重要的影响,尽管 BEPS 对发展中国家并不能自动适用,但它作为国际税法的第一个软法渊源,针对跨国企业税收套利所确立的标准将对各国自由行使税收主权构成限制。就我国来说,在经济转型的过程中随着国家综合实力的增强,作为同时兼具"走出去"和"引进来"身份的贸易、投资和税收协定大国,我们不可能对 BEPS 的规则漠视或无动于衷。恰恰相反,虽然我国不是经合组织的成员国,但是从 2005 年起,我国国家税务总局以观察员身份开始参加经合组织财政事务委员会下属税收协定、税收政策分析与统计、跨国公司税收、国际避税与逃税及消费税收这五个工作组的专业会议。此外,我国积极参与经合组织和联合国税收协定范本及注释,以及联合国《发展中国家转让定价手册》的制定。经合组织 BEPS 行动计划的出台和我国的国际地位决定了我们要积极研究它可能对我国现行税收协定体系带来的巨大冲击,特别是研究国际税收争议解决等方面。

我国既是税收协定大国,又是国际贸易和投资大国。2001 年,北京市中级人民法院审理的涉及中美税收协定适用争议问题的"泛美卫星公司税案"的意义在于,它提出了一个令人深思的问题:在经济全球化、信息与通信技术变革的新形势下,我国如何合法、有据地诚信履行自己的国际条约义务,以确保维护自身税收权益,推动公平合理的跨国税收权益分配秩序,保障跨国纳税人的合法权

---

① 详见附件四。

益,促进国际投资和贸易活动等目标的实现并维持平衡。

2013年9月和10月,习近平主席在出访中亚和东南亚国家期间,先后提出共建"丝绸之路经济带"和"21世纪海上丝绸之路"(以下简称"一带一路")的重大倡议。这是新时代中国政府对2 000多年前亚欧大陆人民探索出的"丝绸之路"精神的薪火相传,这个精神的核心是"和平合作、开放包容、互学互鉴、互利共赢"。中国将秉承这个精神,全方位推进务实合作,把"一带一路"打造为沿线国家共同发展、共同繁荣的合作共赢之路,增进理解信任、加强全方位交流的和平友谊之路。"一带一路"是一项跨国性的发展倡议,涉及众多敏感的经济问题、政治问题、安全问题和社会文化摩擦,这些问题和摩擦固然可以通过政治和战略手段强势介入,但一旦管控不力,就可能会引发严重的政治后果。因此,在推动"一带一路"建设过程中,我国必须重视法治驱动,推动"一带一路"沿线国家之间签订一系列贸易、投资协定等,制定完善的法律体系,构建一个以国际贸易规则、投资规则和争端解决规则为核心内容的、代表21世纪最新国际经济法发展成果的国际条约体系。投资贸易合作是"一带一路"建设的重点内容,因此我国要加快投资便利化进程,消除投资壁垒;要加强双边投资保护协定、避免双重征税协定磋商,保护投资者的合法权益。

中国(上海)自由贸易试验区建设的关键是制度创新,而不是挖掘政策洼地。无论是为了促进投资,还是为了促进贸易,借鉴并制定符合市场化、国际化和法治化要求的税收政策,都是非常重要的。

毋庸置疑,要形成与国际投资、贸易通行规则相衔接的基本制度,我国需要在试验区率先建立符合国际化和法治化要求的跨境投资和贸易规则体系,这必然要求建立与国际投资、贸易相匹配的国际税收分配规则体系。而只要存在国际税收分配关系,就一定会在国家之间、国家和跨国纳税人之间产生如何公平有效分配的国际税收争议问题。中国(上海)试验区这个制度创新的"试验田"为我们借鉴和吸收国外比较成熟和健全的国际税收争议解决方法和制度提供了宽广和良好的平台。我们不仅要研究分析国外国际税收争议解决的具体方法和制度,而且要把国际税收争议的解决与国际贸易争议解决和国际投资争议解决做比较分析。国际税收争议解决机制的调整可以实现对跨国征税对象公平合理的税收分配。而国际税收分配关系,本质上是跨国投资、贸易、技术转让和劳务服务等各种经济交往活动创造的经济价值和利益在相关的征税国和跨国纳税人之间的再分配关系。这就决定了研究和评价国际税收争议解决机制必须综合考虑其牵连的贸易、投资关系,通过与国际贸易争议解决和国际投资争议解决的联系配合来处理错综复杂的国际税收争议问题。而与发展比较成熟的国际贸易争议解决机制和国际投资争端解决机制相比,国际税收争议解决机制还存在很多问题和不足。

本书既从纵向综合研究了国际税收争议解决发展的具体方法,如相互协商程序、仲裁、预约定价协议(APA 或 APAs①)、司法解决方法;又从横向分析了世界各个主要国家国内税收解决方法,如美国、德国、日本、澳大利亚的国内税收规则,进而对与国际税收争议解决机制有密切联系的国际贸易争议解决和国际投资争议解决进行比较分析。

国际税收争议解决的机制主要分为两种:

一种是国内法程序。从世界范围来看,各国一般都规定纳税人与税务机关之间发生的税收争议,可以通过行政性救济程序、国内诉讼程序来解决。从研究的范围来看,国内法程序基本属于各国的国内法。准确地说,国内法程序是国内行政程序法研究的对象,因此本书拟用比较法的观点,选取大陆法系的代表——德国的纳税人权利保护制度及申诉程序、英美法系的代表——美国的纳税人权利保护制度及妥协提议(an offer in compromise)以及深受这两国影响的中国台湾地区税捐协谈制度进行比较,说明税收这种公法债权的可交易性。在我国刑事诉讼法明确规定了刑事公诉案件和解的背景下,本书希望通过推动行政和解协议从理论走向实践,进而促进我国行政程序法的早日出台。

另一种是国际法程序。在国际法程序的争议解决方法中,本书既全面梳理、综合分析了传统的争议解决方法——相互协商程序及其延伸仲裁解决程序、预约定价协议,也对争议解决的新设想——司法解决(即由国际法院或世界贸易组织解决的程序)进行分析并提出了相应的思考,而且还专门从比较的角度对国际税收争议解决机制与 WTO 争端解决机制、解决投资争端国际中心(ICSID)投资争端解决机制从宏观联系和微观制度进行分析。这些具体机制和程序的分析归根到底要服务于我国国际税收争议解决机制和程序的发展与完善。

本书在研究方法上,注意针对研究对象与问题的跨国性、综合性和交叉性的特点,采用跨学科的、历史的、学理的、比较的综合研究方法,重视经济观察和法律实证分析相结合、制度规范比较和典型案例分析相补充、国际法与国内法相联系。本书在阐述和分析国际税收争议解决的国内方法和国际方法时,主要运用历史的和演绎的方法,既有对一般规则的概括,也有对国别典型制度的介绍,力求从点到面,全面反映制度和实践中的经验和问题。本书在探究国际税收争议解决机制与 WTO 争端解决机制、ICSID 投资争端解决机制相互关系时,主要运用比较的方法,既有宏观制度的比较又有微观具体争议解决方法的比较;既有定性的分析也有定量的分析,力求使用第一手或第二手的文献资料,比较全面、客观和准确地发

---

① 涉及多边时,使用 APAs。

现和认识问题,科学、合理地总结经验和提出应对方案。

　　本书第一章在回顾过去研究的观点和建议后,概括提出国际税收争议的概念、特点和种类及其解决机制的范围以及国际税收争议的税收主权性质,为争议解决具体方法的阐述做好铺垫。

　　第二章分别从理论和实践相结合的角度、国内解决和国际解决的角度指出,相互协商程序在解决因一个缔约国的行为而产生的双重征税的案件中,如对所得的转让定价调整或主管税务机关决定的扣除额,发挥着越来越重要的作用。根据加拿大、墨西哥和美国三个国家的统计数据看,相互协商程序在解决转让定价调整分配案件方面是非常有效的。第二章还在比较分析当今世界三种典型的国际税收争议仲裁解决程序的基础上指出,美国在将来新修订的所得税协定范本中都将规定强制仲裁的条款。转让定价和其他的税收分配产生的争议代表了目前最常见最重要的国际税收争议。解决转让定价争议的方法主要包括:税务审计、国内诉讼、相互协商、仲裁、预约定价协议。与前述国内诉讼、相互协商和仲裁等相比,预约定价协议的事先预防争议产生功能以及是合作而不是对抗的解决方法无论是对纳税人还是对税务机关都意义重大。MAP、仲裁和预约定价协议在实践中都存在如下的共同制度缺陷:①国际税收争议解决结果的公开问题;②多边争议解决的统一适用问题;③纳税人在非税收协定的缔约国家能否参与 MAP、预约定价协议等国际税收争议解决程序的问题;④纳税人的参与度问题。在此背景下,利用国际上现有的司法机制来解决国际税收争议的呼声也日益高涨起来。

　　第三章分别从理论和实践相结合的角度、国际解决的角度以及司法解决的角度,分析了由国际法院和世界贸易组织行使对国际税收争议的管辖权问题。直接性的国际税收争议能否由国际法院来解决?这个问题的答案是肯定的。而对间接性的国际税收争议,国际法院则不享有管辖权。从一种务实的角度来看,要使世界贸易组织在税收领域发挥更大的作用,我们需要从以下三方面作出改进:第一,完善世界贸易组织现有的在相关协定中的税收规则,并制定补充指导规则。第二,建立世界贸易组织的贸易和税收委员会。第三,增加世界贸易组织和国际税收主要机构(如经合组织和联合国)间的联系和对话。我们不得不承认,世界贸易组织是国际税法多边管控的一个不可分割的因素,我们不应低估它对税收的影响作用。

　　第四章是从宏观联系和微观制度对国际税收争议解决机制与 WTO 争端解决机制、ICSID 投资争端解决机制进行比对分析,以探究它们的联动甚至融合的可能性。通俗地说,一份税收协定代表了两国间的一笔交易,目的是避免双重征税和保护税基,而这笔交易的代价是对各自税收主权的一定限制与侵蚀。这种主权保留说明了国际税收争议解决机制中缺乏一种正式的、有约束力的争议解决程序。许多投资协定中都规定，与税收有关的问题只有在提交给被投资方和投资方的境内税务主管当局认定后，才能向解决投资争端国际中心提起仲裁。

第五章针对我国在理论研究和具体制度方面的不足，提出借鉴吸收发达国家和地区的科学立法和税务实践成功经验，以完善我国国际税收争议解决的制度设计和可行性方案。在税收立法方面，我国可以吸收和借鉴我国台湾地区的税捐协谈制度，由国家税务总局制定行政和解协议的规章。第五章还提出如下对策：结合我国国际税收争议的具体问题来不断完善我们现有的 MAP 规则；修改广为诟病的税收行政复议中纳税义务前置的规定；扩大税务行政复议范围；从司法体制上理顺法院和地方政府的关系，使我国的涉税行政诉讼更加独立和公正；加强法院行政庭法官的国际税法专业训练，使我国的涉税诉讼更加专业化。

我国政府在与"一带一路"沿线国家签订双边税收协定时，除了继续完善现有的相互协商程序，还可以根据缔约对方国家对仲裁解决税收争议的立场选择性地加入仲裁解决的方式；甚至可以发起创立新丝路国家仲裁委员会来改善当前相互协商程序的不足。中国(上海)自由贸易试验区可以对税收协谈制度和替代性争议解决(alternative dispute resolution，ADR)进行实验，实现税收争议解决的制度创新。

赵 鹏

目　　录

导　　论

一、本研究的背景与意义

（一）国际税制发展的新问题

在全球化、经济一体化背景和 WTO 框架下,各种关税和非关税壁垒受到进一步削减和控制,各国投资准入和金融外汇管制渐趋宽松,税收因素对跨国经济交易和人员交往的影响更加突出,国际税收权益分配的矛盾冲突大量出现。在国际税收竞争日趋激烈、各国税制的相互联系与影响不断加强的情况下,如何借鉴、吸收发达国家的科学立法和税务实践经验以完善我国国内税法;在避免国际重复征税和防范国际逃税和避税时,如何更好地利用中外双边和多边税收协定作用,促进中国企业海外投资的健康发展,是国际税法学者必须思考的问题。而我国有关国际税法和比较税制研究的现状与中国改革开放和税收法治的形势发展还不够匹配,无论是研究者的数量还是研究的广度与深度,都与西方发达国家存在很大差距。客观地讲,我们还处在向西方同行学习和借鉴的阶段。要实现理论的本土化乃至为理论和规则作出贡献,我们还有很长一段路要走。

我国既是税收协定大国,又是国际贸易和投资大国。① 有学者指出,2001 年北京市中级人民法院审理的涉及中美税收协定适用争议问题的"泛美卫星公司税案"的意义在于,它提出了一个令人深思的问题:在经济全球化、信息与通信技术变革的新形势下,我国如何合法、有据地诚信履行自己的国际条约义务,以确保维护自身税收权益,推动公平合理的跨国税收权益分配秩序,保障跨国纳税人的合法权益,促进国际投资和贸易活动等目标的实现并维持平衡。

---

① 自 2013 年年底,我国实际使用外资金额、对外直接投资额分别是 1 175.86 亿美元、901.7 亿美元,已成为全球第三大对外投资国,仅次于美国和日本,对外贸易额是 41 599.54 亿美元,排名位列全球第二。数据来源:http://data.mofcom.gov.cn/channel/zxjj/zxjj.shtml。截至 2020 年 4 月底,我国已对外正式签署 107 个避免双重征税协定,其中 101 个协定已生效,和中国香港、中国澳门两个特别行政区签署了税收安排。数据来源:http://www.chinatax.gov.cn/n2226/n810341/n810770/index.html。访问日期:2020 年 10 月。

征税权是国家主权的核心之一,各国在设计和制定国内税收规则时可能并未充分考虑其他国家税收规则的效力。因此,各国在按照本国税收规则行使征税权的时候,这些不同的国内税收规则在同一时间适用于同一个纳税人的同一笔跨境交易所产生的收入或所得时,相互之间就产生了冲突和摩擦:如果是积极的冲突,就会对纳税人征税产生双重甚至多重征税;如果是消极的冲突,就会对纳税人产生双重甚至多重的不征税。双重征税或双重不征税都违反了国际税法的单一征税原则。至少从 20 世纪 20 年代的国际联盟开始,各国普遍认为,国际双重征税是对跨境贸易和投资的阻碍,会损害经济的可持续发展。直到 2008 年之前,国际税收规则协调和合作的主要目标是消除和预防对纳税人跨境交易产生利润的双重征税。这一点,无论是从 1963 年的经合组织税收协定的范本《经济合作与发展组织关于对所得和财产避免双重征税的协定范本》还是从 1977 年的联合国税收协定的范本《联合国关于发达国家与发展中国家之间避免双重征税的协定范本》的名称都可以看出。但从 2008 年以来,整个西方发达国家国内经济逐渐下行,甚至出现国家破产的情况;与此同时,那些富可敌国的跨国企业凭借极具侵略性的税收筹划却财源滚滚。八国集团先在各自国内加强对跨国纳税人的税收监管,然后开始反思现行的以消除国际双重征税为目标的国际税收协定体系。它们的共识是无论是经合组织的税收协定还是双边的税收协定都无法解决对跨国企业双重不征税的问题。因此,在发达国家的推动及"金砖国家"的共同参与下,二十国集团的财政部部长们请求经合组织以一种协调和全面的方式制定行动计划来应对跨国企业以转让定价、滥用国际税收协定等方式导致的税基侵蚀和利润转移活动。BEPS 的行动计划共包括 15 项具体行动,每项具体行动都有具体的时限要求。例如,第 14 项具体行动在增加国际税收争议解决机制有效性方面,要求最晚在 2015 年 9 月由经合组织对其税收协定范本的争议解决机制作出改变,消除协定缔约国依据相互协商程序(mutual agreement procedure, MAP)解决税收争议的障碍。又如,大多数协定中没有规定仲裁解决的条款问题以及寻求 MAP 和仲裁解决被拒绝的情形。BEPS 行动计划的实施将对现行的国际税收协定体系产生重要的影响,尽管 BEPS 对发展中国家并不能自动适用,但它作为国际税法的第一个软法渊源,针对跨国企业税收套利所确立的标准将对各国自由行使税收主权构成限制。就我国来说,在经济转型的过程中随着国家综合实力的增强,作为同时皆具"走出去"和"引进来"身份的贸易、投资和税收协定大国,我们不可能对 BEPS 的规则漠视或无动于衷。恰恰相反,虽然我国不是经合组织的成员国但是从 2005 年起,国家税务总局以观察员身份开始参加经合组织财政事务委员会下属税收协定、税收政策分析与统计、跨国公司税收、国际避税与逃税及消费税收五个工作组的专业会议。此外,我国积极参与经合组织和联合国税收协定范本及注释,以及联合国《发展中国家转让定价手册》的制定。我国国家税务总局国际税务司负责人当选联合国国际税务合作专家委员会副主席和国际财政协会总部执委会委员,体现了我国在国际税收舞台上的重要地位和作用。

国家间缔结税收协定的目的是避免双重征税和双重不征税。然而国家间签订了税收协定并不意味着就能自动实现这一目标。国际税收协定的内容主要是征税权的冲突规则。国际税收协定的规则主要是征税权(税收管辖权)划分规则。国际税收协定不能为缔约国双方的公民或居民创设权利,除非税收协定的规定按国内立法方式被制定为法律。个人因缺乏国际法地位不得直接依协定主张权利但根据税收协定中的 MAP,纳税人享有争议解决的程序权利。国际税收协定的缔约主体是国家,权利义务主体也是国家,但国际税收协定最直接的受益者是跨国纳税人,不是缔约国双方的税务部门,因此,税收协定主要适用于跨国纳税人,作用于缔约国税务部门和纳税人。

如上所述,经合组织 BEPS 的出台和我国的国际地位决定了我们要积极研究 BEPS 可能对我国现行税收协定体系带来的巨大冲击,特别是研究国际税收争议解决等方面的问题。

(二)国内税制创新的新使命

2013 年 8 月,党中央、国务院作出建立中国(上海)自由贸易试验区的重大决策。为加快政府职能转变,创新对外开放模式,进一步探索深化改革开放的经验,同年 8 月 30 日,第十二届全国人民代表大会常务委员会第四次会议通过决定:授权国务院在上海外高桥保税区、上海外高桥保税物流园区、洋山保税港区和上海浦东机场综合保税区基础上设立中国(上海)自由贸易试验区(以下简称上海试验区)。随后制定的《中国(上海)自由贸易试验区总体方案》(以下简称方案)明确指出,上海试验区肩负着我国在新时期加快政府职能转变、积极探索管理模式创新、促进贸易和投资便利化,为全面深化改革和扩大开放探索新途径、积累新经验的重要使命。经过两至三年的改革试验,我国要使上海试验区成为我国进一步融入经济全球化的重要载体,要在上海试验区率先建立符合国际化和法治化要求的跨境投资和贸易规则体系,着力培育国际化和法治化的营商环境,把扩大开放与体制改革相结合、把培育功能与政策创新相结合,形成与国际投资、贸易通行规则相衔接的基本制度框架,打造中国经济升级版,为实现中华民族伟大复兴的中国梦作出贡献。[①]

上海试验区的建立不只是为了局部试验,更是为了长远的发展。我们现有的一些管理制度和政府监管模式,已经不能适应我们国家开放型经济、融入国际

---

① 见《中国(上海)自由贸易试验区总体方案》,第(一)指导思想、第(二)总体目标。

经济的发展需要。因此,我们必须加快政府职能的转变,而转变的核心是改革行政审批制度。改革已经进入深水区,需要通过扩大开放来促进、推动,甚至倒逼改革。所以说,上海试验区改革在全局上的重大意义是要在符合法治化、国际化和市场化的前提下,推进境内外投资和贸易制度的创新,这是全新的制度创新。上海试验区建设的关键不是挖掘政策洼地,而是通过制度创新来推进发展。

无论是要促进投资,还是要促进贸易,借鉴并制定符合市场化、国际化和法治化要求的税收政策,都是非常重要的。

自 20 世纪 20 年代国际联盟开始到现在的经合组织,都有一种压倒性的观点,即它们认为,国际双重征税是对跨境投资的阻碍。这种观点可能并不完全准确,从税收公平的角度看,国际双重征税加重了跨国纳税人的负担,阻碍了国际贸易和投资活动的开展。但是我国 30 多年实行吸引外国投资和税收优惠政策的实践以及海量外国投资涌入印度和巴西的事实证明,税收优惠政策在一定程度上会减损甚至抵销国际双重征税对跨国纳税人产生的负担。当然,与此同时东道国也需要有比较健全高效的税收监管体制来遏制跨国纳税人转移利润的行为。

但正如我国政府对上海试验区的定位:"上海自由贸易试验区的改革红利是制度创新,而不是政策优惠。"①在不给予税收优惠政策的前提下,如何"聚焦制度创新的重点领域和关键环节";②如何在"法律、法规、规章未禁止的事项,鼓励公民、法人和其他组织在自贸试验区积极开展改革创新活动"③,这些问题同样要从 2014 年 8 月 1 日起施行的《中国(上海)自由贸易试验区条例》(以下简称《条例》)中找到解决的方向。在《条例》第六章关于税收管理的部分,第三十三条规定,遵循税制改革方向和国际惯例,积极研究完善不导致利润转移、税基侵蚀的适应境外股权投资和离岸业务发展的税收政策。也就是说,在关注经合组织2013 年出台 BEPS 行动计划④的背景下,我们要完善能够适应境外间接投资和金融服务的税收规则。《条例》第三十五条规定,税务部门应当在自贸试验区开展税收征管现代化试点,提高税收效率,营造有利于企业发展、公平竞争的税收环境。国家税务总局于 2014 年 7 月 8 日发布的《关于支持中国(上海)自由贸易试验区创新税收服务的通知》中,要求上海国税局和地税局在上海试验区开展创新税收服务的十项措施(简称办税一网通)⑤,这十项措施确实是推进税收征管

① 新华每日电讯,2013 年 11 月 21 日,每日焦点栏目。
② 见《中国(上海)自由贸易试验区条例》第四条。
③ 见《中国(上海)自由贸易试验区条例》第五条。
④ 详见附件四。
⑤ 详见附件七。

现代化、提高税收效率的税收服务制度创新。毋庸置疑,要形成与国际投资、贸易通行规则相衔接的基本制度,要在试验区率先建立符合国际化和法治化要求的跨境投资和贸易规则体系,必然要求建立与国际投资、贸易相匹配的国际税收分配规则体系。而只要存在国际税收分配关系,就一定会在国家之间、国家和跨国纳税人之间产生如何公平有效分配的国际税收争议问题。上海试验区这个制度创新的"试验田"为我们借鉴和吸收国外比较成熟和健全的国际税收争议解决方法和制度提供了宽广和良好的平台。我们不仅要研究分析国外国际税收争议解决的具体方法和制度,而且要把国际税收争议的解决与国际贸易争议解决和国际投资争议解决做比较分析。国际税收争议解决机制的调整可以实现对跨国征税对象公平合理的税收分配。而国际税收分配关系,本质上是跨国投资、贸易、技术转让和劳务服务等各种经济交往活动创造的经济价值和利益在相关的征税国和跨国纳税人之间的再分配关系。这就决定了研究评价国际税收争议解决机制必须综合考虑其牵连的贸易、投资关系,通过与国际贸易争议解决和国际投资争议解决的联系配合来处理错综复杂的国际税收争议问题。而与发展比较成熟的国际贸易争议解决机制和国际投资争端解决机制相比,国际税收争议解决机制还存在很多问题和不足。

（三）理论价值

据本人一直追踪的国外和国内研究动态看:截至目前,本书是国内第一部以国际税收争议解决机制为题的论著;相关专题的硕士论文也仅是零星地讨论了相互协商程序、仲裁、预约定价协议这三种争议解决方法;有不到 20 篇的期刊论文仅对国外学者论文中这三种争议解决方法进行简略的介绍。概括地说,目前我国对此专题的研究,无论是在广度还是在深度上,都停留在国外十年前的研究状态。本书既从纵向综合研究了国际税收争议解决发展的具体方法,如相互协商程序、仲裁、预约定价协议、司法解决方法;又从横向分析了中国各个主要贸易国国内解决方法,如美国、德国、澳大利亚的国内税收规则,进而对与国际税收争议解决机制有密切联系的国际贸易争议解决和国际投资争议解决进行比较分析。应该讲,此类研究在国内外也是不多见的。这与本研究的跨学科、综合性有必然联系,主要体现如下:①本研究横跨国际税收和国际税法这两个学科,典型的问题如转让定价调整;②在法学研究领域内又综合了税法和国际法这两个部门法;③研究的对象既有实体法,如税收协定涉及的条约法内容,又有程序法,如仲裁和诉讼的内容;④国内相关资料的匮乏也导致研究者只能检索收集国外的资料,而检索的资源、资金限制、相关资料的跨度,甚至研究者的语言能力等这些细小因素都导致此类研究的费时费力。客观地说,就本人前期已开展的研究看,本研究的综合性、深度性在国际税法领域是具有一定创新性的。

（四）目前国内外研究的现状和趋势

如前所述,目前国内为数不多的十几篇硕士论文和期刊论文引用了国外早期的文献,零星介绍了国外的一些早期观点和实际做法。其主要结论是不成体系的和过时的,如仅建议我国在国际税收争议中引入仲裁解决方法,但对国外仲裁解决的具体程序、制度和如何在借鉴的基础上设计我国的仲裁解决程序没有论及。国外学者 Zvi Daniel Altman 在 2006 年的著作中提出,在过去的 15 年来,有 50 多个双边税收协定规定了将仲裁解决作为相互协商程序的补充,截至目前,在实务中只有 1 个案件用到了仲裁解决方式。虽然经合组织规定有仲裁解决的成员国,但真正使用仲裁解决方法的也是很少的。

国外对此专题的研究情况,据本人在 Kluwer Law International 网站、荷兰国际财政文献局(International Bureau of Fiscal Documentation, IBFD)官网(www.IBFD.org)检索的结果看,如相互协商程序、仲裁、预约定价协议等专题性论文很多,甚至有这些专题的专著,但全面的、系统的乃至把与国际税收争议解决机制有密切联系的国际贸易争议解决和国际投资争议解决进行比较分析的论述并不多。本人只收集到 2 本专著,除了上面以色列学者 Zvi Daniel Altman 在 2006 年的著作,还有一本是沙特学者 Turki Althunayan 在 2010 年出版的著作。沙特学者 Turki Althunayan 在其著作中主要论述了贸易和税收的互动,并提出把国际税收争议纳入 WTO 管辖的观点,比 Zvi Daniel Altman 著作的范围要窄很多。Zvi Daniel Altman 的著作是国外第一部全面、系统、既有理论分析又有实证数据支撑、既有国内规制又有国际调整的国际税收争议解决的专著。他先评析了已有的争议解决方法,如相互协商程序、仲裁、预约定价协议、国内法院等的利弊得失,然后与 WTO 和投资争议解决的方式进行比较,最后提出了长远的制度设计,即在完善现有争议解决方法的同时,在国际层面建立全球税务组织(GTO)和国际税务法院(ITT)。Zvi Daniel Altman 的核心观点是要根据税收争议的不同性质,综合使用各种争议解决方法。例如,涉及事实争议的案件,像转让定价争议的案件最好通过仲裁解决;而不涉及税收分配的案件可以由国际税务法院通过给国内法院提供不具有约束力的建议来解决。总之,这些观点代表了国外对此类专题研究的最新成果,值得本研究结合我国的实际进行学习和借鉴。

二、本研究的范围和主题

（一）研究的范围

按照国际税法学界的通说,国际税收法律规范可以分为两个部分:一是确定国际税收关系主体权利和义务的实体法规范;二是有关解决国际税收争议方法的程序性规范。程序性规范是实体性规范顺利实施的保证。本研究是对国际税收争议解决机制的研究,就是从程序性规范角度对理论和实践中国际税收争议的具体设想和制度进行的梳理和分析。由于历史原因,我国纳税人权利保护的法律和制度保障还存在着缺失和不足,在传统税收立法思想中,长期坚持国家本位,强调国家权力和纳税义务;在税收制度的设计上,强调税收职能的实现,一定程度上忽视了纳税人的权利保护。我国不少纳税人对于自己享有何种权利、如何维护自己的合法权益知之甚少。2001 年修订的《中华人民共和国税收征收管理法》对保护纳税人的基本权利从法律层面进行了规定,但该法内容较多,纳税人权利被分散在各处表述,不易于纳税人理解和掌握。为使广大纳税人充分了解所享有的权利和应尽的义务,帮助纳税人准确快捷地完成纳税事宜,增强纳税人维护自身合法权益的能力,同时借鉴发达国家的通行做法,2009 年 11 月,国家税务总局发布《关于纳税人权利与义务的公告》,第一次以税收规范性文件的形式列明了纳税人享有的权利和应该履行的义务。

西方的程序正义观念和我国一直固守的"重实体,轻程序"观念在法学的各部门法研究和实务中形成鲜明对比。

改革开放以来,随着经济社会的发展,法治精神逐渐深入人心。1997 年,党的十五大将"依法治国"确立为治国的基本方略。1999 年,第九届全国人民代表大会第二次会议把"实行依法治国,建设社会主义法治国家"载入《中华人民共和国宪法》。2004 年,国务院发布《全面推进依法行政实施纲要》提出利用 10 年时间基本实现建设法治政府的目标。2006 年,党的十六届六中全会提出了构建社会主义和谐社会的宏伟目标,把民主法治作为构建和谐社会的基本要求。2007 年,党的十七大进一步提出全面落实依法治国基本方略,明确中国特色社会主义法治建设的基本目标和根本任务。2010 年,国务院召开全国依法行政工作会议,提出依法行政是现代政治文明的重要标志。推进依法行政,建设法治政府,是我国治国理政从理念到方式的革命性变化,是我国政治体制改革迈出的重要一步,具有划时代的重要意义。从税务机关对待纳税人态度的变化及重视纳税人在争议解决程序中的正当权利,我们可以深切感受到国家法治的进步。

税务部门是国家重要的行政执法部门,在全面推进依法行政、建设法治政府的进程中肩负着重要职责。国家税务总局编写的《中国税收发展报告(2006—2010)》指出,"十一五"时期,税务部门深入贯彻国务院《全面推进依法行政实施纲要》,把依法行政作为税收工作的基本准则,努力建设法治型税务机关。该报告特别强调,税务部门要坚定法治理念,强化程序意识、服务意识、责任意识,着眼于服务经济社会发展大局,着眼于提高税务干部依法行政观念和能力,着眼于解决税收管理体制机制深层次的矛盾和问题,着眼于构建有利于税收事业科学发展的法治环境,全面推进依法行政,为加快建设法治政府发挥更大的作用。对我国税务机关强化程序意识,尤其是在和纳税人发生税收争议解决过程中重视程序的态度,本人于 2014 年 5 月 13 日在参加由荷兰国际财政文献局组织的国际税收讲座中,从国家税务总局国际司官员的反复强调中得到印证。①

税务机关程序意识的提高要具体表现在提高税收立法质量、规范税收执法行为、强化税收执法监督、完善税收法律救济机制等方面,特别是表现在和纳税人发生税收争议及如何解决争议的过程中。从当前的实践看,有关解决国际税收争议的机制主要分为两种:第一种是国内法程序。从世界范围来看,各国一般都规定,纳税人与税务机关之间发生的税收争议,可以通过行政性救济程序、国内诉讼程序来解决。从研究的范围来看,国内法程序基本是属于各国国内法,准确地说是国内行政程序法研究的对象。基于选题的周延性和详略性,本研究仅介绍一些典型国家的国内法程序,目的是给我国的税收争议解决程序提供一些制度选择,通过比较的角度以资借鉴。第二种是国际法程序。本研究的重点放在国际法程序上。无论是国内法程序争议解决的方式,还是国际法程序争议解决的各种方式,都如美国学者杰罗德·奥巴克所说:"……传达出人们所钟爱的理想,也反映了与他人关系的质量。最终,社会最基本的价值观在争议解决过程中被揭示出来。"

（二）研究的主题

在国际法程序的争议解决方法中,本研究既全面梳理、综合研究了传统的解决方法——相互协商程序及其延伸仲裁解决程序、预约定价协议,也对争议解决的新设想——司法解决,即由国际法院或世界贸易组织解决的程序进行分析并提出了相应的思考。本研究还专门从比较的角度对国际税收争议解决机制与WTO 争端解决机制、解决投资争端国际中心(ICSID)投资争端解决机制从宏观联系和微观制度进行分析,这些具体制度和程序的分析归根到底还是要服务于我国解决国际税收争议制度和程序的借鉴与构建。就具体国际税收争议的解决方法来说,如相互协商程序,以经合组织成员国为代表的发达国家早在 20 世纪 60 年代已经制定了相应的程序规则而且在实践中积累了丰富的经验。现在发达国家讨论的是如何完善相互协商程序的问题。对我国来说,一方面,国家税务总局于 2013 年 9 月 24 日才制定了《税收协定相互协商程序实施办法》,这意味着我们对相互协商程序的应用才刚起步;另一方面,作为后发国家,这又是我们的优势,至少我们可以少走些弯路,我们在对税收争议解决制度的程序设计和运

---

① 在本次由 IBFD 举办的国际税收讲座中,分别由 IBFD 的学术主席 Prof. Dr Pasquale Pistone 和我国国家税务总局国际司司长做了题为"The Impact of BEPS on Developing Countries"的学术讲座和我国反避税的最新发展专题介绍。

用上可以有更多的案例参考。前人试错的路就是我们走向完善的路。我们既可以借鉴我国台湾地区的税捐协谈制度,从立法上规定行政和解契约,补充现行税务机关和纳税人在解决课税事实查证不清情况下以和解协议方式解决争议的不足,从而贯彻疑税从无的税收法定的原则;也可以密切关注并研究以美国为推手的在税收双边协定中规定强制性仲裁解决争议的动态,在中美签订双边投资保护协定后,通过强制性仲裁来弥补现有国际税收争议解决方法耗时、低效的弊端。重新修订已有的税收协定也许会成为中美磋商的下一个议题。所谓未雨绸缪,当这一议题真正摆在我们面前时,我们应该能从容应对,这也就是本研究的价值所在了。

三、本研究的逻辑框架

第一章在回顾过去研究的观点和建议后,概括提出国际税收争议及解决机制的范围,引出本研究将要探讨的问题;第二、第三章属于纵向分析考察,分别从理论和实践结合的角度、国内解决和国际解决的角度、传统解决和司法解决的角度,全面梳理、分析了国际税收争议解决现存的制度和问题,并就这些具体的争议解决方法提出自己的观点和思考;第四章属于横向比较,对国际税收争议解决机制与 WTO 争端解决机制、ICSID 投资争端解决机制从宏观联系和微观制度进行比对分析,以探究它们的联动甚至融合的可能性;第五章是解决问题的对策和制度构建,是本研究的纲,针对"一带一路"重大倡议下我国无论是在理论研究还是在具体制度方面的不足,提出借鉴、吸收发达国家和地区的科学立法和税务实践成功经验以完善我国国际税收争议解决的制度设计和可行性方案。

四、运用的研究方法

本研究注意针对研究对象与问题的跨国性、综合性和交叉性的特点,采用跨学科的、历史的、学理的、比较的综合研究方法,重视经济观察和法律实证分析相结合,制度规范比较和典型案例分析相补充,国际法与国内法相联系;在阐述和分析国际税收争议解决的国内方法和国际方法时,主要运用历史的和演绎的方法,既有一般规则的概括,也有国别典型制度的介绍,力求从点到面,全面反映制度和实践中的经验和问题;在探究国际税收争议解决机制与 WTO 争端解决机制、ICSID 投资争端解决机制的相互关系时,主要运用比较的方法,既有宏观制度的比较又有微观具体争议解决方法的比较,既有定性的分析也有定量的分析,力求使用第一手或第二手的文献资料来比较全面、客观和准确地发现和认识问题,科学、合理地总结经验和提出应对方案。

第一章　国际税收争议解决机制概述

第一节　国际税收争议的概念

一、概念的界定

人类社会形成和发展的过程,就是人际交往由简到繁的互动过程。有交往就会有争议。从社会学的角度讲,争议是指特定社会主体之间基于权益冲突而产生的对抗行为。争议不仅仅是特定个体之间发生的行为,也是一种社会现象。为了顺利进行交往,人们就必须解决彼此之间发生的争议。交往越多,争议也越多,因而争议的解决日益受到重视。通常来说,争议不同,解决争议的方法也不同。

国家产生之前,种类繁杂的争议往往局限于一个社群之内。国家产生之后,随着国与国之间的频繁交往以及国际社会的形成,争议具有了跨国界的政治、经济、文化、法律、价值、语言等差异因素,从大的方面说,就产生了国际争议和国内争议之分。进一步分类,国际争议依照不同的标准还可以分为国际法主体之间发生的争议,即国际争端;国际民事争议;国际贸易、国际投资、国际税收争议等。

按照国际税法学界的通说,国际税收争议也称国际税务争议。本研究认为,这两种说法的含义是完全一致的,用国际税收争议而不用国际税务争议仅是出于本人的偏好,既不代表这一说法有什么创新性,也不说明这一说法是错误的。因为在流行的教科书中,国际税务争议和国际税收争议这两种说法也是混用的,学者们并未做严格区别。因此,本研究中出现的所有"国际税收争议"的说法,和主流教材中的"国际税务争议"只是说法不同,其实质完全相同。

关于国际税收争议的定义,目前学界有两种认识。一种认为,国际税收争议仅仅是指有关国家在国际税收利益分配关系中对某项税收利益产生不同主张和要求而产生的争议,即狭义论。按照狭义论,国际税收争议就是国际法律争议,可以通过国际法上的争议解决方法予以解决。另一种认为,国际税收争议不仅包括有关国家在国际税收利益分配关系中对某项税收利益产生不同主张和要求而产生的争议,而且还包括一国政府与跨国纳税人在税收征纳关系中对是否征税、如何征税等问题上产生不同主张和要求而导致的争议,以及国家间在纳税人税收待遇、防止国际逃税和避税、重复征税、避免双重不征税、税收行政互助等方面产生的冲突,即广义论。一句话来概括,国际税收争议就是指不同国家之间或一国政府与跨国纳税人之间在国际税收关系中产生的各种争议的总和。很显然,狭义论已不能完全包括经济全球化和贸易自由化这两大世界潮流下,跨国纳税人主要是跨国企业在全球贸易和投资过程中与相关国家税务主管机关之间发生的税收征纳问题。当前,国际性的经济活动非常活跃,人、财(包括无形财产权和技术在内的财产)、资本和服务的国际转移越来越频繁。在这些国际性经济活动中通常包括两个方面:其一是本国的国民和企业到国外去投资和从事其他经济活动;其二是外国的国民和企业来本国进行投资和从事其他经济活动。而由国际经济活动的快速发展所产生的大量税收争议,无论是对国家还是对纳税人来说都是至关重要的。税收问题本来是国内法解决的问题,但随着税收问题的国际化,只靠各国国内法是不足以解决这些税收争议的,其局限性包括缺乏公正的普遍标准、规则不统一、争议得不到有效救济等。关于国际税收争议的概念,西方学者也有所谓的狭义和广义的划分。狭义的国际税收争议是指涉及一个以上税收管辖权的争议。而广义的国际税收争议是指所有包括涉外因素的税收争议。本研究赞成对国际税收争议概念的广义理解,这也是本研究展开论述的基础。

第二节 国际税收争议的种类

依据学界不同的理论标准,国际税收争议的种类主要分为以下三种。

一、事实争议和法律争议

国际税收争议按照性质的不同,可以分为事实争议和法律争议。其中,事实争议包括税收计算和税基确认;法律争议包括税收分配、国内税法条文的解释、国际税收条约的解释。争议的定性必然对争议的解决有影响,当事人在争议解决程序中的权利义务也有所差异。

二、直接性争议和间接性争议

国际税收争议按照产生方式的不同,可以分为直接性争议和间接性争议。其中,直接性争议是指缔约国之间直接因双边或多边税收条约的解释或适用而产生的争议。这类争议属于国际法中的国家争端,与其他种类的国家争端一样,要么按照条约规定的程序解决,要么根据国际法中有关解决国家争端的一般规则解决。间接性争议是指缔约国某一纳税人先向缔约国一方主管税务机关提起,再由该缔约国主管税务机关向缔约对方的主管税务机关提起的争议。这类争议在性质上是较为特殊的一类争议。

三、国家间的争议与国家和跨国纳税人之间的争议

国际税收争议按照主体的不同,可以分为国家间的争议与国家和跨国纳税人之间的争议。国家间的争议,产生于主权国家间的国际税收利益分配活动,争议主体的法律地位是平等的。主权国家间往往通过签订国际税收协定的方式来协谈它们之间的国际税收利益分配关系。因此,国家间的国际税收争议主要表现为有关国家间就相互签订的税收协定条款的解释、执行、适用范围等问题所产生的争议。如上所述,这类争议的解决比较明确。国家和跨国纳税人之间的争议,产生于国家和跨国纳税人税收征纳活动中,双方的法律地位是平等而不对等的,类似于国内法上的行政法律关系。其性质较为特殊,将在后面进行详细分析。当前,跨国企业在数字经济、电子商务蓬勃发展的背景下,以转让定价、滥用国际税收协定等方式导致的税基侵蚀和利润转移活动日益增加,不仅使征税国和纳税人的争议不断上升,而且也促使全球各大经济体如 G20 采取一致行动去对付跨国企业的双重不征税问题,这也就是经合组织 2013 年出台 BEPS 行动计划的直接原因。

第三节　国际税收争议的特性、成因及解决机制

一、国际税收争议的特点和性质

与国际争端、国际民商事争议和纯国内税收争议相比,大多数国际税收争议,至少争议一方是代表主权国家的财税主管机关,而且争议具有跨国界的因素,这自然增加了争议解决程序的复杂性和独特性。国际税收争议具有如下特点和性质。

（一）国际税收争议是一种国际争议

这里的"国际",取其广义,即超越一国国境,具有跨国性,从一国的角度看,就是具有涉外因素。诚如前述,对国际税收争议的定义应作广义理解,对税收法律关系的涉外或国际性也应作广义理解,即税收法律关系的主体、客体或内容三个要素中至少有一个与外国相联系,就是涉外或国际税收关系。国际上和我国司法实践亦采用这一说法。据此,由这种税收关系引发的争议,即国际税收争

议。国际税收争议的这一特点使其同纯粹的国内税收争议区别开来。

（二）国际税收争议是一种国际性的税收争议

国际公法上所讲的国际争端，直接涉及有关国家的政治、军事、外交、领土等关系，其一般需要当事国通过外交和司法手段解决。国际民商事争议则是当事人在从事国际民商事活动中所发生的权利义务纠纷。国际民商事争议的内容涉及的是个人的人身关系和财产关系，从实体到程序，当事人依法均享有充分的处分权和自由权。而国际税收争议则是既包括代表征税国的税务主管机关，又包括纳税人的私人主体的国家权力（公权力）和私人权利混合的基于对跨国性的财产和所得征税而产生的一类在性质上较为特殊的争议。

从性质上说，税收是任何现代国家取得财政收入的一种重要手段和主要途径，税收争议的产生正是因为国家享有税收管辖权。税收管辖权是国家主权在税收领域的体现，是国家主权的重要内容。一国政府行使税收管辖权的依据，就是国家主权。尽管中西方学界对国家主权的理解存在很大争议，但对作为国际法主要主体的国家在国内享有的完全独立自主的不受外来干预的最高税收权力这一点却是得到普遍承认的。一国政府在国内可以依据本国的政治经济状况按照宪法中确立的"税收法定"的原则来制定税收法律、确立税制和规定纳税人与征税对象等，为国家履行社会管理和提供社会公共产品和公共服务的成本而对其领域内的一切人（除享受豁免权者）和财产以及一切居住在国外的本国人进行征税。具体来说，税收管辖权包括了五个方面的内容：①征税主体，即由谁征税；②纳税主体，即对谁征税；③纳税客体，即对什么征税；④纳税数量，即征多少税；⑤征税程序，即如何征纳。各国在行使税收管辖权时主要遵守的是属人或者属地管辖权。在属人或属地管辖权下，国家依据纳税人与征税国之间存在的某种人身隶属关系性质的法律事实（如居民身份或国籍身份）、征税对象与征税国之间存在某种地域上的连接因素（如所得来源地或财产所在地）主张进行课税。

虽然从国家主权的最高性和权威性角度来看，税收管辖权是一种对一国领土范围内的人和物不受任何约束和限制的权力。但是也应该看到，国际社会是由众多大小不同但主权平等的国家所构成的，从国家主权的独立性来看，各国的税收管辖权都是平等的，这意味着一国政府并不可以随意地扩大其税收管辖权的范围。因为随着跨国商品与服务交易及国际资本和人员流动规模和形式的增加，纳税人的所得与财产也逐渐国际化，出现了两个或两个以上的国家对同一征税对象课税、不同国家税收管辖权发生交叉重叠的现象，导致国际重复征税等国际税收争议问题的产生。而且在实践中，一国政府在行使税收管辖权时，绝对地不受任何限制和约束也是行不通的。

（三）国际税收争议既有平权型争议也有隶属（管辖）型争议

如前所述，国家间的国际税收争议，产生于主权国家间的国际税收利益分配活动，其争议主体的法律地位是平等的。主权国家间往往通过签订国际税收协定的方式来协商它们之间的国际税收利益分配关系。可见，在国际税收协定的限制下，主权国家自愿让渡了一定范围的税收管辖权。国际税收协定的规则主要是征税权（税收管辖权）划分规则。国际税收协定不能为缔约国双方的公民或居民创设权利，除非税收协定的规定按国内立法方式被制定为法律。个人因缺乏国际法地位不得直接依协定主张权利，但根据税收协定中的规定，如相互协商程序，纳税人享有争议解决的程序权利。缔约主体是国家，权利义务主体也是国家，但税收协定最直接的受益者是跨国纳税人，不是缔约国双方的税务部门，因此，税收协定主要适用于跨国纳税人，作用于缔约国税务部门和纳税人。

国家和跨国纳税人之间的争议性质较为特殊。首先，争议主体的地位平等但不对等。一方是主权国家，是国际法上的主体；另一方是跨国纳税人，是国内法上的主体。这就使得该类争议很难用传统的争议解决办法来解决，且极易因相关国家行使外交保护权而演变为国家间的争端，使其更加政治化和复杂化，更难以解决。其次，这类争议产生的原因也较特殊和复杂。从国际税收的实践看，其产生的缘由可主要归纳为：①法律原因。例如，债务人公司所在国家把利息作为股息看待的情况下，征税国解决资本弱化的国内法适用产生的争议及同样情况下依据税收协定中关联企业规定适用产生的争议；按照税收协定中商业利润相关规定适用常设机构利润归属而产生的争议等。②事实原因，即因征税国税务主管机关缺乏认定跨国纳税人实际情况的相关信息而产生的争议，如确定跨国纳税人的居民身份、是否存在常设机构及雇员提供临时服务的性质等。

二、国际税收争议产生的原因

随着经济全球化和贸易自由化的深入发展，跨国人员、技术、服务、所得和资本的流动日益频繁。不同国家基于不同的税收管辖权规则，如有的国家采用属地征税，而有的国家采用属人征税，还有的国家两者兼用，对跨国征税对象和纳税人行使征税权时，不可避免地产生税收分配的冲突。

（1）企业和个人的收入、财产国际化现象的普遍存在和不断发展，是国际税收争议产生的客观经济基础。在国家间老死不相往来的自然经济状态下，国家税收的课征对象，主要是处于本国领土内的人或物。虽然国家也对进出国境的商品流转额课征关税或过境税，但严格来说，国家征税权的行使仍是局限在本国的疆界内,并没有扩及境外的对象。在这种情形下,国家税收本质上只是国家与其管辖下的纳税人之间在征税对象上形成的经济利益分配关系,并不涉及其他国家的税收利益,不存在所谓国际税收分配问题也不会产生国际税收争议。当世界资本主义经济的发展由自由竞争过渡到垄断阶段时,经济的主要特征是贸易和投资的跨国化。不管是传统的货物贸易还是新兴的服务贸易,也不管是间接投资还是直接投资,跨国商人和投资人(包括企业和个人)都会因此而获得来源于贸易国、东道国的营业利润、股息、利息、租金和特许权使用费等跨国贸易和投资收益。这一时期各种货物、资金、技术和劳动力等经济要素的跨国流动日趋频繁,造成了从事跨国投资和其他经济活动的企业和个人的收入、财产的国际化现象的普遍存在和发展,即这些企业和个人不仅在其居住国境内拥有收益和财产,同时还有来源于居住国境外各种所得和投资于境外某个东道国内的资产。这种企业和个人收入、财产国际化现象的普遍存在和不断发展,是国际税收争议产生的客观事实基础。

(2)所得税制度的普遍推行,是国际税收争议产生的法律基础。19世纪末20世纪初,作为现代直接税标志的所得税(income tax)制度和一般财产税(general property tax or comprehensive property tax)制度为国际税收关系和税收争议的产生和发展奠定了必要的法律基础。在企业和个人的收入、财产国际化现象广泛发展的经济前提下,所得税的征税对象是纳税人的所得或净收益。在跨国贸易和投资造成企业和个人的收入、财产国际化现象普遍存在的情况下,各国从维护本国的财税主权出发,在所得税的征税原则上一般均主张同时按属人原则和属地原则进行课税。所谓按属人原则课税,是指征税国依据纳税人(包括企业和自然人)与本国存在居民(或国籍国)境内和境外的各种所得征税。而依照属地原则课税,则是指征税国仅根据纳税人的有关所得系来源于本国境内的法律事实而主张对这部分所得课税,并不考虑纳税人的居民身份或国籍地位的归属。这样纳税人就同一笔跨国所得或财产既要向其居民身份国缴纳所得税,同时也要向所得来源地或财产所在地缴纳所得税,国际重复征税就产生了。

国际重复征税现象的产生违反了税收公平原则,加重了跨国纳税人的负担,严重阻碍了国际贸易和投资活动的开展。因此,国际税收争议的产生和发展,是国际经济交往发展到一定历史阶段,国家的税收管辖权(tax jurisdiction)扩大到具有跨国性质的征税对象(tax object)的结果。

(3)20世纪70年代以来,以信息技术革命为基础的科技发展推进了市场全球化,直接触发为国际市场的协调建立机制和规范的需求,形成对主权国家进行资源再分配权力的限制。就税收来说,除了全球化的开放性、主动性与国家税收主权的封闭性、被动性之间的矛盾与冲突,始于第二次世界大战后的现代人权运动深深影响了纳税人权利及其保护的观念。纳税人权利成为讨论的主题是在1975年以后开始的。1990年,经合组织发布了关于纳税人权利和义务的一份重要报告,该报告特别强调了纳税人在税收征收和税收执行程序中的权利。2003年,经合组织发布了《关于纳税人权利和义务的实务指导说明》,该说明列举了纳税人的基本权利包括知情权、获得帮助权、听证权、上诉权、法定数额纳税权、确定权、隐私权、保密性和保密权。无论是国内法意义上的税收争议,还是国际法意义上的税收争议,其实质就是国家税收主权和纳税人私权发生冲突的表象。对这两种权利关系的不同认识将直接决定国家采取何种税收争议解决方法。观察某个国家解决税收争议的规则和做法,也可以直观了解这个主权国家对待纳税人权利和纳税人的态度。

三、国际税收争议的解决机制

从主权国家行使税收管辖权的角度来看,有关解决国际税收争议的机制主要分为两种。一种是国内法程序。从世界范围来看,各国一般都规定,纳税人与税务机关之间发生的税收争议,可以通过行政性救济程序、国内诉讼程序来解决。从研究的范围来看,国内法程序基本是属于各国国内法,准确地说是国内行政程序法研究的对象,因此本研究仅介绍一些典型国家的国内法程序,目的是为我国的税收争议解决提供借鉴。本研究的重点放在国际法程序上。在这些争议解决方法中,相互协商程序作为绝大多数税收协定中的标准条款,在解决国际税收争议和适用、解释税收协定方面发挥了极为重要的作用。通过缔约国税务主管机关的直接交流,而不是通过复杂的外交渠道,相互协商程序在缔约国之间建立了一种灵活的沟通方式。当然,随着时间的推移,现实税收争议的日趋增多和日益复杂,相互协商程序在运作中也遇到一系列无法解决的难题。这引发了对相互协商程序的批评及进行改善的建议。但相互协商程序的灵活性确实解决了不少法院可能要耗费数年才能解决的国际税收争议问题。1986年,国际税收协会(the International Tax Institute)在纽约市召集来自美国、英国、法国、西德、加拿大和日本的主管税务机关代表,召开了一场关于相互协商程序运行情况及如何改善的座谈会。1986年,冰岛政府与瑞士公司Alusuisse的税收争议案,是仲裁解决国际税收争议的第一案。冰岛作为一个主权国家,在税收争议中第一次以当事人的身份参加了临时国际仲裁。这是在解决国际税收争议的一般方法(如国内司法、相互协商程序)之外,仲裁解决国际税收争议首次被成功运用。随着各成员国纷纷将仲裁解决方式写入双边税收协定,经合组织在2008版的税收协定范本中也正式增加了第5款,然而其实用性是很低的。针对这种现实,一些学者和实务人士提出增强国际税收争议解决的司法性建议,如通过国际法院或世界贸易组织来解决。当然这些极富创意的观点还有待实践的检验。综上可见,解决国际税收争议可区分为国内机制和国际机制。国内机制虽为主权范围内的事项,但有关国家也不可能不考虑国际社会的反应,因此两者之间的界限是相对的,而且是互动的。一般来说,国际税收争议的解决过去倚重的是国内机制,但现在国际机制已不可或缺,两者不可相互取代但相辅相成。究其原因,多元化已成为人类社会发展的趋势,国际税收争议解决机制也不例外。无论是国际征税的主体,还是纳税的主体、征税的客体,直至国际税收争议的种类,都呈现出多元化的特点。这就决定了国际税收关系的主体要求以多元的方式解决发生的争议。基于此,本研究认为,所谓国际税收争议解决机制,是指国际社会所使用的解决国际税收争议的各种多元化方式组成的动态系统,[①]概括起来如图 1-1 所示。

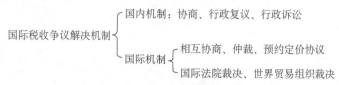

图 1-1　国际税收争议解决机制

四、小结

本章在回顾过去研究的观点和建议后,重新界定并概括提出了国际税收争议的概念、种类、特点和性质、产生的原因及解决机制的范围。总的来说,国际税收争议的产生和发展,是国际经济交往发展到一定历史阶段,国家的税收管辖权扩大到具有跨国性质的征税对象的结果。国际税收争议的实质是国家税收主权和纳税人私权发生矛盾冲突的体现。本研究所认为的国际税收争议解决机制,是指国际社会所使用的解决国际税收争议的各种多元化方式组成的动态系统,既有国内机制,又有国际机制;既包含传统的争议解决方法,如行政复议、行政诉讼、相互协商、仲裁、预约定价协议,也包含司法解决机制,如由国际法院和世界贸易组织来裁决的新设想。

《经合组织税收协定范本及其注释》(the Commentaries on the OECD Model)是诸多税收协定谈判和缔结的基础,对国际税收协定的谈判、解释和适

---

① 2014 年 10 月 23 日,中国共产党第十八届中央委员会第四次全体会议通过的决议明确规定了要健全社会矛盾纠纷预防化解机制,完善调解、仲裁、行政裁决、行政复议、诉讼等有机衔接、相互协调的多元化纠纷解决机制。多元化的纠纷解决机制将成为新时期我国全面推进依法治国的重要举措。详见《中共中央关于全面推进依法治国若干重大问题的决定》。

用具有重要意义,也是国际税收争议解决方式的主要法律渊源。在实践中该范本及其注释不仅为经合组织成员国所普遍认可,也得到非成员国的重视和采纳。因此本研究对国际税收协定及其主要解决机制的论述,如无特别说明,主要是以该范本及其注释的规定为依据。

第二章 国际税收争议解决的传统方式及评价

第一节 国际税收争议解决的国内一般方法

一、外国纳税人与本国税务机关协商解决

一旦外国纳税人与本国税务机关发生税收争议,双方解决争议的第一步就是相互协商。对大多数国家的税务机关来说,通过协商解决的优点是明显的,税务官员坚持以讨论、谈判的方式解决而避免耗时、昂贵的国内诉讼程序。广大发展中国家的税务机关,出于和那些外国纳税人(往往是实力雄厚的跨国公司)保持良好关系的目的,诉讼解决通常也被作为解决争议的最后选项。协商解决不成,还可以通过税务机关内部的上诉程序进行复查以避免出现专横的决定。如果内部复查仍无法解决,就只能启动诉讼程序了。

二、外国纳税人向上一级行政机关提起行政复议

行政复议是指行政相对人认为行政主体的具体行政行为侵犯其合法权益时,根据行政相对人的申请,由上一级国家行政机关或者法律法规规定的其他机关依照法定程序对被申请的具体行政行为进行合法性、适当性审查并作出决定的一种行政行为。

在我国,税收领域的行政复议即税收行政复议,是指纳税人、扣缴义务人、纳税担保人等税务行政相对人认为税务行政主体及其工作人员作出的税务具体行政行为侵犯了其合法权益时,依法向上一级税务机关或者本级人民政府提出复查该具体行政行为的申请,由复议机关对税务具体行政行为的合法性和适当性进行审查并作出裁决的制度。

税务行政复议是行政复议制度的组成部分,其制度本身涉及复议范围、复议管辖、复议的当事人、复议申请与受理、复议证据、复议决定等方面的内容。

我国有专门的《中华人民共和国行政复议法》(以下简称《行政复议法》)。国家税务总局根据《行政复议法》《中华人民共和国税收征收管理法》和《中华人民共和国行政复议法实施条例》的规定,于 2010 年 2 月 10 日发布了修订后的《税务行政复议规则》,于同年 4 月 1 日起施行;2004 年 2 月 24 日,国家税务总局以"国税发〔2004〕8 号"发布的《税务行政复议规则(暂行)》同时废止。

根据《税务行政复议规则》第 14 条,行政复议机关受理的税务行政复议范围包括:税务机关作出的征税行为;税务机关作出的行政许可、行政审批行为;税务机关的发票管理行为;税务机关的不依法确认纳税担保行为;税务机关作出的税收保全措施、税收强制执行措施;税务机关作出的税收行政处罚行为;税务机关不依法履行职责的行为;税务机关的资格认定行为;税务机关的政府信息公开工作中的具体行政行为;税务机关的纳税信用等级评定行为;税务机关的通知出入境管理机关阻止出境行为;税务机关的其他具体行政行为。①

复议机关审查申请行政复议的具体行政行为是否合法与适当,作出行政复议决定,具体包括如下情况:①具体行政行为认定事实清楚,证据确凿,适用依据正确,程序合法,内容适当的,决定维持。②被申请人不履行法定职责的,决定其在一定期限内履行。③具体行政行为有下列情形之一的,决定撤销、变更或者确认该具体行政行为违法;决定撤销或者确认该具体行政行为违法的,可以责令被申请人在一定期限内重新作出具体行政行为:主要事实不清、证据不足的;适用依据错误的;违反法定程序的;超越或者滥用职权的;具体行政行为明显不当的。④被申请人不按照《税务行政复议规则》第 62 条的规定提出书面答复,提交当初作出具体行政行为的证据、依据和其他有关材料的,视为该具体行政行为没有证据、依据,决定撤销该具体行政行为。对于行政复议决定,如果纳税人仍然不服的,此时可依法提起行政诉讼。②

在美国,如果税务机关完成对纳税人的税务审计后,美国国内税务署(Internal Revenue Service, IRS)就会向纳税人发出 30 天信(a 30-day letter)。30 天信也被称为税务代理人报告(revenue agent's report, RAR)。30 天信将解

---

① 详见《税务行政复议规则》第 14 条,http://www.gov.cn/flfg/2010-03/01/content_1544560.htm。
② 详见《税务行政复议规则》第 75、第 76 条,http://www.gov.cn/flfg/2010-03/01/content_1544560.htm。另《税务行政复议规则》第 62 条规定,行政复议机构应当自受理行政复议申请之日起 7 日内,将行政复议申请书副本或者行政复议申请笔录复印件发送被申请人。被申请人应当自收到申请书副本或者申请笔录复印件之日起 10 日内提出书面答复,并提交当初作出具体行政行为的证据、依据和其他有关材料。对国家税务总局的具体行政行为不服申请行政复议的案件,由原承办具体行政行为的相关机构向行政复议机构提出书面答复,并提交当初作出具体行政行为的证据、依据和其他有关材料。

释税务审计部门对纳税人税收返还所作出的改变。如果纳税人认可 30 天信,则签署同意税收返还改变的文件并缴纳税款;如果纳税人对税务审计部门的决定不服,有权向美国国内税务署上诉部(IRS Appeals)提出复审。纳税人必须在收到 30 天信的 30 天内向美国国内税务署上诉部提出书面的复审请求。在该书面请求中纳税人要提出对税务审计部门决定的异议和支持自己主张的事实及法律依据。

三、外国纳税人向本国法院提起行政诉讼

诉讼程序是一种耗时、昂贵、公开的国内解决程序。本国纳税人也只有在用尽其他解决方式后才会寻求通过诉讼解决。外国纳税人更担心本国法院法官会倾向于保护本国的税收利益而不是外国纳税人的合法权益。尽管这种担心事实上可能是多余的,但诉讼程序的纯国内色彩、普遍存在的弊端确实动摇了外国纳税人使用它解决国际税收争议的信心。由于各国国内司法体制的不同,国际税收争议有可能由普通法院的法官裁决也有可能由特别法院的法官裁决。在法国,行政法院负责解决国际税收争议,而行政法院的裁决最后可以上诉到国务院。在美国,美国国内税务署上诉部收到纳税人书面复审请求后将复查纳税人的请求,如果美国国内税务署上诉部不予支持纳税人的请求就会向纳税人发出 90 天信(a 90-day letter)。90 天信是由美国国内税务署发给纳税人补缴税款的通知单。纳税人若不同意美国国内税务署的纳税决定,可以选择向税务法院,联邦索赔法院和地区法院起诉。纳税人必须在发出补税通知单的 90 天内向税务法院起诉。如果纳税人不在美国境内,则必须在寄出补税通知单的 150 天内向税务法院起诉。如果纳税人选择向税务法院起诉,则不需要先缴纳税款也不需要提起退税索赔。对税务法院裁决不服,纳税人还可以向联邦巡回上诉法院起诉,及至最后上诉到联邦最高法院。如果纳税人想要向联邦地区法院或索赔法院起诉,则必须先缴纳税款然后才能提起退税索赔之诉。退税索赔之诉必须在纳税人缴纳税款之日起 2 年内提起。如果纳税人对这两个法院之中任何一个法院的裁决不服,还可以向联邦巡回上诉法院起诉,乃至最后上诉到联邦最高法院。

第二节　国际税收争议解决中国内解决方法的典型程序

一、德国的纳税人国内解决程序

(一)普通税收程序

在德国法律效力有两种情况:由议会制定的法律对纳税人和法院都有约束力;而由税务机关制定的指导方针和法令仅在税务机关内部有效,对纳税人和法

院均无法律效力。

税务机关和纳税人在信息揭示义务方面的平衡:一是纳税人和税务机关之间遵循一种特定的大陆法方法,此时的税务机关为强势机关,它无需借助法院就可以确定并执行自己的命令。与这种强势力量对应的就是税务机关有行政中立的特定义务。中立义务最重要的结果就是整个行政程序服从官方调查事实的原则。税务机关的职责是调查与案件事实相关的全部情况,不管这些事实对纳税人有利或不利。在涉及纳税人跨国交易的情况下,税务机关的调查职责减少,而纳税人提供信息的义务增加。二是纳税人享有但不限于如下参与权利:①听证权和在一项决定作出之前向税务机关提出事实和法律论证的权利。特别是当税务机关确定课税金额的事实与纳税人陈述的事实出现重大差异时,税务督查必须要求纳税人作出阐述。②接受税务机关建议和获得帮助的权利。特别是当纳税人不知道他的权利时,如申请税收抵免或返还。③拒绝提供资料或作证的权利,若该行为将对家庭成员和未婚夫妇产生负面影响。同样的权利适用于牧师、律师、公证人、医生、议员和记者,若他们在工作中获知了相关信息。④要求撤换出现偏袒或欠缺中立的税务督查的权利。总之,税收行政程序的公正要求税务机关和纳税人之间应保持某种平衡。然而,这并不意味着任何一方都有权接近对方已经产生、收集或获得的所有数据。

(二)行政审查和司法审查

由联邦和州税务机关作出的任何对纳税人不利的决定都可适用三级法律救济程序。

第一级是行政审查。行政审查是指由税务办公室对税务机关终局决定的事实和法律所做的行政审查。作为一项规则,由一个税务机关在任一案件中作出的任何终局的、穷尽程序的行政行为都可以成为行政审查的对象,这种书面的救济称为申诉。申诉由受行政决定负担的任何人从该决定生效之日起1个月内提出。申诉程序是免费的。收到申诉后,作出行政决定的税务机关可以自己改正。若该税务机关拒绝改正,则该申诉将先移交给同一税务办公室内的一个独立审查部门,然后由该部门来决定救济。在作出申诉的最终决定之前,纳税人有权要求对该案进行口头讨论。同理,税务机关也有权要求纳税人在合理时间内进一步提供资料和证据。救济的决定对于涉案无论是在事实上还是在法律上都是一项全面、全新的决定。因此申诉决定并不限于但应特别注意纳税人已提出的异议点。依照规定,提出申诉并不会中止前项决定的执行。然而依照特别程序也可以中止前项决定的执行。该特别程序并非只能由纳税人提出,但实务中基本都是由纳税人提出的。税务机关在收到中止的请求后,如果对前项决定的合法性存疑,或该决定的执行将对纳税人造成不合理且特别的负担,则必须中止前项决定的执行。纳税人在提出中止请求的同时也必须提供担保。如果纳税人已解缴税款或前项决定已经执行,则中止的请求自动变为偿还请求。

第二级是州税务法院的审查。如果行政申诉不成功,纳税人可以向州税务法院起诉要求撤销或变更税务机关的决定。这种案件通常仅由 1 个专业法官来听讼。只有对非常复杂的案件才会由 3 个专业法官和 2 个非专业法官参与。这种案件通常都是经验丰富的企业家组成 5 人合议庭的方式。一些州也采用 1 个专业法官和 2 个非专业法官组成 3 人合议庭的方式。专业法官经常是从州的税务机关选任也包括州的财政局。他们都是受过专门税务训练的律师。作为法官,他们在人身、专业和经济地位方面享有完全的独立性。纳税人作为原告向税务法院起诉后,将有一名免费的律师或税务顾问作为代理人。尽管这样的协助或代理不是强制的。法院受理后有义务去调查案件的真相。但此类审查缺乏严格的举证规则。基于在可用事实和证据上天然的不对称,纳税人被假定在提出事实和相应的证据方面负有软法的义务。如果纳税人应法院请求未能提供有利于自身事实的合理证据,则法院通常会认定该事实不存在。税务法院的裁决必须针对纳税人的诉请且不得超出该诉请。即使纳税人诉请中有合理之处,如果原决定有明显错误但结果正确,税务法院还是会维持原决定。

第三级是联邦税务法院的二审。如果纳税人对州税务法院的裁决不服,还可以向设在慕尼黑的联邦税务法院提起上诉。向联邦税务法院的上诉只能由律师、税务顾问或注册会计师提起。联邦税务法院一旦受理上诉,就会启动对州税务法院裁决的司法复查。这种司法复查仅限于对州税务法院裁决的法律审查。也就是说,联邦税务法院既不会听取证据,也不会重新审查事实。由联邦税务法院的 5 名法官组成合议庭对州税务法院裁决在实体法或程序上是否违反联邦法进行审查。联邦税务法院的裁决以口头程序作出。如果纳税人胜诉,那么向联邦税务法院上诉的费用由国家承担;反之,如果纳税人败诉,那么所有费用由纳税人全部承担。例如,在 2007 年所有向联邦税务法院上诉的案件中,纳税人的胜诉率只有 19.4%。

（三）特别救济程序

对任何案件,即使普通时效已过或纳税人已用尽前述所有的救济程序,仍然还有一些特别救济程序供纳税人使用。

1. 恢复原状

如果纳税人还未用尽普通救济程序,但由于一些不可避免的或超出他的责任和控制的事实使他不能在法定期间内提出救济,则他可要求恢复原状。

2. 推翻普通时效

在下列情况下,德国的税收程序规则允许对超过普通救济时效的行政裁决作出修改、矫正甚至撤销：①明显的打印、计算和通信错误。改正和调整行政裁决中包含的明显错误，没有时效的限制。②双方同意。纳税人和税务主管当局在相互协商同意的情况下，可以改正一项税收评估。③整体形式有误。如果行政裁决是由无权行政主体作出的，可以随时改正。④实地审查。如果税务机关依据税务审计程序对纳税人仅作出初步的纳税评估，纳税人或者税务机关都有权改变现有的纳税评估。⑤出现新的事实。如果出现新的纳税事实，作为税法有追溯效力的体现，可以对一个确定的纳税评估作出改变。⑥出现新的证据。纳税人或税务机关任何一方已经搜集到新的信息或新的证据能够证明已有的纳税评估是基于错误的事实作出的，则可以改正已有的纳税评估。

3. 重新开始程序

在有些案件中，纳税人和税务机关可以要求重新开始法院的诉讼程序。

4. 上诉到联邦宪法法院

所有的个人、组织和公司都可以把联邦税务法院的裁决上诉到联邦宪法法院。联邦宪法法院仅依据联邦宪法来审查联邦税务法院的裁决，而不是依据议会制定的税收成文法。因为每年有大量的纳税人向联邦宪法法院上诉，因此，联邦宪法法院实行了一项预审立案程序。有数据显示，联邦宪法法院驳回了所有上诉案件中97%的案件，而且多于半数的案件没有作出任何解释性的说明。

二、美国的纳税人国内解决程序

(1) 依据美国《宪法》第一条的规定，美国联邦政府享有征税权。美国所有税种的开征和管理必须遵照宪法中对联邦政府权力的界定和对纳税人免遭政府行为压制保护的规定，如第五修正案正当程序和第十四修正案禁止歧视的规定。美国的税收法律主要是1986年制定的《国内税收法典》。作为其补充，美国财政部制定了大量的税收规章。美国财政部是美国联邦税收的主管机关。财政部的规章有些是对法律的解释，也有些是国会的授权性立法。财政部对联邦税收的日常管理机关是国内税务署。

(2) 美国联邦税制的独特之处是对所得税、不动产税和赠与税采取由纳税人主动、自我估算申报这样一种建立在信赖基础上的制度。为了回应国会对纳税人权利保护的关注，国内税务署建立了美国全国纳税人权利保护协会（以下简称保护协会）来代表纳税人的权益。保护协会通过保护纳税人的权利和解决正式渠道未解决的问题在国内税务署中独立地代表纳税人利益。虽然保护协会既无法改变税法的现行规定，也不能作出任何专业性的裁决，但却能理清纳税人和国内税务署之前接触中产生的问题，并确保每一个纳税人的案件都能在国内税务署得到全面且公正的答复。纳税人可以通过电话、书信或网络联系保护协会。保护协会每年要向国会提交一份详细的关于联邦税法执行情况的报告。

(3) 纳税人的权利。美国国会制定了纳税人权利法案,国内税务署也发布了纳税人权利宣言。该权利宣言规定了税务署工作人员处理和纳税人关系的指导方针:①税务工作人员在工作中将解释和保护每个纳税人的权利。②每个纳税人有权了解国内税务署获取纳税人信息的原因。国内税务署对所获信息负有保密义务。③如果纳税人认为税务工作人员没有以一种专业、公正和礼貌的态度对待他,那么有权向工作人员的主管反应或向国内税务署的地区主管反应。④纳税人有权自己或委托他人代理纳税事务。⑤纳税人只应按法定正确数额缴税。⑥纳税人在未能成功解决他与国内税务署之间问题时,可以求助于保护协会。⑦如果纳税人不同意国内税务署的稽查人员对应纳税额或征收方式的认定,那么有权要求国内税务署的上诉部复查案件。⑧如果纳税人能够证明其行为是善意的或其行为是听信了税务人员错误的建议而为的,那么国内税务署应当依法免除对纳税人的惩罚。

(4) 征收税款过程的正当程序。通常,国内税务署有非常广泛的权力征收到期税款,可以采取诸如直接扣押、通过司法程序征税等方式。尽管国内税务署有权通过任何法律手段立即征收税款,但为了确保纳税人能足额缴纳所欠税款甚至是迟延缴纳的税款,国内税务署制定了许多程序规则。例如,国内税务署可以允许纳税人延期缴纳所欠税款或同意纳税人在一定时间内以分期付款的方式缴纳所欠税款。而且国内税务署有权发出和接受妥协提议(an offer in compromise),根据提议,纳税人可以通过缴纳一定比例所欠税款换取免除其他责任。国内税务署基于以下情况可以同意妥协提议:①对该税是否得到正确评估存疑;②对纳税人是否能足额缴纳税款存疑;③有效税收管理提升,即纳税人出现经济困难或其他特殊情形使国内税务署有正当理由接受他少缴税款。针对国内税务署在税款征收中的广泛权力,美国国会于1998年制定了新的税款征收正当程序规则。根据该规则,纳税人可以在任何时候要求国内税务署的上诉部对符合以下两种程序之一的税款征收进行审查:①在税款征收正当程序(the collection due process, CDP)中,收到联邦税收留置权通知或扣押的纳税人可以向上诉部要求征收正当程序听证。如果纳税人不同意上诉部的最终决定,那么可以向税务法院上诉。②在税款征收上诉程序(the collection appeals program, CAP)中,纳税人可以就比正当程序范围更广的事项向上诉部要求听证。但是纳税人无权对上诉部的最终决定提出上诉。

三、日本税收争议解决的国内方法

日本的税收诉讼制度开始于明治宪法的制定。该宪法规定,由于行政机关的违法处分造成权利被侵犯而引起的诉讼,除非法律另有规定,均属行政裁判的审理范围,不在司法裁判受理的范围。根据明治宪法的这一规定,明治 23 年《行政裁判法》被制定公布,据此设立了行政裁判所。继《行政裁判法》之后制定的"关于行政机关违法处分的行政裁判之件",同样规定"关于税收及手续费的课赋案件"以及"关于税收滞纳处分的案件"一般诉之于行政裁判所。另外,日本同时制定的《诉愿法》,也一般承认上述两类案件的申诉(向上级行政机关的不服申诉)。

税收诉讼由对行政机关的不服申诉和诉讼构成,前者称为税收不服申诉;后者称为税收诉讼。

(一) 税收不服申诉可分为异议申诉和审查请求

税收不服申诉程序与诉讼程序不同,不仅可以对违法处分提起申诉,还可以对不当处分提起申诉。

1. 异议申诉及其程序

异议申诉是指对处分行政机关的不服申诉。对涉及国税的处分,其异议申诉在一般情况下允许对进行处分的行政机关提起。但是,对税收不服诉讼的决定或裁决以及对基于国税犯则取缔法作出的处分,当事人不能提起异议申诉。另外,当事人对由税收行政机关以外的行政机关负责人或职员所作处分的异议申诉不予承认,仅承认审查请求。即使是税务署长作出的处分,如果通知该处分的书面文件中,载明调查是由国税局或国税厅职员进行时,异议申诉也必须对国税局长或国税厅长提起。由国税署和海关职员所作的处分,视为税务署长和海关长等所作的处分,该异议申诉对税务署长和海关长等提起。当然,构成涉及国税的异议申诉的主要部分,是对税务署长提起的部分。

对地方税处分的不服申诉,在无特别规定时,适用行政不服审查法。因此,对由道府县知事或市町村长所作的处分,可对该知事或市町村长提起异议申诉。

异议申诉是以提交记载一定事项的异议申诉书的方式来进行的。受理异议申诉的税务署长及其税收行政机关称为异议审理机关。当异议申诉存在可能弥补的瑕疵时,异议审理机关应确定相应期限,谋求对其瑕疵进行弥补。如果该申诉的不完善是轻微的,异议审理机关可以其职权予以弥补。

异议申诉的审理,原则上采用书面审理的方法进行。但是如果有异议申诉人要求时,应给予异议申诉人以口头陈述意见的机会。在这种情况下,异议申诉人征得异议审理机关的同意,可以与协助人一起出庭。

关于异议申诉的审理,异议审理机关的职权主义被广泛采用,但是应认为异议申诉人也可以提出证据。

异议审理机关对不合法的异议申诉,可决定不予审理;对没有理由的异议申诉,可决定驳回。异议申诉理由充分时,异议审理机关可以决定将原处分的全部或部分予以撤销或变更。但禁止对当事人不利的变更。

异议决定是异议审理机关通过将异议决定书副本送达异议申诉人来进行的。异议决定书中必须附记理由。例如,异议决定全部或部分维持了原处分,则其附记理由中,应明确原处分的理由是正当充分的。这种制度是为保障异议决定合理实行,为异议申诉人提出审查请求或提起诉讼提供方便设立的制度,是基于程序保障原则设定的。

异议审判机关进行异议决定时,如原处分属可以提起审查请求处分,则在异议决定书内,必须记载向国税不服审判所长提起审查请求的内容以及提起审查请求的期间,并进行告知。

2. 审查请求及其程序

对处分行政机关以外的行政机关的不服申诉,称为审查请求。

首先,对于国内税的处分,一般允许向国税不服审判所长提出审查请求。但关于税务署长以及海关长所作的处分,要实行异议申诉前置主义,在不经过异议申诉和异议决定的情况下,原则上不能提起审查请求。另外,同异议申诉的情况一样,对税收不服申诉的决定或裁决以及基于国税犯则取缔法的处分,不得进行审查请求。

涉及国内税的审查请求,有如下几种情况:

(1) 对税务署长、国税局长或海关长提起的异议申诉已有决定,但当事人对该决定所作的原处分决定仍然不服的。

(2) 处分是由税收行政机关以外的行政机关的领导或该机关职员所做的。

(3) 对国税局长所作处分不服的。

(4) 对蓝色申报的更正不服的。

(5) 处分行政机关没有指出可对其处分提起异议申诉的。

(6) 有正当理由未经异议申诉而提起审查请求的。

(7) 对税务署长、国税局长或海关长提起的异议申诉,超过3个月而未作异议决定的。

(8) 经异议申诉人同意,将异议申诉作为审查请求办理的。

(9) 属于异议申诉范围涉及的国税课税标准及税额等有关的其他更正和决定等,已进行审查请求的,为合并审理,将异议申诉提交国税不服审判所长的。

上述几种情况中,从(2)到(9),是异议申诉前置主义的例外。另外,从(3)到(6),是就先经过异议申诉程序后再提起审查请求,还是开始就直接提起审查请求,由当事人以自行选择。在不经过异议申诉直接允许审查请求的情况下所为的审查请求,称为初审的审查请求;经过异议申诉后的审查请求,称为二审的审查请求。

其次,对于关税的处分,经过海关长的异议决定后,可向大藏大臣提起审查请求。这是采取了异议申诉前置主义。在有审查请求的情况下,大藏大臣必须向关税等不服审查会咨询。

最后,关于地方税的处分,如果处分不是由地方政府负责人所作,而是由税务事务所长等派出机构所作时,可对该地方政府的负责人提起审查请求。

审查请求通过向各地的国税不服审判所(包括支所)提出记载一定事项的正副本审查请求书的方式进行。审查请求书中必须记载审查请求的内容和理由,审查请求的内容记载必须明确请求撤销或者变更处分的范围,并且其审查请求的理由记载也必须明确审查请求人对原处分理由。审查请求可以通过原处分机关(包括异议审理机关)进行审理,这时审查请求书须向原处分机关提出。这种情况下,审查请求期间的计算,将审查请求书向原处分机关提出之时视为审查请求的开始。

国税不服审判所长,对于审查请求中存在的可能弥补的瑕疵,必须确定合理的期间令其弥补。如审查请求稍不完善,国税不服审判所长可以依其职权予以弥补。

审查请求超过法定期间提起的,或是具有其他不合法因素的,国税不服审判所长可以裁决驳回。

对一项合法的审查请求,国税不服审判所长应该将审查请求书的副本送达原处分机关并规定合理的期间,由原处分机关在规定期间内提交正副本答辩书。答辩书上必须针对审查请求的内容和理由记载原处分机关的主张。国税不服审判所长必须将原处分机关答辩书的副本送达审查请求人。在答辩书提出后,国税不服审判所长为进行对该审查请求案件的调查及审理,可指定1名审判官,2名以上的协助审判官。

实际上,各分所一般都有固定的复数合议庭,案件则由上述合议庭按顺序审理(固定顺序审理方式)。因此,案件的调查和审理,在担任审判官的指挥下进行。审理以书面审理为原则。但当审查请求人有申请之时,审判官应给予口头陈述意见的机会。在此时,审查请求人可以与协助人一起出庭。口头意见陈述方式虽属于审判官的裁量范围,但在这方面有其局限性。

审查请求的审理虽依据职权主义进行,但是审查请求人可以对原处分机关的答辩书提出反驳书以及必要的证据文书或物证,原处分机关也可提出证明构成处分理由的事实存在的文书以及其他物证。审查请求人可以向审判官请求阅览原处分机关所提交的文书以及其他物证。在这种情况下,除了审判官认为有可能侵害第三者利益以及有其他正当理由,审判官不能拒绝该阅览请求。

审判官为了审理的正常进行,认为有必要时,可以根据审查请求人的申诉和职权向审查请求人、原处分机关等提出质问,要求他们提交账簿文书以及其他物证并进行检查,还可以由鉴定人给予鉴定。

当审查请求没有理由时,国税不服审判所长可以裁决对该审查请求予以驳回;当审查请求有理由时,国税不服审判所长可以裁决将原处分的全部或部分予以撤销,或者予以变更,但禁止对请求人作出不利的变更。审查裁决是通过国税不服审判所长将审查裁决书副本送达审查请求人来进行的,此时,还应将审查裁决书的副本送达原处分机关。审查裁决书中必须附记裁决的理由。当审查裁决对原处分全部或部分予以维持时,该项理由附记中必须注明原处分是基于正当理由作出的,其内容与异议决定相同。这种情况下,当原处分或异议决定的理由附记违法时,即使审查裁决的理由附记充分,也不能弥补。

审查裁决不仅对审查请求人以及参加人具有约束力,而且对有关的行政机关(原处分机关以及其他有关的行政机关)也有约束力。

国税不服审判所长在作出裁决之后,必须及时地将提交的证据文书等物证返还给提交人。另外,审查请求的迟延,似应认为不构成撤销理由。

(二) 税收诉讼的六种类型

1. 撤销诉讼

撤销诉讼是指以税收行政处分具有违法性为理由请求撤销该处分的诉讼。大部分税收诉讼属于这类诉讼。

2. 无效确认诉讼

无效确认诉讼是指以税收行政处分中具有构成无效原因的违法性为理由,请求确认该项处分无效的诉讼。在对税收行政处分的效力进行争议这一点上,无效确认诉讼与撤销诉讼的性质相同。但是由于无效确认诉讼是以税收行政处分无效为前提的诉讼,故与撤销诉讼不同,它不受诉讼时效的限制,也不适用不服申诉前置主义。

3. 争点诉讼

争点诉讼是指以税收行政处分无效为理由所作的私法上的诉讼。例如,以滞纳处分无效为理由,请求向公卖财产的买受人返还公卖财产的诉讼。它虽然是纯粹的民事诉讼,但由于行政处分效力构成了争议重点,故称为争点诉讼。

4. 不作为的违法确认诉讼

税收行政机关对基于税收法规提出的申请,在适当期间内不做任何处分时,当事人请求确认该项不作为为违法的诉讼,称为不作为的违法确认诉讼。例如,向税务署长申请延缓纳税,经过适当期间税务署长不作任何处分时,对其不作为,除了可向税务署长提起异议申诉或向国税局长提出审查请求,还可向裁判所提起请求确认不作为的违法确认诉讼。

5. 超误纳金还付请求诉讼

超误纳金还付请求诉讼是指请求超误纳金退还的给付诉讼。它是公法上当事人诉讼的一种。为请求超误纳金的还付,当事人必须先请求撤销构成其基础的税收行政处分。

6. 请求国家赔偿诉讼

请求国家赔偿诉讼是指因税收职员违法行使公权力而遭受损害,纳税人请求国家及地方政府予以赔偿的诉讼,是纯粹的民事诉讼。为请求国家赔偿,原则上应该确定该项损害是公务员故意或过失所至,但税法有时并不以公务员的故意或过失为要件,实行所谓的"国家无过错责任原则"。

四、澳大利亚税收争议解决的国内方法

澳大利亚税务局(the Australian Taxation Office, ATO)是澳大利亚政府的主要税收征管机构。ATO 根据 2013 年《公共治理、绩效和问责法》在财政部投资组合内运作,并对 1999 年《公共服务法》负责。

ATO 的作用是有效管理、支持和资助为澳大利亚人民服务的税收和退休金制度,包括:征收税收收入,代表各州和地区管理商品及服务税(GST),管理一系列为社区提供转移支付和福利的计划,管理退休金制度,保管商业登记。[①]

(一)ATO 的争议政策[②]

ATO 制定的争议政策(disputes policy)是一份支撑性文件,它补充并提供了年度争议管理计划(dispute management plan, DMP)的基础框架。它还规定了管理以下争议的原则,这些争议包括:投诉,税收和退休金,债务,获取信息,补偿(不包括工人补偿),与 ATO 及其供应商之间违约相关的争议,与税务局员工的工作场所相关的问题。

争议政策旨在为管理争议提供协调一致的方法,同时为澳大利亚税务机关的年度争议管理计划提供补充框架。通过提供有关争议管理总体方法以及如何处理特定类型争议的信息,ATO 旨在与税务机关的争议管理利益相关者(税务机关的员工、社区、其他机构、法院和法庭、法律和会计机构、争议解决从业人员以及税务机关的各种外部监管者)合作,以确定并推广争议管理的最佳

---

① 详见 https://www.ato.gov.au/About-ATO/Who-we-are/。

② 详见 https://www.ato.gov.au/General/Dispute-or-object-to-an-ATO-decision/Disputes-policy/。

实践。

争议政策中确立了争议管理的主要原则如下：①应尽可能避免争端。②应尽早努力解决争端，包括在诉讼之前和整个诉讼过程中。③应及时评估每项争议的优点（包括 ATO 和收入的风险）。④应以礼貌、诚实和尊重的方式处理争端，体现公共治理的最高道德标准。⑤应以承认联邦机构为澳大利亚社会服务并尊重澳大利亚社会多样性的方式公平、灵活地处理争端。⑥应在最简单和最有效的情况下解决争端。在适当情况下，争议各方应考虑使用专业的争议解决从业人员，其费用与争议问题成比例。⑦应通过听取其他意见，提出并考虑解决争端的备选方案，合作解决争端。每个人都应该有机会获得并寻求使他们能够选择适当的争端解决程序的信息。⑧ATO 的员工有责任采取切实的措施来解决或澄清争议，并将得到 ATO 的支持来履行责任。

ATO 的争议政策中也明确了争议管理与运作中的角色与职责。ATO 的专员每年就争议管理计划提交报告，包括该计划已经过审查，并在组织内得到遵守。ATO 执行官为 ATO 制定整体争议管理策略。公司服务和法律、合规部第二专员以及首席运营官管理其子计划中 ATO 争议政策和 DMP 的实施和治理。法律与实务部第一助理专员负责全面制定、实施、评估和审查 ATO 争议政策和 DMP。ATO 的员工和法律服务提供商根据 ATO 的争议政策和 DMP 管理个人纠纷。ATO 的员工、业务线主管和国税局人员根据 ATO 争议政策、DMP 和相关公司政策管理内部工作场所冲突。从 2015 年 5 月 1 日起，税务投诉处理的职责从联邦监察专员转移给税务督察长。ATO 将定期审查 ATO 争议政策和争议管理计划，并考虑是否需要对争议管理策略和方法进行修改，以及其他适当的事项。ATO 也会尽快公布所有修正案，并在每年公开报告。

（二）ATO 争议解决中的替代性争议解决

替代性争议（alternative dispute resolution，ADR）解决是指由一个公正的人帮助争议当事人解决或缩小他们之间争议的过程，而不是由司法或法庭裁决。替代性争议解决是一种成本效益高、非正式、协商一致、快速解决纠纷的方式。当纳税人不同意税收专员关于税收债务或权利的决定时，就会产生税务纠纷。税务纠纷的主要情形包括：当事人之间关于税务责任或权利的正式争议，如提出异议；评估发布前产生的争议，如纳税人考虑了税务局的立场文件。然而，替代性争议解决并不仅仅用于解决实体纠纷。它也可以用来澄清或限制问题，简化程序，消除争议双方关系问题造成的障碍。一般来说，ATO 使用的替代性争议解决有三种类型。

1. 内部调解

内部调解是由税务局提供的一项免费调解服务，由一名训练有素的、独立的税务局调解人协助参与者协商争议。调解人帮助各方确定有争议的问题,制订备选方案,考虑备选方案,并尝试达成协议。调解人不会证实事实、支持任何一方、提供建议、作出决定或决定谁是"对的或错的"。内部调解人只是引导双方完成整个过程,并帮助他们确保有明确的沟通渠道,能正确接收信息。

有税务或退休金纠纷的个人或小企业可以使用税务局的内部调解服务。公正的调解人与纳税人和 ATO 的办案官员会面,以便:确定争议问题,提出解决选项,考虑替代方案,尝试达成决议。在调解会上,纳税人可以陈述对有争议的事实和问题的看法。纳税人也可以带一个支持人员或代表。如果纳税人选择参与调解而争议未得到解决,纳税人的复审和上诉权利不会受到任何影响。纳税人是否选择参与调解完全自愿。

如果纳税人要申请内部调解,需要填写内部调解申请表。在提出请求后,内部调解会安排在双方方便的最早日期。调解过程通常不会超过 1 天。内部调解最好是面对面进行,如有必要,也可通过电话或在线视频进行。调解前,调解人联系纳税人和办案官员,并概述流程,回答纳税人的问题,通知调解的日期、时间和地点。在调解当天,调解人需要:概述会议流程,强调会议的共同期望和目标,要求纳税人和 ATO 的办案官在调解开始时提供对争议的看法,协助双方确定争议问题和解决方案,协助纳税人和办案官员评估方案并尝试达成解决方案。各方要诚信参与调解,尊重其他参与者,公开透明,自愿谈判。

内部调解参与者的作用是陈述他们对案件事实和问题的看法。参与者包括涉案的办案官员、纳税人和纳税人代表。所有参与者需要:做好准备,包括确保所有相关人员参与或直接接触;有权讨论和解决争议;充分和真诚地参与调解;以客观的方式解决问题,愿意谈判并尝试解决争端的所有方面,或在调解过程开始之前澄清调解程序范围的任何限制;尊重各方和调解人;回答(如有可能)调解人或其他各方提出的任何相关问题;尽可能公开透明地提供与案件直接相关的信息,以便更好地了解事实和问题,遵守保密要求。

调解人的作用是管理参与者之间的讨论,以期解决争议,或至少在解决问题方面取得进展。调解人的要求包括:接受过调解过程的培训、技能和经验,在法律范围内诚信行事,支持流程的完整性和公平性,尝试在合理的时间内完成流程;保持公正,避免任何实际或感知的利益冲突,对案件的最终结果不享有利益,不得在调解过程中接受任何礼物、贿赂或奖励(无论是货币形式还是非货币形式),但调解人作为 ATO 雇员的当前报酬除外;不得强迫任何参与者同意其不愿意接受的过程、条件或结果中的步骤;未经所有参与者同意,无论是以 ATO 员工的身份,之前或将来都不得参与案件;立即向参与者披露可能或可能被视为影响其独立性的任何信息,并且只有在所有参与者同意的情况下,才能继续在该过程中充当调解人;遵守保密要求;如果参与者提出合理要求,停止行动并退出流程;如果参与者认为程序的继续可能损害或损害一个或多个参与方,或一个或多个参与方不真诚行事,可暂停或终止该程序。

调解结束后,如果双方达成解决方案,调解人可协助记录调解结果。如果没有达成解决方案,审计或异议将根据常规流程确定,或者其他选项(包括纳税人的审查或上诉权利)将与纳税人讨论。

关于内部调解,我们可以举例予以说明,如从事研发 R&D 活动的某公司对 R&D 激励税抵扣提出了重大要求。鉴于所涉退款金额巨大,已被 ATO 扣留等待调查。该公司坚信自己有权获得退款,但由于退款延迟影响了公司的现金流,因此感到沮丧。由于时间压力,审计师经理建议在 ATO、公司董事和税务代理人之间进行调解,并指派一名受过培训的 ATO 官员来协助争议的解决。在 4 个小时的调解过程中,ATO 解释了其特别关注的问题及其对相关研发法律的看法,该公司还向 ATO 提供了其他信息。很明显这家公司只能得到一半的退款。内部调解使得:ATO 官员承诺立即处理该公司有权获得的退款;该公司和税务代理更好地了解法律及其研发合规义务;税务官员在较短时间内完成调查。

2. 第三方介入

在大型、复杂的争议中,ATO 可考虑聘请外部从业人员进行 ADR。

3. ADR 也可由法院或法庭在诉讼案件中发起

调解、和解和早期中立评估是解决税务和退休金纠纷中最常用的方法。调解是参与者在 ADR 从业者的协助下进行谈判,ADR 从业者帮助双方确定有争议的问题,制订备选方案,考虑替代方案,并尝试达成协议的一种方法。调解员通常不提供咨询意见,除非当事方要求进行咨询/评估性调解或调解。调解通常是自愿的,但可以由法院或法庭下令。如果调解是自愿的,当事人通常分摊相关费用。和解也是一种方法,参与者在 ADR 从业者的协助下进行谈判,ADR 从业者帮助双方确定争议问题,制订备选方案,考虑替代方案,并尝试达成协议。和解人通常在争端领域具有资格。与调解程序不同,和解人可以就解决争端的可能选择向当事方提供专家咨询意见,并积极鼓励参与方达成协议。行政上诉法庭(AAT)经常在税务和退休金纠纷中使用和解。中立评估也称早期中立评估(early neutral evaluation, ENE),是指争议的参与者向 ADR 从业者陈述其主张,ADR 从业者就解决争议的适当方式提出建议。在税务和退休金纠纷中,ADR 从业者通常在税法方面有丰富的经验,并在争议进入诉讼程序时就法院或法庭可能作出的决定提供建议。是否接受评估者的建议以及如何使用这些信息取决于各方。中立评估可以在争议的任何阶段进行,但最好是在法律程序开始之前。

ADR 流程具有以下特点：

(1) 在内部调解过程中，ADR 从业者协助双方确定争议问题，制订备选方案，考虑替代方案，并努力就某些问题或整个争议达成协议。

(2) 在咨询过程中，ADR 从业者考虑和评估争议，并就争议的部分或全部事实、法律以及可能或理想的结果提供建议。

(3) 在确定过程中，ADR 从业者评估争议并作出决定。裁决性程序，如仲裁，一般不适用于 ATO 的争议，因此，不作进一步处理。

(4) 在混合纠纷解决过程中，ADR 从业者扮演着多重角色。例如，在和解会议中，ADR 从业者可以协助讨论，并就争议的是非曲直提供建议。

ATO 为了适用 ADR 解决同纳税人发生的税收争议，在 2003 年和 2007 年的两个规定，2009 年总计四个实务声明的基础上，于 2013 年 8 月 1 日制定并颁布了一份实务声明①（称为 PS LA 2013/3）向 ATO 人员提供指导，说明在试图通过运用 ADR 解决或限制争议时必须遵守的政策和指南。这份实务声明分别就以下内容作出了规定：

第一，ADR 的定义。在本实务声明中，ADR 是指除司法或仲裁庭裁决以外的解决争议程序的总括术语。在该术语中，公正的人协助争议当事人解决或缩小他们之间争议的问题。这个术语包括由法院或仲裁庭运行或启动的 ADR 流程。

第二，ADR 的适用范围。当税收争议不能通过早期介入和直接协商解决时，ATO 承诺在适当的情况下使用 ADR 解决争议。重要的是，并不是所有的案件都适用 ADR。在 ADR 适用的情况下，ATO 和纳税人应选择一种适合案件情况和争议性质的程序。

纳税人及其代表可以预期，ATO 将：识别 ADR 的适用机会；考虑并响应纳税人的 ADR 请求；适时建议 ADR，以及在 ADR 前与纳税人交谈并致函，解释该过程以及纳税人可以从中得到什么。

一般 ADR 适用于以下情况：税收争议的问题是可以协商的；ATO 和纳税人都愿意作出让步；争议能够在现有的解决政策和实践中得到解决；早期解决比司法裁决更有益。

实务中，ADR 可能适用于以下情况：能够达成更快或更经济的解决方案，尤其是当诉讼成本与可能的利益不成比例时；需要缩小或澄清有争议的事实和问

---

① This law administration practice statement（PS LA 2013/3）is issued under the authority of the Commissioner and must be read in conjunction with Law Administration Practice Statement PS LA 1998/1.

题时;为了尽量减少与举证困难相关的风险时;为了促进提前支付税款,或为了维持或改善争议各方之间的关系。

ADR 不适用于以下争议:只有偏离既定的"先例 ATO 观点"才能解决问题,并且争议事实与构成"先例 ATO 观点"基础的事实之间没有实质性差异;ADR 所涉及的成本和延迟与可能的收益不成比例;争议涉及现实和根本性的税法问题,或者在其他方面是直截了当的,而且通过司法途径确定这一问题有明确的公共利益;事实清楚,适用法律也很简单,或者担心该案涉及严重的刑事欺诈或逃税。

第三,适用 ADR 的 ATO 义务。根据 2005 年司法部部长法律服务指示,联邦机构及其法律服务提供者有义务在诉讼和 ADR 中充当模范当事人。这一模范当事人有义务要求各税务机关尽可能避免、防止和限制法律诉讼的范围,在启动法律程序之前考虑 ADR,并酌情参与 ADR。从诉讼开始,考虑使用 ADR 是模范当事人的一项持续义务,在整个诉讼过程中都要做此考虑。税务机构在参与 ADR 时,必须充分有效地参与。妨碍或不合作的态度只会表明税务机构没有诚意参与。然而,善意参与并不要求一方当事人只为其自身利益而采取行动。作为一个政府机构,ATO 必须在考虑到"良好管理"的情况下参与 ADR。良好的管理要求 ATO 以促进合理使用联邦资源的方式处理争端,也就是说,以一种高效、有效、经济和道德的方式处理争端,并且不得与联邦的政策相抵触。根据澳大利亚《2011 年民事纠纷解决法》,联邦法院正在审查的税务纠纷各方有义务提交"切实的步骤"声明,概述他们为解决争议采取了哪些措施,或他们没有采取任何措施的原因。该法鼓励当事方在向澳大利亚联邦法院提起法律诉讼之前,采取切实的步骤解决争议(包括税务和退休金纠纷)。

第四,何时启动 ADR。虽然适用 ADR 没有最佳时间,但可能适合于:ATO 在审计期间发布立场文件后;在 ATO 官员作出最终决定之前的异议阶段审查期间;诉讼阶段。在争议的关键要素尚未明确之前,过早尝试 ADR 可能意味着成功的可能性较小,因为双方可能无法在知情的情况下参与讨论,以澄清、缩小或解决争议问题,从而增加双方的总体成本,并造成不必要的延误。

第五,如何启动 ADR。ADR 一般由当事人协议发起。涉及争议的 ATO 人员应积极寻找 ADR 有助于解决或解决争议的机会。在联系纳税人或其顾问之前,ATO 应与相关经理和适当的技术人员,包括审查和争议解决(review and dispute resolution, RDR)官员,讨论确定的是否适用 ADR。纳税人也可以要求适用 ADR。请求通常应提交给管理争议的税务官,税务官将在回复之前与相关经理和适当的技术人员(包括 RDR 官员)讨论请求。如果纳税人要求 ADR,且

ATO 认为 ADR 不适用,则 ATO 将向纳税人明确说明原因。

第六,ADR 程序的类型。ADR 程序通常分为促和性程序、咨询性序、确定性程序、混合性程序。在促和性程序中,ADR 从业者协助各方确定争议问题,制订备选方案,考虑替代方案,并努力就部分或全部争议达成协议。调解是促和性程序中使用的一种典型方法。在咨询性程序中,ADR 从业者考虑和评估争议,并就可能或理想的结果提供建议。中立评价和案例评估是咨询性程序中使用的典型方法。咨询性程序就其性质而言,不能对争议的任何一方具有约束力。在确定性程序中,ADR 从业者评估争议并作出决定。仲裁和专家裁决是确定性程序的例子。在一个混合性程序中,ADR 从业者扮演着多重角色。例如,在调解会议中,ADR 从业者可以促进讨论,并就争议的是非曲直提供建议。仲裁一般不适用于解决税务纠纷,因为它可能产生与诉讼类似的费用和延误,可能与专员作为决策者的法定责任相冲突,并且可能缺乏法院或法庭裁决的公开性和透明度。ATO 可以聘请独立专家提供专业知识,帮助解决某些特殊类型的争议(包括估价争议)。

第七,ADR 流程。如果当事人选择参与 ADR,他们可能需要考虑进行 ADR 流程的各种选择。如果法院或法庭正在进行这一程序,通常会就如何进行相关的 ADR 程序以及双方需要提交和交换哪些文件进行协商和咨询。对于非由联邦法院或行政上诉法庭进行的 ADR 程序,双方需要考虑并同意:①使用的 ADR 流程类型;②ADR 流程将在何处进行;③聘用 ADR 从业人员的条款和条件,包括支付 ADR 从业人员的费用,该费用通常由双方共同承担;④ADR 流程的范围和需要审查的问题;⑤在 ADR 流程前将向 ADR 从业人员提供交换哪些文件(如有);⑥ADR 流程中各方需要做什么;⑦确认 ADR 流程中的所有通信"无偏见"不能用于其他场合或诉讼;⑧谁将参加各方的 ADR 流程;⑨确保各方的决策者参与 ADR 流程;⑩ADR 流程可能提前终止的情况。

第八,聘请 ADR 从业者。ADR 从业者是一个独立的人,接受过培训,能够帮助当事人努力寻求解决办法。ADR 从业者的角色是不同的,取决于使用的 ADR 程序类型。例如,在调解中,ADR 从业者将协助双方解决部分或全部争议问题但不会给他们提供建议。如果 ADR 程序不是由联邦法院或行政上诉法庭进行的,那么双方将需要考虑哪种 ADR 程序最适合其需要和争议的背景。ATO 的审查和 RDR 官员可协助选择和聘用 ADR 从业者。

第九,参与 ADR。参加 ADR 程序的 ATO 人员应事先明确他们各自的角色。

当参与 ADR 时,ATO 应做好准备:充分、有效和真诚地参与;在 ADR 流程前确保已向纳税人提供所有相关文件;愿意谈判并尝试解决争议的所有方面(如适用);倾听纳税人的意见,始终保持礼貌;确保决策者在场;在特殊情况下决策者可通过在线视频或电话参加,如果 ATO 认为 ADR 不可能最终解决争议,但 ADR 过程仍有价值,则 ATO 将在 ADR 程序进行前告知纳税人 ADR 范围内的所有限制,以及仅根据法律或公布的政策解决争议。

纳税人及其代表也要做好准备:确保所有相关人员参与或直接接触;充分、有效和真诚地参与;有权讨论和解决争议;在 ADR 流程之前,向 ATO 提供所有相关文件,以及愿意协商并尝试解决争议的所有信息,或在 ADR 流程之前澄清 ADR 流程范围内的所有限制。

如果争议正在诉讼中,那么 RDR 官员必须出席。ATO 人员必须充分准备并熟悉与争议有关的所有事实、问题、法律和政策。在确定解决争端的备选方案时,ATO 人员还应考虑到当事双方的根本利益。参加 ADR 的 ATO 人员应有权就可能讨论的问题作出决定,包括解决或决定债务的支付。在特殊情况下,如果 ATO 决策者不可能出席 ADR 过程,则在 ADR 过程中,可以通过电话或视频会议访问他们。在有任何可能取得成功结果的情况下,ATO 人员最好坚持通过 ADR 进行谈判。如果发现不存在成功结果的可能性,则 ATO 人员应结束 ADR 进程。

成功的结果可能包括:部分或全部解决争议;澄清事实或问题;获得付款;改善争端各方之间的关系,或商定解决争端的前进道路。

第十,ADR 流程的保密性。除非双方另有约定,否则所有 ADR 流程均在保密且"无偏见"的基础上进行。当事双方之间为 ADR 流程而进行的任何通信均享有特权,未经另一方同意,不得在法律程序中使用。ATO 将寻求 ADR 参与者的反馈,以确定对 ATO 流程的潜在改进,并提供组织支持。这将独立于 ADR 流程,并将对所有参与者保密。

第十一,记录协议。任何税收争议的解决都必须按照《解决实务守则》进行,该守则规定了解决有争议的税务责任或权利的准则。《解决实务守则》适用于税务纠纷的解决,不论这些争议是否发生在 ADR 流程中。参加 ADR 程序的 ATO 人员必须确保任何和解契约或协议文件清晰、明确,并充分反映商定的结果。有时,当事方无法在 ADR 流程中执行可执行的协议,在这种情况下,应起草一份"会议记录",以记录已达成的协议。根据其条款,此类会议记录可能是可执行的,也可能是不可执行的。因此,当事人最好表明他们是否打算受该文件的法律约束。或者,当事人可以寻求保留仅在执行可执行协议时才受约束的权利。为保证双方当事人的确定性和终局性,此协议自签署之日起生效。此外,一些法院和法庭对协议何时可强制执行有单独的规定。

如果纳税人的期望没有得到满足,他们能做什么?根据纳税人权利宪章,ATO 必须达到宪章和实务声明中概述的服务标准。澳大利亚《2005 年法律服务指示》是一套具有约束力的规则,涉及联邦机构开展法律工作的情况,包括它们参与其他争端解决程序的情况。如果纳税人认为,ATO在ADR程序中不符合这些标准,那么纳税人有权提出投诉。纳税人应先尝试与ADR程序中涉及的税务官解决问题。如果仍然不满意,纳税人应该和税务官的负责人谈谈。如果纳税人对投诉的处理方式不满意,可使用ATO网站上的在线表格提出投诉。纳税人的复审权和上诉权不因参与ADR而受到影响,但须遵守达成的任何解决方案的条款以及遵守立法时限。表2-1列出了各种ATO利益相关者在ADR流程中的角色和责任。

表2-1　各种ATO利益相关者在ADR流程中的角色和责任

任务/工作	角色、职责(诉讼前阶段)	角色、职责(诉讼阶段)
识别和审查是否适用 ADR	业务线(business line,BSL)案件官员	BSL 案件官员咨询审查和 RDR 官员和(或)税务律师网络(tax counsel network,TCN)
提供关于 ADR 的一般建议	审查和 RDR 官员	审查和 RDR 官员
同意 ADR	BSL 案件官员与 RDR 官员协商	BSL 案件官员和(或)税务律师网络 TCN 咨询 RDR 官员
ADR 参与人员支出审批	审查和 RDR 官员	审查和 RDR 官员
选择 ADR 参与人员	在 RDR 官员的协助下,BSL 和(或)TCN	BSL 和(或)TCN 咨询 RDR 官员
参与 ADR 从业者	RDR 官员或外部律师	RDR 官员或外部律师
同意使用 ADR 流程(如有必要,制定该流程的协议)	根据需要,BSL 案件官员在 RDR 和(或)TCN 的协助下	根据需要,RDR 官员在 BSL 案件官员和(或)TCN 的协助下
准备和参加 ADR	至少 2 名 ATO 官员	BSL 案件官员和诉讼团队的至少 1 名其他成员
ADR 起草文件	RDR 官员或外部律师(如有聘用)或 BSL 案件官员	RDR 官员或外部律师咨询 BSL 案件官员和(或)TCN
在 ADR 商定协议条款	BSL 代表与 TCN 和(或)债务 BSL 协商付款事宜	BSL 代表与 TCN 和(或)RDR 协商,并与债务 BSL 协商付款事宜
授权通过 ADR 达成的协议	BSL 代表与 TCN 或 RDR 协商	BSL 代表与 TCN 和(或)RDR 协商
确保协议文件完整,包括在案件管理系统中输入数据	根据需要,BSL 案件官员在 RDR 和(或)TCN 的协助下	RDR 案件官员
确保协议生效,包括提出任何商定的修订评估	BSL 案件官员	BSL 案件官员
完成 ADR 登记	RDR 官员	RDR 官员

五、中国台湾地区的税捐协谈制度

（一）中国台湾地区的税捐协谈制度

1. 税捐协谈的法源

中国台湾地区于 2011 年 10 月 12 日发布了《税捐稽征机关税务案件协谈作业要点》(以下简称要点)。该要点主要规定如下：

第一，制定目的。为畅通纳税义务人申诉管道，增进征纳双方意见沟通，以减少争议，提升为民服务绩效，特订定本要点，以供稽征机关执行时参考。

第二，协谈适用范围。税务案件有下列情形之一，稽征机关得与纳税义务人协谈：①稽征机关于审查阶段中，就课税事实的认定或证据的采认，有协谈必要的；②"复查、依诉愿法"第五十八条第二项规定由原处分机关重新审查或经行政救济撤销重核案件，对课税事实的认定或证据的采认，征纳双方见解有歧异的。①

第三，协谈的产生。协谈案件依下列方式产生：①由承办人员或其股长签报核准；②复查委员会之决议；③稽征机关首长交办。

第四，协谈人员。协谈人员由承办单位指定 2 人以上人员担任。如涉及其他单位者，应请其他单位指派人员参与。重大案件应签请首长指定适当人员参与。纳税义务人得委托代理人协谈，但代理人不得超过 3 人。前项代理人应于协谈时，提出载明授权范围之委任书。

第五，协谈地点。协谈应于各税捐稽征机关设置之协谈室为之。

第六，协谈通知。协谈日期、地点及协谈要点应于协谈期日 3 日前，以书面通知所有参加协谈人员。

第七，协谈前的准备。税捐稽征机关协谈人员进行协谈前，应对案情内容、相关法令及实务处理详加了解，必要时应征询相关单位意见，以利协谈的进行。

第八，协谈程序的要求。税捐稽征机关协谈人员进行协谈时，应以客观、审慎的态度、恪守合法、公正原则，并对纳税义务人或其代理人详予解说，以获得共识，化解歧见。税捐稽征机关协谈人员进行协谈时，得应纳税义务人或其代理人要求，或视案件需要经纳税义务人或其代理人同意后，进行全程录音、录像。纳税义务人或其代理人经合法通知未到场，应另订日期通知，届期仍未到场者，视

---

① 有中国台湾学者举营利事业因火灾丧失账册为例，某甲营利事业依法记账并委托会计师结算申报，在结算申报后发生不可抗力火灾，烧毁了公司所有的账簿记录，稽征机关无法实际调查或核课甲营利事业当年所申报的所得额，且这种情况依所得税相关法律制度规定不得按同业利润标准推计课税。稽征机关面对这种课税事实存在，但税基、计算税额的相关事实无法调查的情形，就要同纳税人通过协谈来确定了。

为拒绝协谈。

第九，协谈后结果要求。协谈案件应将协谈经过及结果制作协谈纪录，载明下列事项，并由所有参加协谈人员签章：①协谈日期、地点；②所有参加协谈人员的姓名、职称；③协谈要点；④协谈结果。

第十，协谈结果的效力。协谈后承办人员应将协谈经过及结果，签报核定，作为审理该案件的参考；如属第三点第二款依复查委员会决议的案件，应签提复查委员会参考。纳税义务人或其他代理人陈述的内容虽属合情、合理，但因法令限制，不能实行时，应向上级机关反应，建议修改法令。

依要点达成的协谈结果，经稽征机关签报核定或签提复查委员会的协谈案件，除有下列情形之一，稽征机关应尽量遵照协谈结果办理：①协谈的成立，是以诈术或其他不正当方法达成的；②协谈成立后，发现新事实或新证据，影响课税增减的。

第十一，其他规定。协谈纪录应装册备查，年度终了时将协谈成果上报，协谈工作绩优人员可以得到奖励。本要点对于纳税义务人的规定，适用于扣缴义务人、代征人、代缴人及其他依法负缴纳税捐义务的人。本要点的作业细节，各稽征机关应视需要订定。

2. 税捐协谈的法律性质

按照中国台湾地区学者的观点，对税捐协谈的法律性质，学界主要有行政处分附款说、意见陈述说、行政契约说、事实行为指导说四种认识。这四种学说都有其合理性，但都未成为学界的共识，可以说，在学理上目前并无定论。实务部门则认为税捐协谈属于职权命令。

3. 税捐协谈存在的问题

从要点的内容及实务工作的应用来看，税捐协谈目前存在的主要困境是：①无具体法律授权；②程序保障不足；③协谈效力不彰；④正式协谈程序过于复杂，造成非正式协谈程序使用较多。

4. 税捐协谈完善的建议

根据要点第一条可知，税捐协谈的目的在于畅通纳税义务人申诉管道，增进征纳双方意见沟通，以减少争议，提升为民服务绩效。当稽征机关于审查阶段中，就课税事实的认定或证据的采认与纳税人有争议时，通过协谈可减少征纳双方争议，降低社会成本。因此，税捐协谈是在税捐稽征上同时兼顾公平与效率的方法之一。税捐协谈的重点在于征纳双方谋求对课税事实的和解。所以，学者建议对现行税捐协谈制度做如下完善：①明定事实的协谈为契约性质；②扩大协谈参与对象；③应设置强制协谈；④协谈程序应予授权并予保障；⑤承认承诺书和保证书具有协谈结果效力；⑥欠税案件纳入协谈范围。

2011 年，中国台湾地区各税务局复查案件处理情形统计表如表 2-2 所示。

表 2-2　2011 年中国台湾地区各税务局复查案件处理情形统计表

机关	收案件数			办理情形									办结率	结转次年件数
	上年结转	本年新收	合计	撤消		驳回		移转更正		撤回		合计(E)		
				件数(A)	百分比(A/E)	件数(B)	百分比(B/E)	件数(C)	百分比(C/E)	件数(D)	百分比(D/E)			
台北市税务局	1 720	2 983	4 703	879	29.01%	1 522	50.23%	272	8.98%	357	11.78%	3 030	64.43%	1 673
高雄市税务局	504	1 044	1 548	316	25.40%	501	40.27%	163	13.10%	264	21.22%	1 244	80.36%	304
北区税务局	1 737	2 427	4 164	686	27.25%	1 189	47.24%	341	13.55%	301	11.96%	2 517	60.45%	1 647
中区税务局	1 281	1 507	2 788	388	24.05%	727	45.07%	233	14.45%	265	16.43%	1 613	57.86%	1 175
南区税务局	352	490	842	228	33.98%	273	40.69%	73	10.88%	97	14.46%	671	79.69%	171
合计	5 594	8 451	14 045	2 497	27.52%	4 212	46.41%	1 082	11.92%	1 284	14.15%	9 075	64.61%	4 970

备注：1. 高雄市税务局 2010 年 12 月接受南区税务局 227 件，原应计入 2010 年度收案件数，因电脑作业迟至 2011 年 1 月方始完成，造成 2010 年度结转下期件数应扣除及 2011 年度收案建增各 227 件，应予调整，南区税务局则应反方向调整 209 件。本表及以下各表有关数字均一并调整。

2. 本表及以下各表所列比率采用四舍五入法，因此有正负 0.01% 的误差值。

表 2-2 中，中国台湾地区 2011 年 1 月至 12 月各税务局新收案件 8 451 件，较 2010 年度 9 907 件减少 1 456 件，减幅 14.70%。其中，南区税务局减少 453 件，减幅 48.04%；流减讼源绩效最好；中区税务局增加 37 件，增幅 2.52%。

（二）中国台湾地区税捐协谈作业流程

审查阶段税捐协谈作业流程如图 2-1 所示。

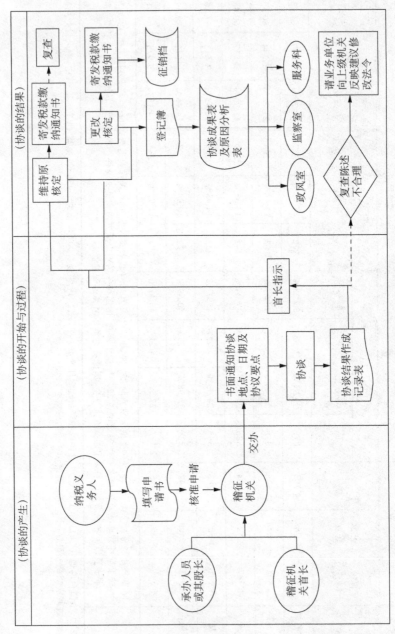

图 2-1　审查阶段税捐协谈作业流程

行政救济阶段税捐协谈工作流程如图 2-2 所示。

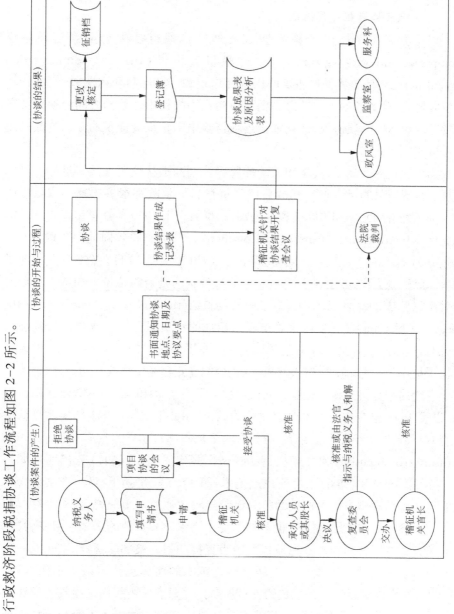

图 2-2 行政救济阶段税捐协谈工作流程

第三节　国际税收争议解决的国际解决方法

一、相互协商程序

（一）相互协商程序的概述

相互协商程序在国际税收协定发展的早期也被称为主管当局协议（competent authority agreement）或财税机关协议（financial administration agreement）。它是随着税收协定的出现而出现的。奥地利和列支敦士登《1901年税收协定》第8条就首次规定了相互协商程序的使用，"缔约方的财税机关在必要时应当达成一项协议，并且依据这项协议中防止重复征税的专门条款的规定采取相应措施"。

第一次世界大战后，英国和美国的跨国公司的迅猛发展推动了世界贸易的发展。世界贸易的巨大增长和战后的经济危机导致欧洲很多国家采取重税政策。为了经济的发展和国际征税的增加，一群商人于1919年在巴黎建立了国际商会（the International Chamber of Commerce, ICC）。同年同地国际联盟（the League of Nations）也被建立。国际联盟于1920年9月24日在布鲁塞尔召开了一次国际财税会议，在会议上国际双重征税被认为是对跨境投资和资本流动的一种阻碍。从1921年9月国际联盟财税委员会（the Financial Committee of the League of Nations）委托由四个经济学家组成的小组展开关于双重征税的理论研究开始，国际联盟关于双重征税和逃税发布了多份报告。到1922年，主管当局协议被作为一种解决自然人双重国籍、分配商业存在所得或利润的方法。

目前的相互协商程序是国际联盟财税委员会于1940年和1943年在墨西哥城，以及1946年在伦敦两次会议讨论的结果，由此形成了《1943年墨西哥城协定范本》和《1946年伦敦协定范本》。这两个范本都对主管当局磋商（competent authority consultations）和主管当局协议做了规定。例如，《1943年墨西哥城协定范本》第16条和《1946年伦敦协定范本》第17条规定如下：当一个纳税人有证据证明缔约国一方税务机关的行为已经导致对他的双重征税，他应当有权利向其财政住所地的或国籍国的税务机关提出请求。一旦他的请求被接受，其财政住所地的或国籍国的主管税务机关应当直接和另一缔约国磋商，以达成一项避免双重征税的公正协议。对这两个协定范本的注释也规定：《协定范本》第16条和《协定范本》第17条规定的特别程序并非要取代由缔约国税收立法建立的税收上诉程序，而只是对它进行补充。被双重征税的纳税人不管税收协定如何规定，都有权利选择向其财政住所地的或国籍国的税务机关提出请求。根据双重征税的情况,他应当获得缔约国一方或另一方给予的保护,这是合法合理的。此外,应当指出主管机关磋商不是司法程序,而是所涉税务机关之间直接磋商的程序。

综上所述,《1943年墨西哥城协定范本》和《1946年伦敦协定范本》规定的主管当局磋商程序构成了现在《经合组织税收协定范本》第25条相互协商程序的历史渊源。

（二）MAP的基本规则[①]

1. 经合组织税收协定范本的规定

相互协商程序这一术语在国际税收协定用语中是由经合组织的前身欧洲经济合作组织（Organisation for European Economic Co-operation, OEEC）于1956年首次使用的。欧洲经济合作组织财政委员会提出,协定范本第25条的目的是在缔约国之间提供一种磋商和协议的程序以及根据该程序的条件和适用来解决相关案件。第25条的前两款规定用来处理与协定不符的征税,除了缔约方国内税法提供的救济方法外。第3款规定了相互协商程序来解决由协定解释或适用引起的问题以及协定未规定的双重征税的问题。第4款规定了由缔约国双方主管税务机关代表组成一个委员会来交换意见。

对照《2010年经合组织税收协定范本》第25条文本的规定,实际上与前述第1、第2、第3、第4款是相同的,都规定了原来的相互协商程序。第25条第5款关于仲裁的规定是《2008年经合组织税收协定范本》增加的内容。

相互协商程序通常有两种:一种是适用于特定纳税人税收协定事项的解决程序,如转让定价的情形或纳税人双重居所冲突的解决;另一种是主管机关就税收协定的解释或适用产生的事项程序。特定纳税人相互协商程序的数量要远远大于通常协定解释程序的数量。根据这两种相互协商程序,主管机关分别达成两种相互协议:

第一种,普通相互协议。普通相互协议是由授权主管机关就税收协定具体条款的解释或适用通过协商或谈判达成一致共识的一份协议。这种协议对于完善或澄清原来税收协定中缺漏或模糊的规定是非常必要的。另外,当一个缔约国国内税法发生变化,在不损害税收协定情况下如何就协定中的特定条款的解释或适用由主管机关达成一致协议。这些协议的法律地位在大多数案件中是由缔约国国内宪法或税法界定的。通常认为,普通相互协议对法院没有约束力,在协定有效时它们可以被终止。在1988年"Xerox Corp.v.United States"一案中,

---

① 以《经合组织税收协定范本》第25条第1、第2、第3、第4款和美国国内税务署税收程序规则2006-54为对象。

美国联邦上诉法院裁定:由美英两国主管机关依据美英两国税收协定相互协商程序达成的收入程序(revenue procedure)既不属于法律也不属于法规,对法院没有法律效力,而且它不能改变税收协定的内容和目的。① 在 1992 年的另一个案件"Snap-On Tools, Inc.v. United States"中,法院也认为,根据美英两国税收协定相互协商程序达成的一项主管机关协议有助于法院解释相关法律,但并不能约束法院。②

第二种,特定案件相互协议。特定案件相互协议是指由两个缔约国的主管机关根据两国间税收协定相互协商程序就特定纳税人的特定案件所涉税收协定具体条款的解释或适用达成一致共识的一份协议。这种协议在转让定价的情形或解决纳税人双重居所冲突的案件以及特定非歧视的案件中都很常见。这种协议从本质上说是由缔约国双方的主管机关不依照国际公法,为了一个第三人(纳税人)而达成的。达成这项协议的法律基础是《2010 年经合组织税收协定范本》第 25 条相互协商程序的第 1、第 2 款的规定,③如第 25 条第 1 款规定,当一个人认为,缔约国一方或者双方的措施,导致或将导致对其不符合该协定规定的征税时,可以不考虑各缔约国国内法律的补救办法,将案情提交本人为其居民的缔约国主管当局,或者如果其案情属于第 24 条第 1 款,可以提交本人为其国民的缔约国主管当局。该项案情必须在不符合本协定规定的征税措施第一次通知之日起,3 年内提出。根据《2010 年经合组织税收协定》第 3 条第 1 款 a 项的规定,一个人是指一个自然人,一个公司或者其他人的集合。第 3 条第 1 款 a 项把公司定义为任何法人或者是在税法上被视为法人的任何组织。第 3 条第 2 款规定,上述主管当局如果认为所提意见合理,又不能单方面圆满解决时,应设法同缔约国另一方主管当局相互协商解决,以避免不符合该协定的征税。达成的协议应予执行,而不受各缔约国国内法律的时间限制。根据以上规定,我们可以得出如

---

① US:CC,1988, Xerox Corp.v.United States,14 Cl.Ct.455(1988).

② US:CC/AC,1992/1994, Snap-On Tools, Inc.v. United States,26 Cl.Ct.1045(1992), aff'd,26 F.3d 137(Fed.Cir.1994), Tax Treaty Case Law IBFD.

③ Art.25(1) 2010 OECD Model ("where a person considers tha the actions of one or both of the Contracting States result or will result for him in taxation not in accordance with the provisions of this Convention, he may, irrespective of the remedies provided by the domestic law of those States, present his case to the competent authority of the Contracting State of which he is a resident, or if his case comes under paragraph 1 of Article 24, to that of the Contracting State of which he is a national. The case must be presented within three years from the first notification of the action resulting in taxation not in accordance with the provisions of the Convention.").25(2)("The competent authority shall endeavour, if the objection appears to it to be justified and if it is not itself able to arrive at a satisfactory solution, to resolve the case by mutual agreement with the competent authority of the other Contracting State, with a view to the avoidance of taxation which is not in accordance with the Convention.Any agreement reached shall be implemented notwithstanding any time limits in the domestic law of the Contracting States.")

下三点:第一,相互协商程序并不适用于无法人资格的企业或合伙组织,而是适用于自然人或法人;第二,有权向缔约国主管当局提出案情的是某一缔约国的居民纳税人;第三,纳税人向缔约国主管当局提出案情时必须遵守每个缔约国国内的格式要求。此外,因为相互协商程序是一种完全的行政性程序,所以法院并没有权力去发起或强迫税务机关达成某项协议。还有非常重要的一点,并不是所有纳税人的居民国都许可相互协商程序和诉讼程序的同时进行。例如,加拿大就规定纳税人在继续上诉程序的同时不可以寻求和外国主管当局进行协商,如果在上诉裁决作出后纳税人就双重征税或与税收协定不符的征税再次提出相互协商程序,加拿大主管当局将向外国主管当局提交上诉裁决作出的细节和理由。而且加拿大国内法院的裁决是不可以被改变的,也就是说,加拿大主管当局没有任何协商的余地。因此,纳税人在向缔约国主管当局提出案情前,要非常了解税收协定中相互协商程序的规定以及缔约国国内的格式要求。在北美,特定案件相互协商程序一直是一种有效的达成共识的机制,在大多数情况下都能对转让定价分配的案件起到充分消除国际双重征税的作用。这一机制在双边转让定价协议的磋商中也发挥了作用,包括由纳税人和其居民国主管机关达成的协议和由该居民主管机关和另一缔约国主管机关协商达成的双边协议。

从各国的具体情况来看,美国国内税务署鼓励那些寻求单边预约定价协议的美国纳税人依据相互协商程序和主管机关达成双边协议。美国国内税务署这种偏好双边甚至多边协议的立场是为了在实现确定性的同时能兼顾政府和纳税人的利益,并通过早期的税收争议解决程序来避免双重征税。预约定价协议程序是自愿的,它不需要以缔约国主管机关实施了对纳税人不符合税收协定规定的征税措施为条件。截至 2011 年年底,美国主管机关已经缔结了多份双边协议,而且对涉案的纳税人都提供了充分消除国际双重征税的救济。[①]

在过去的几年里,加拿大主管机关依据相互协商程序的规定已经解决了数百件涉及转让定价分配中双重征税的案件。这些案件的绝大多数都是和美国主管机关协商解决的。[②] 根据 2001 年到 2011 年加拿大税务局(the Canada Revenue Agency)关于相互协商程序的报告,结案 659 件,其中 586 件(占总案件数的 89%)对纳税人都提供了避免双重征税的救济。加拿大税务局也列举了导致对纳税人部分或完全没有提供避免双重征税救济的原因,其中最为普遍的原

---

① Announcement and Report Concerning Advance Pricing Agreements, Internal Revenue Bulletin 2012-16(16 Apr.2012).

② From 2001 to 2009,81% of the cases were negotiated with the United States. See Mutual Agreement Procedure Program Reports, Canada Revenue Agency, Competent Authority Services Division, CRA website, supra n.591.

因如下:没有及时通知纳税人以致超过了程序规定的时效期;另一缔约国主管机关拒绝对加拿大纳税人提出的纳税调整提供全部救济;另一缔约国主管机关基于国内税收规则不能作出纳税调整;加拿大主管机关和另一缔约国主管机关对税收协定规定事项的解释无法达成一致;加拿大主管机关和另一缔约国主管机关互不承认对方作出的纳税调整;另一缔约国主管机关对加拿大主管机关提出的相互协商程序的请求不予理睬;纳税人拒绝提供一方主管机关或双方主管机关要求的信息;加拿大和另一缔约国主管机关对常设机构的认定无法达成一致。

墨西哥关于相互协商程序实施的数据直到 2010 年年底才由墨西哥税务局(the Mexican Tax Administration Service)在其官方网站公布。① 从这份报告中可以看出,到 2010 年通过相互协商程序共解决 11 个案件,而且这 11 个案件中的纳税人都避免了双重征税。2011 年的报告显示该年度通过相互协商程序共解决 3 个案件,而且这 3 个案件的纳税人都未能获得消除国际双重征税的救济。这些案件都是和美国主管机关协商解决的。虽然墨西哥主管机关没有像加拿大税务局那样给出 2011 年 3 个案件不能提供避免双重征税救济的原因,但是墨西哥的相互协商程序在解决与税收协定不符的税收争议上一直是有效的一种方法。

2. 美国国内税务署税收程序规则 2006-54 的规定

美国主管机关在税收协定的适用或解释方面一直非常积极地和税收协定伙伴的主管机关签订协议。目前,已经和美国签订主管机关协议的国家有 15 个。②

税收程序规则 2006-54 的目标是根据美国作为缔约方的税收协定的规定,成为纳税人从美国税收主管当局寻求协助时应遵循的程序。

美国主管当局通过税收程序规则 2006-54 就税收协定中相互协商程序规定的事项协助纳税人。如果纳税人认为美国的行为、另一缔约国的行为,或两个缔约国的行为导致或将导致与税收协定规定不一致的征税,那么纳税人可以要求美国主管机关予以协助。

美国国内税务署大中型商业局[The Deputy Commissioner(International),Large and Mid-Size Business Division]的副局长,作为管理税收协定日常运作的税务主管者,其职责包括在具体案件中达成相互协定,解释和适用税收协定。MAP 程序对大案、小案的纳税人都是适用的。③ 美国人可以向主管当局申请协

---

① At http://www.sat.gob.mx/sitio internet/informacion fiscal/legislacion/52 3558.html.
② 这 15 个国家分别是:奥地利、比利时、加拿大、中国、德国、印度、爱尔兰、日本、卢森堡、墨西哥、荷兰、新西兰、西班牙、瑞士和英国。
③ 依据税收程序规则 2006-54 的规定,个人纳税人提出纳税调整数额不超过 20 万美元的,公司和合伙纳税人提出纳税调整数额不超过 100 万美元的,都属于小案件。

助,非美国人如果税收协定允许也可以申请协助。[1] 纳税人要求协助的请求必须以书信的形式发给 IRS 大中型商业局的副局长,并且由与纳税人联邦纳税申报单签名相同的人在该书信上签注日期和署名。该书信中一般包括以下信息:纳税人身份说明,给予协助争议的说明,引用的纳税年度,涉及的金额,涉及的税收协定以及对寻求救济的解释说明。此外,纳税人要随时通知 IRS 大中型商业局的副局长已提交信息的重大变化并提交新的会影响解决争议的证明文件。纳税人可以在导致或将导致与税收协定规定不一致的征税行为后的任何时间向 IRS 大中型商业局的副局长提出请求。纳税人在提出请求前,也可以向 IRS 大中型商业局的副局长要求通过预审会议(pre-filing conference)来讨论 MAP 的程序。预审会议通常讨论的事项包括税收协定争议的事项,可行的救济方法以及促进程序的必要行动。

　　IRS 大中型商业局的副局长在决定 IRS 是否有权解决争议和对案件是否已做好准备之后,将通知纳税人是否立案。IRS 大中型商业局的副局长一般在下列情况下会拒绝纳税人的请求:①纳税人无权享受税收协定的优惠待遇;②纳税人将仅在不合理的条件下接受主管当局的协议;③纳税人在类似案件中拒绝了 IRS 大中型商业局的副局长的解决;④纳税人坚持其请求涉及谈判程序;⑤纳税人没有提供足够的信息以支持 IRS 大中型商业局的副局长作出争议的税收协定是否适用;⑥纳税人接受了一个外国发起的纳税调整且该争议原本可以被 IRS 大中型商业局的副局长恰当处理的,然后单方作出了相应调整或要求增加外国税收抵免而没有首先寻求 IRS 大中型商业局的副局长的协助;⑦纳税人未能遵守税收程序规则 2006-54 的规定或未能与大中型商业局的副局长协作;⑧纳税人提出的寻求 IRS 大中型商业局的副局长协作的交易更适合由上诉部来解决或正等待美国法院的裁决或被指定提起诉讼。如果 IRS 大中型商业局的副局长接受纳税人的请求,则或者和纳税人进行协商,或者和外国主管当局相互协商来解决与纳税人的争议。

　　IRS 大中型商业局的副局长通常将在自己提出的立场文件基础上和外国税务主管当局讨论案件事实。[2] 如果案件是基于美国的纳税调整,则通常由 IRS 大中型商业局的副局长先准备一份立场文件交给外国税务主管当局,[3]然后外

---

① 税收程序规则 2006-54 第 3.04 节规定,根据《联邦税法典》第 7701(a)(30)节,美国人是指:①美国公民或美国居民。②国内合伙。③国内公司。④任何遗产。⑤同时符合以下两个条件的任何信托:美国的一家法院能够对该信托的管理进行主要监督;一个或一个以上的美国人有权控制该信托的所有重大决定。

② OECD, Manual on Effective Mutual Agreement Procedures, §3.1.

③ Internal Revenue Manual 4.60.2.4,4.60.3.1.9(Jan.1,2002).

国税务主管当局将准备一份书面的反驳。反之亦然。一旦两国税收主管当局交换完立场文件,案件将进入协商阶段。[①]

在协商阶段,两国税务主管当局的代表将面对面讨论在立场文件中提出的争议事项。讨论完毕后,两国税务主管当局将尽力达成一份双方都能接受的结果。[②] 如果两国税务主管当局达不成一致意见,那么对纳税人来说就没有其他可用的税务主管当局救济了,除非所涉的税收协定中包含仲裁解决的条款。如果双方主管当局达成了一份协议,则协议的详细内容应包括救济的方法、时间等。[③] IRS 大中型商业局的副局长将通知纳税人与外国税收主管当局达成协议的内容。如果纳税人接受达成的协议,IRS 的代表将准备一份结案书。一旦执行了结案书,IRS 的解决就是终局,不能再进行行政或司法复查。反之,如果纳税人不接受双方税务主管当局达成的协议,则他可以撤回向 IRS 大中型商业局的副局长提出协助的申请。纳税人要么承受双重征税,要么通过 IRS 上诉部寻求行政复审,要么选择合适的法院寻求司法救济。

美国 IRS 统计了 2007—2011 年纳税人通过 MAP 程序获得税务主管当局救济的数据,如表 2-3 所示。[④]

表 2-3 美国税务主管当局救济数据

救济情况(relief provided)	2007 年	2008 年	2009 年	2010 年	2011 年
相关调整(correlative adjustment)的比例	35.61%	56.45%	34.76%	33.03%	22.06%
撤回调整(adjustment withdrawn)的比例	60.14%	32.81%	60.83%	63.59%	55.68%
部分救济(partial relief)的比例	0.23%	3.34%	3.4%	1.78%	0.78%
没有救济(no relief)的比例	4.02%	7.40%	1.01%	1.60%	21.48%

(三) MAP 程序的发起

《2010 年经合组织税收协定范本》第 25 条共有 5 款。第 25 条第 1 款规定了 MAP 的发起,第 2 款规定了主管当局的义务。第 1 款给予了纳税人向其居住国提出申诉的权利,第 2 款则规定了一国税务机关如何将纳税人与税务机关的争议转化为两国税务机关之间的争议。居住国有义务考虑纳税人的申请异议是否合理以及能否单方面解决。在缔约国一方提出进行谈判时,另一方有义务进行谈判,但仅有义务尽力谈判,没有义务达成结果。因此,第 1 款和第 2 款适用于

---

① Internal Revenue Manual 4.60.3.1.9(Jan.1,2002).

② OECD, Manual on Effective Mutual Agreement Procedures,§3.1.

③ OECD, Manual on Effective Mutual Agreement Procedures,§3.1.

④ Internal Revenue Service Deputy Commissioner (International) Large Business and International Competent Authority Statistics, reprinted in BNA Daily Tax Rpt.(12/19/11).

间接的国际税务争议。

第 25 条第 3 款规定主管当局通过 MAP 要解决什么问题。第 3 款适用于缔约国税务机关在解释或适用税收协定时的争议处理,因此适用于直接国际税务争议。该款要求税务机关,如果可能的话,通过相互协商程序解决解释和适用协定中的困难。这些困难主要涉及或可能涉及某类纳税人的一般性问题。因此,缔约国主管当局没有义务启动此类争议的相互协商程序。另外,第 3 款还具有填补条约空白的作用,即用于解决税收协定未规定的双重征税问题。

第 25 条第 4 款规定了当局沟通的方式。第 5 款规定对未决事项,纳税人可以要求仲裁。

（四）MAP 的理论分析

1. 相互协商程序的特点

（1）相互协商程序是通过税收协定缔约国双方的税务主管机关解决纳税人税收争议的机制。相互协商程序是由代表缔约国的税务主管机关之间进行的国际程序。该程序虽然属于解决国际争端的外交手段,但不是通过外交部门,而是由两国税务主管机关谈判进行,并可自由决定协商的具体程序和规则,并可设立联合委员会。

（2）相互协商程序是一种给予纳税人的类似外交保护（diplomatic protection）的特殊程序。纳税人居住国税务机关受理了纳税人的申请后,并不一定要启动相互协商程序。如果税务机关认为申诉合理,且其问题主要由于纳税人居住国采取的税收措施所致,就可单方面解决。在这种情况下,双方就没有必要通过相互协商程序解决问题。

但是,如果居住国税务机关不能单方面满意解决纳税人的税务问题,且认为,纳税人申诉的税收问题全部或部分是由于缔约国对方税务主管机关采取措施所致,就有义务启动相互协商程序。不过,如果纳税人居住国在此情况下仍不启动相互协商程序,对纳税人来说,由于不是国际法主体,也不能在国际层面上就税务当局不启动相互协商程序提出申诉,这就需要看其居住国的国内法是否有相应规定。比如,纳税人是否可向法院就税务机关不启动相互协商程序的决定提出司法审查。

从税务主管机关没有义务必须启动相互协商程序这点来看,该程序与国际法中的外交保护具有类似之处,都是一国保护本国居民或国民利益的制度,而且国家在该程序中占据主动地位,是否启动该程序不是纳税人能决定的。不过,相互协商程序又不同于一般意义的外交保护,因为相互协商程序的启动不以用尽当地救济（exhaustion of local remedies）为前提,也不排斥纳税人寻求国内法的救济。

　　不过,实践中可能出现这样的情况,相互协商程序已经启动,税务机关已经达成了协议,但由于纳税人也将案件提交了缔约国国内法院审理,法院尚未作出终审判决,此时税务机关没有理由拒绝纳税人的要求,即允许其在法院作出判决前,延缓接受执行相互协商程序结果所提出的解决办法。这就存在着法院判决与相互协商协议相冲突的可能,而有的国家国内法禁止缔约国税务机关作出与该国法院判决不同的行政决定。为避免这种冲突和防止相互协商程序执行中的困难及对该程序的滥用,实践中税务机关启动相互协商程序时一般要求纳税人撤回向国内法院的诉讼。简言之,执行相互协商程序协议通常必须具备下列条件:纳税人接受该相互协商协议,且纳税人撤销了其已经在相互协商协议中解决问题的法律诉讼。

　　(3) 纳税人不是相互协商程序的主体。国际税收协定为缔约国创设权利与义务,纳税人并不是该协定的主体,只是可根据税收条约享受税收协定给予的利益。因此,国家间通过相互协商程序解决其税收争议时,纳税人也不是相互协商程序的当事人。

　　纳税人能否参加相互协商程序,能否在税务当局面前陈述观点,完全取决于缔约国税务机关的意见。当然,缔约国国内法中另有规定的,从其规定。在一些OECD国家,主管当局在作出正式结论前应通知纳税人磋商结果。

　　相互协商程序不仅是税收协定缔约国解决税收争议的一种方法,而且也是缔约国税务机关保护居民纳税人的手段。然而这种对纳税人的法律保护手段还有以下不足之处:

　　首先,纳税人必须根据缔约国国内法的规定发起相互协商程序。税收协定本身并不能给缔约国国内个人创设权利和义务,也没有税收协定赋予纳税人直接发起争端解决的主体地位。虽然纳税人居民国主管税务机关为了纳税人的利益有义务启动相互协商程序,但是如果该居民国主管税务机关不能或不情愿解决另一缔约国违反税收协定的征税,纳税人在国际法层面也无法强制该居民国实施这一义务。

　　其次,即使启动了相互协商程序,居民国主管税务机关也没有必须达成解决方法的义务。纳税人可以要求主管税务机关发起相互协商程序,但不能确定能避免与协定不符的征税。这一点,经合组织财政委员会也认为,无法保证达成解决问题的结果是相互协商程序的基本缺陷。

　　最后,相互协商程序仅在缔约国主管机关之间进行。纳税人并不是该程序的当事人。除非缔约国国内法另有规定,纳税人既没有查阅案件资料,也没有当面陈述自己意见的权利。税务当局希望仅给予纳税人本人或通过纳税人的代表提交书面或口头陈述的权利。因此,在实践中绝大多数相互协商的案件是由相关主管机关的高层官员通过个人联络解决的。《2010 年经合组织税收协定范本》注释中提出的纳税人参与权几乎不具有可行性。总之，正如有学者所说："相互协商程序并不是一种令人满意的争议解决方法，因为是由缔约国的税务行政当局来解决，所以从本质上说它是一种政治程序而不是一种司法程序。我们应当再增加其他如国际仲裁或诉讼的司法性争议解决方法。"所以，实践中一些国家在双边的税收协定中规定，一旦相互协商程序未能解决税收争议，纳税人就可寻求通过仲裁的方式来解决。

（五）MAP 和国内解决方法的关系①

1. 关于 MAP 和国内救济方式的比较

《2010 年经合组织税收协定范本》关于第 25 条的注释第 8 条规定，与国内法相比，MAP 是一种特殊的程序，它可以仅基于产生或即将产生与协定规定不符的征税案件，由纳税人提起。若一项征税同时违反协定和国内法，只有在协定受到影响的情况下纳税人才能发起 MAP。②

《2010 年经合组织税收协定范本》关于第 25 条的注释第 14 条规定，纳税人发起 MAP 并不像国内法那样要先缴纳税款才能复议，只要纳税人认为缔约国一方或双方的行为即将产生与公约不符的可能，就可提起 MAP。这些行为包括税收立法和决议。不管是立法性质还是行政性质，也不管是普遍适用还是个别适用，只要依据它们就会产生直接和必要的与公约不符的征税行为。例如，缔约国国内税法的改变，导致对某一纳税人特定收入征税，而不符合公约规定，则此纳税人在该法律修改后就可发起 MAP。需从纳税人的角度来认定缔约国一方或双方的行为是否产生不符合公约的征税行为。主管税务机关不得仅以国内法上的证明标准来拒绝纳税人的要求。

《2010 年经合组织税收协定范本》关于第 25 条的注释第 37 条规定，主管机关有协商的义务。但主管机关只有尽力去协商的义务，而没有一定达成协商结果的义务。MAP 程序是由纳税人发起的，但协商是主管税务机关。主管税务机关通过相互协商，尽力解决如下问题：①对税收协定的解释或适用产生的任何困难或疑问；②因税收协定没有规定而产生的双重征税问题。

（六）MAP 与服务贸易总协定争端解决机制的关系③

1. MAP 与服务贸易总协定争端解决机制的相互作用

《2010 年经合组织税收协定范本》关于第 25 条的注释第 88 条规定，服务贸易总协定（GATS）于 1995 年 1 月 1 日生效，对该协定的所有签约国适用，我们要

---

① 结合 2010 经合组织税收协定范本关于第 25 条的注释第 8、第 14、第 37 条分析。
② 2010 OECD Model Convention, Commentary on Art.25, Para.8.
③ 结合《2010 年经合组织税收协定范本》关于第 25 条的注释第 88 至第 94 条分析。

特别注意 GATS 和 MAP 程序的相互作用。

经合组织税收协定范本注释第 89 条规定,根据 GATS 第 22 条第 3 款,如果一项争端涉及 GATS 第 17 条关于国民待遇规则的适用,则不能用第 22 条和第 23 条规定的争端解决机制来处理;如果该争端措施属于缔约国之间为避免双重征税而签的国际税收条约的范围,或缔约国之间对一项争端措施是否属于税收条约的范围有争议,则任一缔约国均可以把该争议事项提交服务贸易理事会。而服务贸易理事会将把该争议提交有约束力的仲裁机构。然而第 3 款的注释包含了重要的例外:如果该争议涉及一税收协定处于 GATS 生效的时间,则该争议不可向服务贸易理事会提起,除非缔约双方都同意。

《2010 年经合组织税收协定范本》关于第 25 条的注释第 90 条规定,GATS 第 22 条第 3 款就税收条约提出了 2 个特别问题,分别如下:

《2010 年经合组织税收协定范本》关于第 25 条的注释第 91 条规定,脚注规定了签订的税收条约是在 GATS 生效之前还是之后的不同待遇。这可能存在一些不当之处,特别是如果一个税收条约签订于 GATS 生效之时,而后被重新修改,或是与该税收条约有关的一项议定书在 GATS 生效之后签订,其待遇较难界定。

《2010 年经合组织税收协定范本》关于第 25 条的注释第 92 条规定,"属于范围"这一短语的含义含糊不清,正如 GATS 第 22 条第 3 款规定的仲裁程序和一项免除已定税收条约适用,已处理就该短语含义产生的争议。显而易见的是,一个主权国家不能以善意去辩称(善意的解释和适用条约是《条约法公约》第 26 条和第 31 条明确承认的,这样 GATS 第 22 条第 3 款的例外尽适用善意争议),涉及一项与未适用税收条约条款的税收有关的措施属于该税收条约的范围,但不清楚该短语是否涵盖税收条约全部条文或部分条文。

综上所述,缔约国在缔结双边或多边贸易或投资协定时,为了避免上述同样问题的出现,往往会规定,涉及缔约国双方税收协定调整的税收争议应当通过 MAP 来解决而不是通过双边或多边贸易或投资协定的争议解决机制来处理。

（七）MAP 总结

主管税务机关对一个税收协定的解释或适用达成的相互协议,无论是从《维也纳条约法公约》,还是宪法或国内税法的意义上,都不应限制税收协定本身的目的和宗旨,也不应被看作是一个新的税收协定,因为这些协议未经立法机关批准而且对缔约国或该缔约国的法院不具有法律效力。然而,一项相互协议是对税收协定某一术语的定义及对该协定的解释,或是对具体条款的适用,就可构成《维也纳条约法公约》第 31 条第 3 款 a 项的随后协议。因此,主管税务机关达成的相互协议必须有助于税收协定目标和宗旨的实现,相互协议可以规定超过税收协定的额外优惠,但不可以限制税收协定的优惠。

相互协商程序在解决因一个缔约国的行为而产生的双重征税案件中,如对所得的转让定价调整或主管税务机关决定的扣除额,发挥着越来越重要的作用。所以,在解决所有税收分配的案件中,主管税务机关在相互协商并达成相互协议的时候应本着完全消除双重征税的目标。如果主管税务机关一方能够提供完全消除双重征税的措施,而另一方不能,则应当适用能够提供完全消除双重征税一方的措施。就个案达成的一份相互协议对纳税人并不具有普遍约束力。然而从实践来看,如果这份相互协议提供了完全消除双重征税的措施,那么纳税人或主管机关将来也会采取同样的措施。反之,纳税人依据适用的税收协定可能要求启动仲裁程序或寻求司法解决。美国和加拿大已经制定了启动仲裁程序的机制。就目前来看,不依靠税收协定的规定也没有更好的消除双重征税的解决办法。根据加拿大、墨西哥和美国三个国家的统计数据看,相互协商程序在解决转让定价调整分配案件方面是非常有效的一种争议解决机制。

相互协商程序可将纳税人与税务机关的争议转化为缔约国之间的税收争议。但是,这一程序不一定就能够保证争议得到满意的解决,纳税人也不一定能从中受益。事实上,相互协商程序作为解决国际税收争议的主要方法已使用了60多年,[①]正如有学者评价,它就像一座老房子,随着使用年限的增加不可避免地出现了一些老化和磨损,针对相互协商程序现在存在的下列问题必须重新修整。

(1)相互协商程序在许多税收协定的规定中只是要求缔约国税务主管当局进行协商并尝试解决国际税收争议,缔约国税务主管当局只要尽力去解决税收争议,并不需要实际达成协议。因此,缔约国税务主管当局可以在求同存异的情况下结案。据统计,一般10%的MAP案件最终是没有结果的,所以美国的税收协定才会引入强制仲裁程序以减少MAP的协商时间及协商无果的情形。

(2)纳税人在相互协商程序中的参与度问题。长期以来,MAP的一个典型

---

① 美国在《1954年的国内税收法典》第482节规定了MAP,OECD是在《1963年的税收协定范本》中规定了MAP。现在美国《2006年的税收协定范本》和OECD《2010年的税收协定范本》都是在第25条规定了MAP,从条文表述看实质内容是一样的,只有一些轻微的差异。例如,在规定谁可以向主管当局寻求协助时,美国《税收协定范本》,规定缔约双方的非居民也可以向主管当局寻求协助;OECD《2010年的税收协定范本》规定只有缔约国的居民才可以提出申请。又如,美国《2006年的税收协定范本》对纳税人提出请求没有时间限制;OECD《2010年的税收协定范本》则规定纳税人必须在3年内提出请求。另外,联合国在1977年也制定了《关于发达国家和发展中国家间避免双重征税的协定范本》(简称《联合国税收协定范本》),目前最新修订的是2011年版本。一般认为,《联合国税收协定范本》与美国、OECD《1963年的税收协定范本》相比,给来源地国或资本输入国更多的征税权,它也是在第25条规定了MAP。就MAP的规定看,《联合国税收协定范本》对其程序规定的比较详细,当然OECD税收协定范本的注释更为全面和具体了。

特征就是纳税人并不积极参加争议解决过程。因为税收主管当局之间的协商是一种政府间的事项,一旦纳税人要求税收主管当局协助的申请被接受后,纳税人就不能积极参加争议的解决了。从结果来看,纳税人在 MAP 解决中的参与度是受限制的。纳税人不能参加税务主管当局协商的原因可能是包含纳税人在内的三方协商容易出现实际的困难。但事实上只要准确界定了参与的程度,如第一步保持纳税人和税务主管当局分别沟通渠道的开放和畅通;第二步实现纳税人和双方税务主管当局在同一时间同一地点当面讨论案件;第三步纳税人和双方税务主管当局同等参加全部协商的过程,那么让纳税人参与到协商中是就可行的。OECD 一直积极倡导的应增加在 MAP 过程中税务主管当局和纳税人的协作和透明度。税务主管当局和纳税人协作越紧密,对案件的理解就越清楚,解决争议的速度就会越快也越有效。

(3)纳税人在寻求相互协商程序时还存在如下障碍:

第一,缔约国国内时效期间的限制。缔约国国内时效期间可以阻止纳税人成功运用 MAP。原因在于一个 MAP 案件通常是在税务审计和纳税调整国时间表的基础上提出来的。在第二国通过 MAP 提供相关纳税调整之前,该国的国内时效已经开始。因此,当该国时效届满纳税人也无法获得纳税调整后的退税。所以,很多税收协定都特别规定,MAP 享受缔约国国内时效期间的豁免。美国的做法是赞成无限制的时效豁免。

第二,税收协定时间的限制。税收协定通常对纳税人提出 MAP 请求作了时间限制。例如,OECD《1963 年的税收协定范本》就规定,纳税人在第一次收到与协定不符的征税行为之日起 3 年内应当向纳税人居民国的税务主管当局提出请求。如果纳税人不清楚第一次通知从什么时间开始算起,就有可能因为没有在协定规定的时间内提出请求而被税务主管当局拒绝。

第三,迟延纳税调整的阻碍。如果一方税务主管当局拖延很久才作出纳税调整,而另一方税务主管当局因为适用税收协定的时间限制或国内时效的限制不愿意通过 MAP 给予纳税人救济,这样就产生了双重征税。时效期满才作出的纳税调整实际上剥夺了纳税人通过 MAP 获得救济的机会。

第四,国内反避税规定的限制。税务主管当局一般不会接受根据纳税人国家国内反避税条款规定作出纳税调整的 MAP 案件。不过,各国对避税的含义存在很大差异。

第五,国内行政或司法解决的限制。纳税人如果通过税务审计或行政复议解决争议案件,在有些国家就有效地排除了税务主管当局依据 MAP 解决双重征税的问题。例如,在美国,纳税人如果和美国国内税务署上诉部签署了结案书,则税务主管当局就拒绝采取任何与结案书相冲突的行动。同样,美国的税务主管当局也不会对已经由国内法院作出认定的事项采取任何行动。

第六，未公布 MAP 的具体规定。有些国家没有公布启动 MAP 的正式程序，纳税人就不容易寻求税务主管当局的协助。

第七，把双重征税作为 MAP 的前提条件。有些国家的税务主管当局认为，纳税人如果没有发生双重征税，就不能发起 MAP。但实际上如果仅有一方税务主管当局的纳税调整，那么对纳税人也会产生过度征税的结果。例如，美国《2006 年的税收协定范本》的解释说明就认为，MAP 不仅仅适用于双重征税。

（4）多边争议无法通过多边方式解决。依据当前税收协定实践，国家间并未建立多边税务主管当局 MAP 来解决多边税收争议。目前，国际税收争议是通过一系列单独的双边 MAP 来解决的，这不仅低效、费时、成本高，而且因为不同国家的税务主管当局可能适用不同的理论或法律标准会产生同案不同判的风险。下面试举一个简单的例子说明。A 国的专利权人把专利技术授权给位于 W 国、X 国、Y 国和 Z 国四个下属公司使用，每个专利使用人需支付一笔相同的专利使用费。如果 A 国调整了对专利费的征税税额，除非 W 国、X 国、Y 国和 Z 国也都对专利费的征税作出调整，否则双重甚至多重征税就产生了。这种情况下国际层面就需要多边的 MAP 机制来彻底解决纳税人的税收争议。美国和欧盟的一些国家曾表示了对多边 MAP 的开放态度。按照目前已经缔结的税收信息交换的多边协定思路，最优选择但也可能是最不现实的方法，即缔结多边税收协定来专门规定多边 MAP。

（5）关于"秘密法"的问题。正如通过美国国内税务署上诉部解决争议一样，由税务主管当局达成的协议仅对 MAP 的当事方——税务主管当局和纳税人公开。公开的方式就是一份记录由双方税务主管当局达成的相互协议的书面文件。该相互协议会被以一种标准化的结案书的形式转述，目的是确保在约束 IRS 和纳税人的基础上来完成相互协议的实施。依据美国税法，上述的所有文件将被作为税收申报信息。如果由政府公开这些未经授权披露的信息可能会产生刑事制裁。世界上大多数国家都有相同的保密限制要求。美国最接近公开相互协议信息的形式是由国会制定的预约定价协议年度报告，这份报告不会提到具体的纳税人，只是以高度概括的方式提供一些如当年预约定价协议案件的受理数量和结案数量、平均花费的周期及涉及的国家和行业等。不公开相互协议会产生一些明显的问题，如无法产生 MAP 的先例、纳税人对该协议的信任度问题。在 MAP 案件中，税务主管当局操作的不透明会使纳税人推测协议的达成是基于税务机关征税的目标。这将导致纳税人对 MAP 不信任。反之，如果增加 MAP 过程的透明度，如至少给纳税人提供一份已达成的协议及理由的书面总结，则将增强纳税人对 MAP 的信心并消除暗箱操作的负面看法。

(6)关于非税收协定国家的纳税人能否使用 MAP 解决税收争议的问题。MAP 是以税收协定为基础的,解决与协定不符的双重征税的机制。如果纳税人与一个非税收协定国家就双重征税产生争议,那么从 MAP 的含义上看是不能使用 MAP 的。例如,美国和巴西没有缔结税收协定,如果巴西税务机关对由巴西子公司进口美国母公司生产商品而支付的价款作出转让定价调整,减少了该商品的价格,那么美国的母公司和巴西的子公司无法通过 MAP 来解决此争议;相反它们只能依据各自国内的规定寻求单边的救济。为此,美国的预约定价协议程序专门给这类情形的案件规定了单边的 APA,以保护那些位于与美国没有订立税收协定的国家或没有制定 APA 规则的国家或 APA 规则很不发达的国家的相关当事人。但目前美国也没有单边的 MAP 规则来解决上述例子中美国母公司的转让定价争议或其他的国际税收争议。那么解决这个问题的办法似乎就是等待国家间缔结双边的税收协定,通过税收协定中的 MAP 规则来解决争议。

二、仲裁

(一)税收仲裁概述

使用仲裁(arbitration)来解决国际税收争议的设想早在 20 世纪 20 年代就由国际联盟的专家提出。仲裁可作为主管当局在未能就某一税收协定达成一致解释时适用。例如,由国际联盟财政委员会起草的《多边税收协定报告》从第 17 条到第 21 条包含了详细的仲裁条款。然而这些条款并未引起各成员国的注意。后来,英国和爱尔兰 1926 年的所得税协定以及 1934 年捷克斯洛伐克和罗马尼亚的遗产税协定包含了仲裁条款。不过这些国家是否使用仲裁解决过税收争议就不得而知。直到 20 世纪 60 年代,由投资保护公约建立的仲裁机构才开始解决一些争议激烈的税收争议。OECD 在 1984 年的《转让定价报告》中详细讨论了仲裁程序的使用。此后,OECD 的一些成员国开始在双边税收协定中系统地引入仲裁条款。1985 年,联邦德国和瑞典起草的税收协定草案第 44 条中,规定了创新性的仲裁解决国际税收争议的方法,被学者称为在国际税收争议解决领域中革命性的一步。

截至目前,根据国际财政文献局的统计,200 多个双边税收协定都规定了仲裁条款。例如,美国在和加拿大、法国、德国、爱尔兰、意大利、哈萨克斯坦、墨西哥和瑞士等国家的双边税收协定中都规定了仲裁条款;加拿大在和智利、厄瓜多尔、法国、德国、冰岛、哈萨克斯坦、秘鲁和南非的双边税收协定谈判中也要求规定仲裁条款。特别是荷兰,除了已经和十多个国家签订了包含仲裁条款的税收协定,还在所有新的税收协定中都包含仲裁解决的规定。从目前国际税收争议解决的理论和实践看,仲裁解决主要可以分为两种:一种就是通过在双边税收协定中规定仲裁条款来实施的选择性仲裁(optional arbitration);另一种是以欧共体仲裁公约(准确的名称是欧共体转让定价公约)为里程碑的强制性仲裁(compulsory arbitration)。本节主要讨论选择性仲裁,强制性仲裁将在后文结合欧共体转让定价公约做专门论述。

选择性仲裁是指国家间在签订的避免双重征税协定中,针对协定适用或解释出现的问题,在相互协商程序失败后给予当事各方解决争议的一种方法。不同国家的法制不同,各国间签订的税收协定中对适用仲裁的规定也有很多细节性的不同。

以现实中税收协定包含的仲裁条款模式来划分,税收仲裁大致可以分为三种模式:

第一种模式是 1992 年美国和墨西哥的双边税收协定中的仲裁条款(第 26 条第 5 款)。其标准条文表述为:"如果缔约国主管当局不能依据本条前款的相互协商程序来解决就本协定的解释或适用产生的任何困难和异议时,在缔约国双方主管当局和纳税人都同意的条件下,如果纳税人以书面形式同意接受仲裁庭裁决的约束,则此案可提交仲裁解决。仲裁庭就个案的裁决对缔约国双方应当具有个案的约束力。缔约国间应通过外交渠道的换文来建立仲裁程序规则。本款规定在缔约国通过外交换文达成同意后生效。"1992 年以后,国家间签订的许多双边税收协定,都以第一种模式规定了仲裁解决的条款。仔细研读该条款,我们可以简单归纳其特征如下:首先,发起仲裁的条件之一,缔约国主管当局和纳税人或相关的纳税人都同意选择仲裁作为解决税收争议的方法;其次,发起仲裁的条件之二,受将来仲裁裁决约束的纳税人必须以书面的方式表明接受裁决的意愿;再次,仲裁庭针对缔约国和纳税人某个案件争议作出的裁决,对缔约国双方都有制约的效力,但该效力仅及于个案而不能成为以后案件的先例,当然,如果以后的案件涉及相同的纳税人、相同的税收争议以及相同的主要事实,那么先例的裁决还是会予以考虑的;最后,至于仲裁程序如何进行,要由缔约国通过外交渠道来沟通解决。

第二种模式是 1994 年拉脱维亚和荷兰双边税收协定中的仲裁条款(第 27 条第 5 款)。其标准条文表述为:"如果缔约国主管当局不能依据本条前款的相互协商程序在争议产生之日起两年内解决任何就本协定的解释或适用产生的困难和疑议,则应任一缔约国请求,该争议可提交仲裁解决,但这仅在用尽本条第 1 至第 4 款的程序后以及获得另一缔约国主管当局同意,并且纳税人或相关纳税人以书面形式同意接受仲裁庭裁决的约束。仲裁庭就个案的裁决对缔约国双方和纳税人应当具有个案的约束力。"

第三种模式是 OECD《2008 年的税收协定范本》第 25 条第 5 款的规定。在采用仲裁方式解决双边国际税收争议实践的推动下,OECD 对其范本也做了增加。该条文表述为:"根据本条第 1 款,当一个人基于缔约国一方或双方的行动已经导致对其不符合本协定规定的征税时,他把案情提交缔约国一方的主管当局后,缔约国双方主管当局如果不能通过本条第 2 款的相互协商程序在把案情提交给缔约国另一方主管当局之日起两年内解决,则应该纳税人请求,对该案的任何未决争议都可提交仲裁解决。然而如果这些争议已经任一缔约国的法院或行政法庭作出裁决则不可将这些争议提交仲裁。除非受本案直接影响的纳税人不接受执行仲裁裁决的相互协商,否则该仲裁裁决对缔约国双方都有约束力,都应予执行,而且不受缔约国国内法的任何时间限制。缔约国双方主管当局应当通过相互协商来解决本款适用的方法。"

上述这三种模式无论条文表述如何,作为选择性仲裁仍然有很多共同的地方,明显的不足在于:税收协定本身并未规定纳税人参与仲裁程序的可能性;仲裁程序的发起要由缔约国主管税务当局都同意,而主管当局并不一定要发起仲裁程序;与相互协商程序相比,选择性仲裁并没有实质性进步。总之,选择性仲裁从对纳税人的法律保护来看几乎没有改善。

(二)税收仲裁程序的理论分析

1. 税收争议适裁性分析

赞成通过仲裁解决商事、财税争议的主要理由如下:①与诉讼相比,仲裁是一种快速高效的争议解决手段。诉讼往往以其复杂和耗时而为人所诟病。②与诉讼相比,仲裁更为经济。③与诉讼相比,仲裁并不需要向公众公开。对机密的保证,特别是在敏感的工业、商业和投资领域,争议的细节只有双方当事人和仲裁员了解,这是提请仲裁解决的重要动因。④与法院的法官相比,仲裁员可能更为独立而中立。在商事争议中,特别是国际投资争议中,国内法院法官可能会被迫去保护本国利益而作出损害外国投资者利益的裁决。外国投资者,特别是一些跨国公司倾向于夸大这些事实。在某些不发达国家,法院完全被行政机构所操控,而且这些国家的法律制度比较落后,充满未知和不确定性,所以外国投资者的合法利益很难得到法院的公正保护。所有这些因素综合起来使仲裁成为解决国际商事和国际投资争议的方式之一。大量仲裁规则的产生、国际条约的出现(特别是 1958 年《纽约公约》的签订)以及诸如国际商会、ICSID 和美国仲裁协会(AAA)等仲裁机构的建立,都使得仲裁成为解决国际贸易、投资争议的普遍方式之一。之后,仲裁条款在双边税收协定和投资条约法中也出现了。例如,1986 年法国和阿尔及利亚的投资条约中规定了仲裁解决税收争议的方法。

尽管仲裁在解决国际商事争议方面的效用和比较优势获得了大家一致认可,

但仲裁解决国际税收争议的案件却并不多见。究其原因,作为当事人一方的主权国家很不情愿把自己手中的部分或全部征税权交给仲裁庭,而受仲裁裁决的制约。

2. 税收仲裁程序的特点

(1) 解决国际税收争议的仲裁不同于国际商事仲裁。国际商事仲裁解决的是私人主体之间的民、商事争议,而国际税收仲裁解决的是国家之间的争议,而且这种税收争议具有公法的性质。因此,相关国家的商事仲裁法律不能适用于国际税收仲裁。国际税收仲裁适用的法律应当是相关的国际税收协定,涉及税收协定解释时还适用《维也纳条约法公约》,有时也需适用国内法。美国和墨西哥税收协定的议定书中规定,仲裁裁决应当基于税收协定,适当考虑缔约国国内法和国际法原则。

(2) 仲裁作为解决争议的最后手段。税收协定的仲裁条款一般规定只有经相互协商程序不能解决的税收争议才能提交仲裁,因此仲裁属于最后使用的手段。这意味着仲裁并不是争端当事方可以选择的争议解决方式。这不同于国际商事仲裁。国际商事仲裁的当事人可以选择仲裁,也可选择调解、诉讼等方式,而且一旦选择了仲裁就排除了司法管辖。

(3) 仲裁解决的争议范围。国家间的税收争议包括间接和直接两类。美国、荷兰的仲裁条款均规定仲裁适用于税收协定的解释和适用中产生的争议,这实际上指向直接的国际税收争议。不过,美国和墨西哥的税收协定要求仲裁的启动需取得纳税人的同意和事先受仲裁决定约束的声明,这意味着主管当局只能将通过相互协商程序不能解决的涉及纳税人的案件提交仲裁。爱沙尼亚和荷兰税收协定中的仲裁条款没有要求需取得纳税人的同意,但要求纳税人事先同意受仲裁决定的约束,这意味着只有涉及纳税人的案件才能提交仲裁。加拿大与智利的税收协定中的仲裁条款,既没有要求需取得纳税人的同意,也没有要求纳税人事先同意受仲裁决定的约束,这意味着直接和间接税务争议都可提交仲裁。另外,美国的一些税收协定中明确将"税收政策和国内法"排除出仲裁范围。

(4) 仲裁的自愿性和强制性。大多数仲裁条款要求需取得缔约国双方主管当局的同意才能启动仲裁,这意味着仲裁是自愿选择的。仲裁条款只是确立了可提起仲裁的机制,但是提起仲裁仍需个案的当局同意,且不能保证任何相互协商程序下的任何问题都能提交仲裁解决。当然,也有的仲裁条款将仲裁设定为强制性的。德国和奥地利的税收协定规定,税收协定解释和适用中的争议,在纳税人的请求下,可提交欧洲法院仲裁。《欧盟仲裁公约》第7条规定,转让定价争议不能通过相互协商解决时必须提交仲裁。有的学者认为,仲裁是否设定为强制性的,也与仲裁的争议事项有关。例如,涉及税收协定适用的事实争议比税收协定解释的争议更适合于仲裁。因为仲裁员是某些领域的专家,比税务主管当局更有经验处理税收协定适用的事实纠纷,其裁决也不会影响缔约国财政主权。这也是欧盟仲裁公约提供转让定价调整争议强制性仲裁的原因。

(5)纳税人的地位。纳税人也不是仲裁程序的主体。尽管有的税收协定规定需要取得纳税人的同意才能启动仲裁。对于遭受双重征税的纳税人来讲,同意仲裁的可能性比不同意的可能性大。不过,即使纳税人同意仲裁,也需要缔约国主管机关的同意才能最终启动仲裁。仲裁条款一般要求纳税人事先同意受仲裁决定的约束,这样做的目的与相互协商程序中类似条款的目的是一致的。

(6)仲裁裁决的效力。尽管仲裁条款规定仲裁裁决对缔约国有约束力,但裁决能否在缔约国执行仍取决于缔约国的国内法。由于纳税人不是仲裁的主体,仲裁裁决也不指向纳税人,因此纳税人也不能在国际层面上申请执行仲裁裁决。如果仲裁裁决要求税务机关重新进行税收核定,而这又与国内法中的司法判决不一致,就要看国内法中是否允许税务机关和法院重新进行税收核定。

在荷兰,法院不能适用与国际条约或政府间国际组织的决定不符的国内法。这需要该决定指向荷兰政府及其居民纳税人,并为纳税人创设明确的权利和义务,同时予以公开。不过,税务仲裁庭是否是国际组织仍有待探讨。仲裁裁决如果被认定为是对荷兰有约束力的税收协定的解释,就可能被执行。

此外,仲裁裁决不具有先例的作用,缔约国没有义务根据个案的仲裁裁决解释和适用其他类似案件,原因如下:①仲裁不公开进行,裁决一般也不公开,公众无法获知;②作出裁决所依据的法律个案可能不同;③每个案件的仲裁程序可能不同。

(三)税收仲裁程序的缺陷

仲裁程序是相互协商程序的扩大,其目的是增强相互协商程序的有效性。仲裁程序存在着一些缺陷:

(1)仲裁程序的使用不能脱离相互协商程序。无论是根据经合组织税收协定范本的注释,还是相关税收协定的规定,都把仲裁程序作为 MAP 的组成部分而不能单独使用。这意味着,即使税收协定中规定了强制性的仲裁解决方法,缔约国也可以通过在 MAP 中排除特定事项的做法来规避仲裁解决方法的适用。①在实践中,纳税人被税务机关审计之后自己不能启动仲裁程序,必须先启动 MAP 再等 2 年才能启动仲裁程序。时间成本的提高无疑会阻碍纳税人把仲裁解决作为一种满意的争议选择。对税收主管当局来说,仲裁解决方法依附于 MAP 可以节省很多人力、物力和组织成本。但从设立仲裁解决的本源看,就是要激励税收主管当局打破 MAP 拖拉、集案甚多的僵局。事实上,很多税收协定

① 详见美国和法国于 1994 年 8 月 31 日签订的《税收协定》第 26 条第 2 款,以及美国和德国于 1989 年 8 月 29 日签订的《税收协定》第 25 条第 2 款。

中的仲裁解决方法确实达到了这一目的。问题是,为什么仲裁解决就不能成为一种独立的争议解决方法而仅仅是一种激励呢? 对纳税人来说,如果在 MAP 和直接仲裁解决之间选择的话,仲裁解决的迅捷优势无疑是非常显著的。

(2) 仲裁条款不具有操作性。税收协定中的仲裁条款并不完善,这体现在仲裁条款没有约定下列事项:仲裁员的任命和仲裁庭的组成、作出仲裁的期限、仲裁适用的法律和仲裁程序等。这样的条款不具有可操作性。即使缔约国主管当局同意仲裁,如果在仲裁员任命和仲裁程序上不能达成一致,仲裁将无法进行。比如,对于缔约国一方可启动仲裁的仲裁条款,如果仍需要双方同意才能任命仲裁员,则一国可通过拒绝任命仲裁员而逃避仲裁条款中本已经事先给予的仲裁同意。

(3) 纳税人在仲裁程序中参与度低。这是在相互协商程序中同样存在的问题。依据目前的仲裁程序,纳税人不能参加仲裁程序。即使纳税人被允许提交自己的意见,也不能参加或参与仲裁裁决的决定过程。在这样与纳税人有重大利害关系的解决程序中,纳税人却无法为自己进行辩护或对裁决结果产生影响。特别是当纳税人有权拒绝仲裁裁决时,纳税人参与仲裁程序,就能防止已经投入的时间和金钱的浪费。另外,纳税人对案件事实和争议最为了解,如果纳税人不能直接向仲裁庭提交这些材料而必须通过税务主管当局去提交,那么不仅会影响仲裁程序的效率,更有可能会因信息传递过程中的失误而导致对纳税人不利的后果。

综上所述,仲裁作为解决税收争议的手段,并不是相互协商程序的上诉程序,具有优于相互协商程序之处,但也存在着一些缺陷。

(四) 仲裁在解决国际税收争议案件中的应用

1. The Iceland/Alusuisse Arbitration Case

本案件是 1986 年 3 月 29 日冰岛政府与瑞士公司 Alusuisse 的税收争议案,也是仲裁解决国际税收争议的第一案。

案件的事实:1986 年 3 月 29 日,冰岛政府与瑞士公司 Alusuisse 签订了一份关于建设和运营铝厂及附属设施的主协议,铝厂归瑞士公司 Alusuisse 持有绝大多数股份的冰岛铝业公司所有。主协议相关的文件还包括瑞士公司 Alusuisse 和冰岛铝业公司之间的技术协助合同。依据主协议的规定,冰岛铝业公司将每年按其净利润向冰岛政府缴纳统一的税收。主协议中也规定了货币贬值规则、分配方法和转让定价等事项。随后,冰岛铝业公司在向冰岛政府缴税的数额上发生了争议,特别是在储备金结构的分配方法和技术协助合同条款的解释以及确定原材料的价格方面,而这些争议都对计算冰岛铝业公司的净利润产生重要影响。

争议解决过程:双方协商未果后,依据主协议的规定,该争议被提交解决投资争端国际中心进行仲裁。在向解决投资争端国际中心提起仲裁后不久,双方又签订了临时协议,决定通过专家仲裁(an ad hoc arbitration)来解决争议。双方改由专家仲裁的原因是希望能够以友好和快速的方式解决争议。仲裁庭由3名税务专家组成。双方各自指定1名专家担任仲裁员,第三名即仲裁庭的主席,他既不能是瑞士公民也不能是冰岛公民,并由已指定的2名专家协议指定产生。作为仲裁庭的补充,由冰岛的税务专家组成了一个独立的专家组。这个独立的专家组将解决如下事项:

第一,冰岛铝业公司为了缴税而产生的货币汇兑损失问题。

第二,冰岛铝业公司使用的防污设备的贬值问题。

第三,依据主协议利润分配产生的一项特别储备金问题。

第四,依据主协议冰岛政府估算罚款的权利问题。

冰岛铝业公司和冰岛政府在双方签订的临时协议中授予仲裁庭和独立专家组很大的自由权。例如,临时协议中规定:仲裁庭和独立专家组都有自裁管辖权,应当按照普遍适用的民事诉讼的基本原则来决定自己的裁决程序。专家组应当就自己的观点陈述理由。如果专家组的意见不一致,以多数意见为准。另外,临时协议中规定的时间限制也表明了仲裁解决的快速和高效。例如,组成专家组的时间是4个星期,专家组作出裁决的时间是从成立后6个月内。在2个专家组分别作出他们的裁决提交给当事人后的2周内,冰岛铝业公司和冰岛政府将再组成第三个专家组。这第三个专家组由冰岛政府的国家审计长(the state auditor)、冰岛铝业公司的法定审计员(the statutory auditors)以及1个独立的注册会计师组成,专家组主席由独立的注册会计师担任。第三个专家组的职责是重新计算冰岛铝业公司以前年度的纳税责任。重新计算的结果必须在3个月内提交。而这一结果对双方当事人都有效力而且是终局裁决。至于仲裁的费用,每个当事人各自承担自己选定的专家的费用;每个专家组主席的费用由双方当事人平均分担。本案的仲裁程序是保密的,但可以看到该裁决作出后得到了成功的履行。

2. The Algerian Tax Arbitration

一家在阿尔及利亚设立的美国石油公司和阿尔及利亚政府签订了一份协议。协议中约定,美国石油公司要向阿尔及利亚政府支付现金分红。双方对现金分红的税收待遇发生了争议,美国石油公司把现金分红作为公司的损失,而阿尔及利亚政府认为现金分红是扣除额。依据协议中的仲裁条款,双方把这一税收争议提交国际商会仲裁。仲裁裁决是保密的,但从报道看双方都履行了裁决。

3. The Greek Tax Arbitration Cases

希腊某纳税人和希腊税务机关签订了一份协议,协议中包含了解决税收争议的强制仲裁条款。随后,该纳税人和税务机关发生了税收争议,依据双方当事人签订的协议,把争议提交给一个瑞士的仲裁庭。这个仲裁庭是由 1 名瑞士最高法院的法官、代表该纳税人的 1 名瑞士律师和希腊政府的代表组成的。整个仲裁过程进展顺利。裁决很快被作出,而且得到了双方当事人的履行。

从上述案件可以看出,仲裁程序进行的非常有效而且最后的裁决也得到了成功的履行。基于税收争议的专业性,由税务专家来裁决是其取得成功的重要保证。当然,国际税收争议由于涉及管辖权、经济主权等问题,一个国家和非本国公民或非居民纳税人要在所有案件中都通过仲裁解决税收争议可能并不是可行的。因此,是否有必要专门设立一个解决税收仲裁案件的机构还是更有效地利用现有的制度,如专家仲裁,是值得讨论的。

（五）税收仲裁程序和国内解决方法的关系

仲裁程序给纳税人提供了一个解决 MAP 无法解决的税收争议的机会。如前所述,仲裁是由纳税人发起的。但在有些国家因为国内法、国内政策或行政管理方面的考量,仲裁程序是不可以解决税收争议的或者只能解决一些特定的争议,如仅涉及事实争议的案件。此外,纳税人要求仲裁的事项如果已经在国内进行诉讼,则纳税人不能在任何缔约国提起仲裁。依据 OECD《1963 年的税收协定范本》注释第 76、第 77 条的规定,我们可以得出仲裁和国内救济的关系如下:

（1）纳税人不能同时寻求仲裁程序和国内法律救济。若国内救济适用,则主管机关一般将要求纳税人暂停仲裁程序,当纳税人不同意暂停时,主管机关将推迟仲裁程序,直到纳税人用尽了国内救济程序。

（2）若 MAP 先被适用,并且主管机关之间已达成了相互协议,则纳税人和其他直接受本案影响的当事人就有机会拒绝相互达成的协议,同时寻求已被中止的国内救济程序。如果上述当事人愿意适用达成的协议,他们将必须宣布放弃适用就协议所设事项进行的国内救济。

（3）若纳税人先寻求国内救济方法,并且在国内已用尽该救济,则纳税人只能寻求 MAP,以获得在另一缔约国对于双重征税的救济。但事实上,如果就某一案件已由缔约国一方国内作出法律裁决,大多数国家认为,通过 MAP 推翻该裁决是不可能的。这将限制随后为尽力获得另一缔约国救济的 MAP 的适用。同样的,一般原则应适用于涉及一个或多个提交仲裁的问题的 MAP。如果事先知道某一缔约国对执行仲裁裁决受限,则对该事项提起仲裁是无益的。但是,如果该国能够在 MAP 中偏离法院的裁决(见第 74 段),并在这种情况下对第 5 段作相应调整,情况就不会如此。当然如果纳税人尚未采取(或尚未用尽)这些国内救济程序,那么最符合 MAP 基本结构的办法是在涉及仲裁时适用同样的一般原则。因此,在涉及对主管当局无法解决的问题进行仲裁的 MAP 取得结果之前,将暂停国内救济程序,并将根据该决定达成初步的共同协议。与其他 MAP 案件一样,该协议随后将提交给纳税人,纳税人将不得不选择接受该协议。这将要求纳税人放弃任何剩余的国内法律救济方法,或拒绝该协议以寻求这些救济方法。

(六) 欧盟《欧洲仲裁公约》的相关规定

1990 年的《欧洲仲裁公约》(the European Arbitration Convention)是第一个规定强制仲裁程序的国际税收条约。根据《欧洲仲裁公约》的规定,如果主管当局通过相互协商未能在 2 年内就跨国公司利润调整消除双重征税,则必须启动强制仲裁程序。只有在这些情况下才不需要启动强制仲裁程序:已构成税收犯罪;国内规定仲裁程序仅作为法律诉讼的一种可能选择并且纳税人选择了国内诉讼;纳税人没有把案件提交仲裁庭。由于顾及缔约国的主权,《欧洲仲裁公约》并未规定仲裁裁决的约束效力,而是正式把关于消除双重征税的决定权留给主管当局,同时给予主管当局 6 个月的时间去找到双方都能接受的解决办法。然而如果主管当局不能在 6 个月内找到一致同意的解决办法,那么一旦裁决作出,对当事方就具有约束效力。《欧洲仲裁公约》给予受利润调整的纳税人广泛地参与仲裁程序的权利。仲裁裁决依据相关国内法规定来执行。《欧洲仲裁公约》生效以来只有一起在法国和意大利税务主管机关之间就转让定价发生的争议进入强制仲裁裁决程序,这也说明该公约的目标:确保在所有缔约国国内统一适用转让定价的原则,以及由相关税务主管机关通过相互协商消除它们适用的任何困难以得到实现。这也是《欧洲仲裁公约》期待的效果,即促使相互协商程序中的税务主管当局相互妥协以避免发起强制仲裁程序。在许多案件中,税务主管当局在启动强制仲裁程序的最后一刻解决了转让定价的争议。因为转移定价调整的存在,《欧洲仲裁公约》能够保证利润不会被重复征税。然而,《欧洲仲裁公约》也受制于它有限的适用范围,它仅适用于欧盟内部跨国关联企业利润调整而产生的争议。因为转让定价争议在实践中的重要性,所以解决此类争议对欧盟委员会就显得特别紧迫。这也是欧盟委员会仅针对此类争议来制定行动守则的原因。此外,《欧洲仲裁公约》有效期很短,它于 1999 年 12 月 31 日到期。对《欧洲仲裁公约》自动延期 5 年的修改议定书到目前还没有得到所有成员国的批准。而这一程序是复杂耗时的,事实上缔约国并未授权欧盟法院有权来解释《欧洲仲裁公约》或欧洲委员会来监督和审查《欧洲仲裁公约》。尽管如此,《欧洲仲裁公约》在多边的基础上为欧盟各成员国的税务主管当局解决转让定价争议建立了一套普遍的税法原则和程序。《欧洲仲裁公约》真正创新的地方是它建立的争议解决机制——强制仲裁。强制仲裁确保了每一个由相互协商程序产生的案件得到解决,或者是由主管当局来解决,或者是由仲裁庭来解决。一方面,纳税人(关联企业)不仅有非常充足的时间(3 年)向税务主管当局提起案件;另一方面,对税务主管当局和咨询委员会作出决定或提出建议规定了严格的时间限制(3 年内)。与 OECD《1963 年的税收协定范本》规定的双边税收协定中的争议解决过程相比,这是一个巨大的进步。因此,强制仲裁程序有效地保护了纳税人,提高了纳税人在税收协定中的地位。基于此,欧盟的《欧洲仲裁公约》是极具参考价值的,它构建了一套有效消除国际双重征税的多边仲裁解决程序,无论是在转让定价调整方面还是在其他税收方面。而这是传统的双边税收协定中的选择性仲裁所做不到的。

（七）税收仲裁解决程序的比较及最新发展

通过仲裁解决国际税收争议的最新发展是由美国引领的。尽管美国《2006版的所得税协定范本》没有规定强制仲裁的条款,但在实践中强制仲裁程序深受美国政府和纳税人团体的青睐。美国计划在和 7 个国家的所得税协定中加入强制仲裁程序,到 2013 年,美国已经和加拿大、比利时、法国和德国 4 个国家在双边税收协定中规定了强制仲裁条款。据美国财政部的官员介绍,2013 年在参议院待批的是和瑞士的双边协定,已经和日本、西班牙签订的双边税收协定中都规定了强制性的、有约束力的仲裁条款。而且,美国在将来新修订的所得税协定范本中都将规定强制仲裁的条款。

综上所述,我们可以用图表的方式来说明当今世界三种典型的国际税收争议仲裁解决程序,它们的详细特征如表 2-4 所示。

（八）税收仲裁解决程序的总结

仲裁程序的特点如下:仲裁裁决由独立的仲裁庭作出,而非以相关缔约国的税务机关的名义作出;仲裁庭必须作出仲裁裁决,仲裁结果是终局的,具有法律约束力;采用仲裁方式解决国际税收争议的主要做法是在双边税收协定中设定专门的仲裁条款。

正如 OECD《1963 年的税收协定范本》注释的规定,我们可以对税收协定中的仲裁解决方式得出如下理解:应提起 MAP 纳税人的要求,未决事项可以通过仲裁程序解决;仲裁程序的发起并不取决于主管当局的授权,只要满足必要程序条件就可以。仲裁的申请可以是在案件提交给另一缔约国主管当局开始之日起 2 年后的任何时间提出。

仲裁程序不是一种选择(替代)争议解决方法,而是 MAP 的延伸,其目的是增强 MAP 的有效性。主管当局就纳税人提出的协定实用事项已达成一项协议,没有留下任何未决事项,即使纳税人认为由主管当局达成的协议没有提供正确解决争议的方法,也不能提起仲裁解决。

表2-4 国际税收争议仲裁解决程序的详细特征

类型	可以仲裁解决的争议	仲裁的发起条件	参加仲裁的当事人	仲裁庭的组成	裁决适用的法律	仲裁裁决	裁决的效力	裁决的先例作用	仲裁的费用
《欧洲仲裁公约》	只有转让定价争议	主管当局相互协商未能在2年内解决转让定价争议则启动强制仲裁	纳税人和主管当局双方	由2名主管当局的代表、2名独立的成员和1名主席组成5人咨询委员会	公约没有特别规定委员会适用的法律	咨询委员会将就征税重新发表自己的意见	咨询委员会作出裁决后，主管当局双方可以找到替代的办法，若找不到则受裁决约束	主管当局双方同意可以公开裁决	由主管当局双方平均分担
OECD《1963年的税收协定范本》	主管当局税收协定争议，包括转让定价和常设机构事项	纳税人要求主管当局协商2年仍未解决争议的	主管当局双方	主管当局双方各自指定1名仲裁员，后由2名仲裁员共同指定1名首席仲裁员，组成3人仲裁庭。如果2名仲裁员不能选出首席裁员，则由OECD指定	依据OECD税收协定范本及其注释、转让定价指导方针或主管当局双方认可的在审理事项中的其他法律渊源	仲裁庭可以提出自己的建议或从主管当局双方的解决方案中作出选择	裁决约束主管当局双方，纳税人可以依据国内法对裁决提出挑战	除非审理事项另有规定，裁决将有阐明法律和推理的过程。主管当局双方同意可以公开作出的裁决，裁决不具有正式的先例价值	由主管当局双方平均分担
美国—加拿大、美国—德国、美国—比利时时税收协定	主管当局税收协定争议，包括转让定价和常设机构事项	主管当局相互协商未能在2年内解决协定争议则启动强制仲裁	所有税收责任受到争议直接影响的人们	主管当局双方各自指定1名仲裁员，然后由2名仲裁员共同指定1名首席仲裁员，组成3人仲裁庭。如果2名仲裁员不能选出首席裁员，则由经合组织指定	依据双边协定及其解释、国内法、经合组织协定范本注释	仲裁必须从主管当局双方的解决方案中作出选择	裁决约束主管当局双方，纳税人不服从裁决可以起诉裁决	裁决不阐明理由，不公开，也不具有任何先例作用	由主管当局双方平均分担

如果主管当局无法就一项或多项达成协议从而影响案件的解决,那就可以把未决事项提交仲裁解决。

OECD《1963 年的税收协定范本》第 25 条第 5 款设立的税收争议仲裁程序和商事仲裁、政府与私人投资者之间的投资争议仲裁程序的不同在于商事仲裁和投资争议仲裁是对整个案件进行解决,税收争议仲裁仅是对案件中某一特定事项进行解决。

有些国家的国内法、政策或行政规定不允许通过仲裁解决税收争议事项,有些国家的宪法禁止仲裁员裁决税收事项,还有些国家仅同意在和特定国家间的税收协定中使用仲裁解决方法。税收争议仲裁程序仅适应于以下案件:纳税人认为与税收协定不符的征税是实际由于缔约国一方或双方已实施的行为造成的(不适用于还没有实施的行为),如税额已被缴纳、评估或确定,甚至税务当局已正式通知纳税人将对他的某类收入征税。如前所述,仲裁解决方法也存在一些制度性的缺陷。当我们认识到哪里有问题时,其实也为解决这些问题找到了正确的方向。

三、转让定价的国际税收争议解决方法:APAs

转让定价是国际税收制度的核心,因为整个体制是建立在对居民纳税人和非居民纳税人划分的基础上。居民纳税人逃避纳税义务最简单的方法是把收入从居民转移给非居民,而转让定价是实现转移的最简捷途径。因此,转让定价和其他的税收分配产生的争议代表了目前最多、最重要的国际税收争议。解决转让定价争议的方法主要包括税务审计、国内诉讼、相互协商和仲裁,以及预约定价协议。与前述国内诉讼、相互协商和仲裁等双重征税争议解决方法相比,预约定价协议的事先预防争议产生的功能以及合作而不是对抗的解决方法无论是对纳税人还是对税务机关都意义重大。因此,自美国国内税务署于 1991 年首次和澳大利亚税务局、苹果电脑成功地通过预约定价协议解决国际税收争议以来,世界许多国家纷纷效仿。同年 IRS 正式公布调整预约定价协议的税收程序规则91-22。

(一)预约定价协议的含义及种类

依据《经合组织转移定价指导方针》第 4.124 条的规定,预约定价协议是指在受控交易之前,通过达成一项协议(安排),来确定一段时间内影响这些交易的转让定价的一套合理标准(例如具体方法、比较数据和适当调整)。通常,预约定价协议可分为两种:一种是单边预约定价协议(a unilateral APA),即由某一纳税人和他居住国税务机关之间达成的协议;另一种是双边或多边预约定价协议(a bilateral or multilateral APA),也称为相互协商的预约定价协议(MAP APAs)。双边预约定价协议是由两个税务当局的主管机关达成的一份共同约定。而多边的预约定价协议则包含一个以上的单边预约定价协议。双边和多边的预约定价协议由所适用的双边税收协定或多边税收协定中的规定来调整的,类似于OECD《1963 年的税收协定范本》第 25 条关于相互协商程序的规定。无论是单边的预约定价协议,还是双边和多边的预约定价协议达成后,基本上适用于与纳税人相关的将来一项具体的交易、一组交易或所有转让定价的事项。

(二) 预约定价协议的缔结程序

预约定价协议的达成取决于各国是否接受并认可其效力。单边预约定价协议完全由国内法规定,即使是相互协商的预约定价协议(MAP APAs)也只能由相关税务当局来实行。例如,目前在欧盟 27 个成员国内,依据所得税协定缔结的预约定价协议是得到普遍认可的,尽管意大利国内法要求只能缔结单边的预约定价协议。欧洲的转移定价联合论坛(Joint Transfer Pricing Forum, JTPF)就欧盟内部的预约定价协议发布了指导方针,解释了欧盟成员国应如何实行预约定价协议的程序和给纳税人提供建议。[①] 根据经合组织转让定价指导方针的规定,预约定价协议的缔结程序可以分为四个阶段:

第一阶段,要求缔结预约定价协议的主动权掌握在纳税人手中。纳税人可以选择向一国税务主管当局提出与他国进行联系的请求,也可以同时向相关主管当局提出请求。第一阶段被称为提出申请阶段。这一阶段允许当事人各方去评估达成预约定价协议的可能性。美国和加拿大也有同样的规定。然而,欧盟还允许纳税人以匿名的方式向税务主管当局提出请求。在提出申请阶段,税务主管当局和纳税人还应当讨论在申请中应当包括哪些文件资料,建议的转让定价方法和主要因素的背景。

第二阶段,决定预约定价协议的范围。如果纳税人和税务主管机关评估后认为达成一项预约定价协议是可行的,则纳税人和他的关联企业以及税务主管当局必须充分配合。在考虑双重征税的风险和现有的资源后,税务主管当局和纳税人首先要决定的是预约定价协议的范围。例如,追溯性适用的可能性与交易的类型和数量等方面都应当包含在预约定价协议中。纳税人在提交充分文件资料的同时,还要向相关税务主管当局提交一份详细的计划。经合组织和欧盟转让定价联合论坛都规定了税务主管当局需要纳税人提交的简单信息列表。简要地说,纳税人需要提供下列信息:①纳税人所有关联企业和常设机构的名称和地址;②纳税人商业集团的组织机构;③行业和市场分析;④交易和所涉当事人的功能分析;⑤拟用方法的细节,包括比较分析、筛选基准、可接受和不可接受的比较数据的列表,以及转让定价调整;⑥支撑拟用建议的关键假设;⑦计划适用

---

① EU JTPF, APA Table 2008.See also IBFD Transfer Pricing Database.

的纳税年度。尽管纳税人提交的信息存在国别和个案的差异,但这些信息都是预约定价协议继续进行的最低要求。

第三阶段,税务主管当局审查资料阶段。在这个阶段,税务主管当局按照正式的预约定价协议的要求审查纳税人提交的信息。为了更详尽地了解事实和情况,主管当局可以要求纳税人提交更多的信息。经合组织和欧盟转让定价联合论坛都强烈建议,在达成一项双边或多边预约定价协议时,纳税人应向双方主管机关提交信息。通常,双方主管机关先各自独立审查和评估纳税人的建议;评估完成后,双方主管机关再开始磋商。每一方主管机关评估得出的意见书都有助于以一种更有效和及时的方式来解决相关事项。例如,欧盟转让定价联合论坛建议在收到纳税人正式的预约定价协议后,双方主管机关应当设立一份时间表,从第一阶段提出申请到正式达成协议应在 18 个月内完成。经合组织也强调双方主管机关应当及时地实行预约定价协议的磋商,但并未规定明确的时限。这意味着如果预约定价协议涉及多个国家而且情况复杂的话,缔结的过程将是很漫长的。

第四阶段,预约定价协议最终和正式文本的达成。尽管协议文本的形式存在国别的差异,但预约定价协议相关的内容和条款是必备的。在缔结预约定价协议的过程中,纳税人和双方主管机关可以随时退出该缔结程序而且不需承担任何不利后果。尽管预约定价协议主要的目标是针对纳税人将来的交易,但如果纳税人和主管机关都同意也可适用于过去的纳税年度。在关键推论得到认可而且相关事实情形不变的情况下,一项预约定价协议的效力一般可持续 3～5 年。有些国家规定纳税人提出预约定价协议申请时需要交纳一定费用。

(三) 纳税人提出预约定价协议申请考量的因素

对纳税人来说,在决定是否向税务主管当局提出预约定价协议申请时,主要考量的因素如下:①预约定价协议是否是避免双重征税的最好方法或者是否有其他可用的减轻潜在税收风险的方法;②通过成本效益分析来衡量达成预约定价协议所花的时间和成本是否超过了确定的收益;③达成预约定价协议花费的时间;④如果纳税人从事的是一种不稳定的商业模式那么预约定价协议是否具有足够的灵活性;⑤可收集和提交的资料能否满足税务主管当局的信息需求;⑥权衡经过预约定价协议程序是否能成功达成一项协议;⑦可能的替代性争议解决方法的考虑。

(四) 预约定价协议的利弊分析

纳税人和税务主管机关达成预约定价协议,对双方来说最重要的益处是显而易见的。第一个益处是对将来交易利润的分配和缴税有预先的确定性。特别是对纳税人,因为有效的税率是确定的,所以他可以合理安排自己的收益。第二个益处是依据达成的预约定价协议,税务主管机关对纳税人的税务审计就不会那么具有对抗性或耗时。税务主管机关仍然会对预约定价协议涵盖的交易进行审计,但只要纳税人满足了协议所规定的要求,审计的过程就比较简单而且不会给纳税人造成任何麻烦。从理论上说,对纳税人和税务主管机关来说,与通过税务审计解决税收争议相比,达成预约定价协议的程序要更省时和提交的文件资料更少。第三个益处是在缔结预约定价协议程序中,纳税人的参与度通常都会比相互协商程序或仲裁程序要高。第四个益处是如果纳税人和税务主管机关成功达成一项预约定价协议,所有当事人都会从免于双重征税中获益,而且纳税人也可免于税收处罚。从世界各国的情况看,并不是所有国家都规定纳税人可以和税务机关达成预约定价协议。例如,阿根廷、智利和俄罗斯就没有规定预约定价协议。还有一些国家(如阿塞拜疆、保加利亚、冰岛、挪威和乌拉圭)虽然没有规定正式的预约定价协议程序,但可以要求税务机关作出非约束力的裁定、建议或声明。印度从 2012 年开始设立预约定价协议机制但似乎只许可单边的预约定价协议。

然而,如前所述,达成一项预约定价协议并没有严格的时间限制,特别是对双边或多边预约定价协议来说,要涉及许多人力和物力,无论是对纳税人还是对税务机关都要求有大量资源。因此,达成协议的过程也可能是非常耗时的并产生一些无法预料的费用。此外,纳税人要向税务主管机关提交所有相关交易的非常详细的信息资料,而提交资料后也并不能免除纳税人将来的税务审计。

(五)预约定价协议的国内规定和程序:以美国和中国为例

1. 美国调整 APAs 的税收程序规则 2006-9

如前所说美国是 APAs 的发起国,经过 20 多年的实践检验,在充分总结经验的基础上,IRS 对 1991 年制定的税收程序规则 91-22 做了修正,取而代之的是 2006 年发布的新的税收程序规则 2006-9。与 91-22 相比,2006-9 并未对缔结 APAs 作出实质的改变。

对 IRS 和纳税人来说,缔结 APAs 都是建立在完全自愿的基础上。如果纳税人的请求或案件的继续发展与良好税务管理的原则相违背,IRS 有权拒绝接受纳税人关于缔结一份预约定价协议的请求或终止对一份缔结预约定价协议请求的审议。当然,即使 IRS 拒绝纳税人的请求,也会给予纳税人一次和预约定价协议主管商谈的机会。同样,即使纳税人已经提出缔结 APAs 的请求,只要在预约定价协议执行之前的任何时间内纳税人都可以撤回该请求。

按照 2006-9 的规定,缔结 APAs 的程序主要分为 5 个阶段:①纳税人申请(application);②IRS 严格评估(due diligence);③IRS 严格分析(analysis);④纳税人和 IRS 讨论和协商(discussion and agreement);⑤IRS 起草预约定价协议,

复审及执行(drafting, review, and execution)。经过这 5 个阶段后,IRS 和纳税人就缔结了一份有约束力的预约定价协议。如果纳税人遵守了协议的条款和规定,IRS 一般并不会对预约定价协议中转让定价的认定方法(transfer pricing methodologies, TMPS)提出异议。一份预约定价协议执行完毕后,纳税人必须向 IRS 提交包括每个纳税年度遵照预约定价协议要求执行的及时和完整的年度报告。同时,纳税人必须保存相关的账簿和凭证以备查验。当然在一份预约定价协议期满之前,纳税人也可以向 IRS 提出申请续展。在现有预约定价协议期满 9 个月之前,IRS 会鼓励纳税人提出续展原预约定价协议效力的申请。

IRS 在 2008 年对税收程序规则 2006-9 又做了修订,发布了新的税收程序规则 2008-31。2008-31 扩大了纳税人申请预约定价协议的适用范围,纳税人通过预约定价协议不仅可以解决转让定价的问题,还可以解决依据税收协定、税收法典或所得税规章产生的与转让定价原理相关的其他问题。例如,依据所得税收协定对常设机构利润归属的问题就可以通过预约定价协议来解决。

IRS 和纳税人在缔结预约定价协议过程中,主要协商解决以下事项:①关键假设的方法(approach to critical assumption)。关键假设是指对认定纳税人提出转让定价方法有重要影响的将会持续存在的任何事实情况,如纳税人商业运作的某种特定模式、特定的企业或商业结构、一系列可预期的商业项目等。②转让定价的方法。纳税人必须用数据证明自己提出的 TMPS 是最好的方法。2011 年,美国用的最普遍的方法是可比利润法(the comparable profits method, CPM)。③筛选基准(screening criteria)。纳税人在预约定价协议请求中必须包括对研究结果和选取基准的详细展示。④分析和测验窗口。窗口期一般是 3~5 年,IRS 在这段时间内复查比较数据的结果。⑤调整比较数据。纳税人在预约定价协议请求中必须包括对所选取比较数据任何调整的说明,如已发生成本的差异、销售数量的差异以及市场条件的差异等。⑥预约定价协议的期限。纳税人必须就所涉产业、产品和交易提出预约定价协议的适当期限。预约定价协议的适当期限要根据个案的情况来决定,一般至少 5 年。2011 年 7 月 27 日,IRS 整合了预约定价协议项目和 MAP 项目新成立了负责预约定价和相互协商程序项目的办公室(the advance pricing and mutual agreement program, APMP)。作为一个成长中的部门,纳税人希望 APMP 办公室能增加人手,完善流程,加速解决预约定价协议和 MAP 的案件,这些案件近年来积压了很多。APMP 办公室负责人也表示人手增加后,每年能完成 150 件 APAs。①

---

① Mose,"McAlonan Says 46 APAs Completed So Far in 2012, Exceeding 2011 Levels,"149 DTR G-11 (8/3/12).

美国国内税务署根据 1999 年的《就业机会和就业激励促进法》(the Ticket to Work and Work Incentives Improvement Act of 1999)第 521 节(b)款的规定，每年都会公布预约定价协议的统计资料。在第 11 期报告中表明，美国国内税务署在 2009 年度共收到预约定价协议的请求 127 件，其中 88 件是双边预约定价协议的请求，39 件是单边预约定价协议的请求。40%以上的案件是进出境美国的有形财产的销售案件，近 30%的案件是美国企业使用服务的案件，15%的案件是由美国企业或外国企业使用无形财产的案件。还有一些零星涉及金融产品的案件。2009 年，美国国内税务署和纳税人履行 63 件预约定价协议(其中双边协议 42 件，单边协议 21 件)，修正 8 件预约定价协议，累积未决的预约定价协议 321 件。321 件协议中，99 件是由纳税人向美国国内税务署的主管机关办公室提出需要与税收协定国的主管机关协商的，剩余 222 件中的 20 件是小型企业纳税人的预约定价请求。大中型企业纳税人完成一项新双边预约定价协议平均花费的时间是 45.4 个月，单边预约定价协议平均花费 25.5 个月。小型企业纳税人完成一项新预约定价协议平均花费的时间是 29.3 个月，在旧案基础上重新解决的平均时间是 21.6 个月。美国转让定价争议解决程序流程如图 2-3 所示。

2. 中国预约定价协议的规定和程序

美国国内 APAs 的成功，使得其 APAs 的规定和程序成为世界其他国家构建本国相关制度效仿的蓝本。但各国根据国内情况和实际在参考美国 APAs 时还是做了取舍。2009 年 1 月 8 日，我国国家税务总局发布的《特别纳税调整实施办法(试行)》规定，企业之间发生的关联交易必须遵循独立交易原则，选用合理的转让定价方法。依据《特别纳税调整实施办法(试行)》第 48 条的规定，企业满足这些条件才可以向国税局提出缔结预约定价协议的请求：①相关企业的年交易额超过 4 000 万元人民币；②能履行向税务机关报告与关联当事人交易的义务；③已准备并保存向税务机关提交转让定价的文件资料。满足前述条件的企业依据《特别纳税调整实施办法(试行)》第 46 条的规定，按照 6 个阶段的要求和国税局缔结预约定价协议：①提出申请会议阶段。欧盟允许纳税人以匿名的方式向税务主管当局提出申请，美国纳税人可以显名也可以匿名，我国纳税人只能显名。②正式申请阶段。③复查和评估阶段。④协商和起草预约定价协议阶段。⑤签署预约定价协议阶段。⑥监督和执行阶段。纳税人要向税务机关提交年度报告。与经合组织转移定价指导方针和美国的 APAs 规则相比，我们可以得出：在我国企业向税务机关提出 APAs 的申请受到很多限制，税务机关对企业申报和资料准备的要求很高；纳税人提出申请的会议阶段最为重要，因为在实践中预约定价协议的实质内容在这个阶段就谈妥了。2007 年，沃尔玛公司和中美

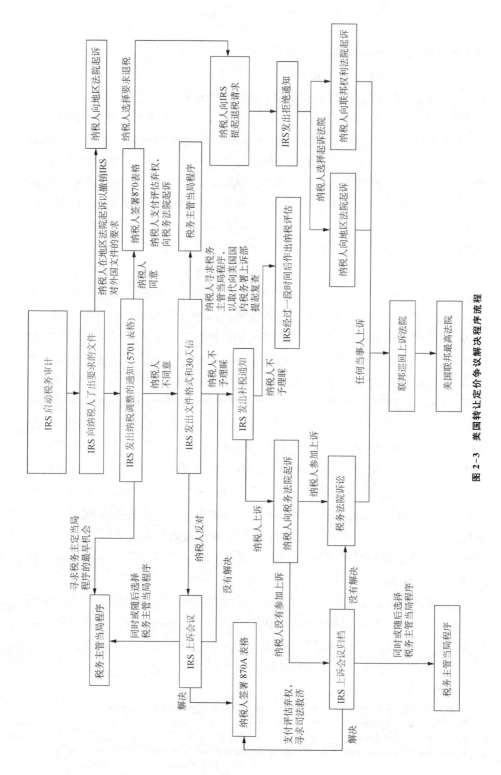

图 2-3　美国转让定价争议解决程序流程

两国的税务机关缔结了第一件双边预约定价协议①。我国国税局在 2010 年和 2011 年和纳税人缔结的预约定价协议分别是 8 件和 5 件。②

（六）预约定价协议现存制度的问题和对策

综上所述，美国的 APAs 规则和《经合组织转让定价指导方针》经过 20 多年的运用，在解决转让定价的国际税收争议实践中出现了如下五个方面的问题：

（1）APAs 能否以多边的解决方式来解决双重征税的问题。理论上一项多边 APAs 是解决涉及多个国家多重征税的最有效方式。然而现实中纳税人很难获得这种救济。当前当事人协商一项多边 APAs 必须依赖双边税收协定。虽然现实中多边所得税协定并不存在，但是仍有足够的规定通过双边 MAP 来支持多边 APAs 的协商。第一，《经合组织转让定价指导方针》考虑到了缔结 APAs 可能会涉及两个以上税收管辖权；第二，太平洋税务官协会（the pacific Associctim of Tax Administlators，PATA）作为有影响力的多边机构同样支持缔结多边 APAs；第三，许多 MAP 授权税收协定双方当事国的税务主管当局为实现消除双重征税的目的，和其他国家签订一份多边协议，如美国《2006 版税收协定范本》第 25 条。第四，当前的 APAs 程序和 IRS 都清楚表明 IRS 更偏爱与纳税人缔结双边或多边 APAs。就目前看来，缔结多边 APAs 的最优选择也是最不现实的方法，即缔结多边税收协定来专门规定多边 MAP。

（2）APAs 案件的详细解决过程是否公开的问题。目前美国 APAs 案件的详细解决过程并不需要依法公开。然而自 1991 年以来，IRS 已执行 1 015 件 APAs 案件，唯一能掌握案件情况的就是 IRS。相同案件的纳税人无法预测他们是否能获得相同的 APAs。在 IRS 掌控 APAs 20 多年的过程中，形成了大量的"秘密法"。这些"秘密法"只有少数的美国大型的会计师事务所和律师事务所才有机会接触到，最终纳税人也无法确信 IRS 是否在解决每一个案件时都能以一种原则性的、一贯的、非独断的方式去实行。相同案情的纳税人在 APAs 程序中，会受到 IRS 不同对待的情况，并不仅仅是个假设。2005 年发生的"Glaxo 转让定价案"证明了纳税人的担心并非杞人忧天。③

（3）非 APAs 协定国家如何解决争议的问题。如果一个美国纳税人的关联公司是位于非美国缔约国或未规定 APAs 的国家，则纳税人就不能缔结单边的 APA。对此问题的解决办法是与这些非 APAs 协定缔约国的税务主管当局建立一种非正式的机制，如签订谅解备忘录。

---

① Tropin,"China, U.S. Conclude First Bilateral APA, Ground-Breaking Accord Involves Wal-Mart,"15 Transfer Pricing Rpt.695(1/24/07).

② China APA Annual Report(2010/2011)issued by the SAT of the PRC.

③ 详细见,GlaxoSmithKline Holdings(Amercias)Inc.v.comr.Tax court Dkt.No.5750—04/2/22/05.

（4）在双边或多边磋商中,纳税人的参与度问题。由于双边或多边 APAs 是通过已缔结的税收协定中的 MAP 条款来磋商的,所以缔结过程是在缔约国税务主管当局之间进行的,纳税人并不参加。美国在和其他国家缔结双边税收协定时,对纳税人的参与度规定并不一致。例如,德国和法国的双边税收协定中就允许纳税人参与 MAP 和仲裁程序。

（5）争议解决的时间。IRS 必须找到加快缔结 APAs 时间的方法。例如,2010 年 IRS 完成一件 APAs 的平均时间是 37.2 个月,到 2011 年则增加为 40.7 个月。缔结时间的增加直接导致 APAs 案件的积压。2011 年 IRS 仅执行 42 件 APAs,而 2010 年是 69 件。

四、小结

美国国内税务署新近积压待决的相互协商案件超过了 800 件。经合组织成员国内部积压待决的相互协商案件将近 4 000 件。OECD 统计了 2009—2010 年成员国通过 MAP 解决税收争议的数据,如表 2-5 所示。[①]

表 2-5 通过 MAP 解决税收争议的数据

成员国	2009 年			2010 年		
	新提起的案件	已解决的案件	解决的平均周期（以月计）	新提起的案件	已解决的案件	解决的平均周期（以月计）
澳大利亚	19	23	20.4	21	27	14.05
奥地利	30	120	——	38	106	——
比利时	213	265	20	120	142	14.25
加拿大	103	206	29.76	101	225	23.43
捷克共和国	6	8	——	8	13	
丹麦	22	——	——	20	67	
芬兰	5	22	——	11	32	
法国	169	427	22	135	490	35
德国	177	543	——	150	484	
希腊	0	5	——		5	——
匈牙利	2	7	——	1	8	——

---

① 详见 www.oecd.org.

（续表）

成员国	2009 年			2010 年		
	新提起的案件	已解决的案件	解决的平均周期（以月计）	新提起的案件	已解决的案件	解决的平均周期（以月计）
爱尔兰	6	13	—	7	16	18～24
以色列	31	67	—	22	80	—
意大利	31	67	—	22	80	—
日本	44	90	—	34	75	—
韩国	25	47	—	13	44	—
卢森堡	25	38	—	35	59	18
墨西哥	10	18	18.5	4	12	26.8
荷兰	64	118	20.7	51	97	24.2
新西兰	6	3	5	4	1	10
挪威	21	51	29.68	16	52	37.2
波兰	14	32	27	7	26	20
葡萄牙	14	47	—	17	41	63.2
斯洛伐克共和国	1	6	—	3	7	—
斯洛文尼亚	0	1	—	2	2	17
西班牙	24	76	—	24	84	—
瑞典	64	103	14	104	134	13
瑞士	119	143	—	65	142	—
土耳其	3	4	48	4	8	—
英国	56	120	22	68	131	28
美国	326	724	24	252	705	29

　　如表 2-5 所示，OECD 的成员国平均完成一项 MAP 的时间，在 2009 年是 22.82 个月，到 2010 年增加为 27.30 个月。此外，2007—2010 年全世界 MAP 案件的数量增长了 41.5%。[①]

---

① Johnston,"Dialogue Essential for Success of OECD Mutual Agreement Procedure, IRS Offical Says," 2012 TNT 109-10(6/6/12).

综前所述,解决国际税收争议的 MAP、仲裁和预约定价协议这三种程序在实践中存在如下这些共同的制度缺陷:

(1)国际税收争议解决结果的公开问题。关于是否公布预约定价协议、相互协商和仲裁裁决的结果,赞成者和反对者似乎都有各自充分的理由。如果我们都承认与税务主管机关相比纳税人处于弱势地位的话,那从世界性的纳税人保护趋势角度看,在征得纳税人同意后预约定价协议、相互协商程序和仲裁裁决的结果应当予以公布。

(2)多边争议解决的统一适用问题。美国和经合组织的税收条约、许多双边税收协定以及各国国内法都普遍认可国家间缔结双边或多边预约定价协议、相互协商协议和仲裁协议的权力。但基于种种原因,这些解决国际税收争议方法的多边适用却被严格限制。赞成者认为,同一笔交易、相同的当事人、相同的争议在一个双边解决程序接着一个双边解决程序间重复进行,对纳税人和税务主管当局都是低效和高成本的。而反对者认为,许多案件和争议在事实和法律方面具有国别的重要性,因此双边解决程序比多边解决程序更好。此外,随着当事人数量的增加,争议解决程序的安排和执行会更加困难和耗时。

(3)纳税人在非税收协定的缔约国家能否参与 MAP、APAs 这些国际税收争议解决程序的问题。

(4)纳税人的参与度问题。经合组织所得税范本和许多税收协定都赋予税务主管机关在规定纳税人直接参与国际税收争议解决过程的自由裁量权。尽管纳税人参与的类型和程度规定的不是很清楚,然而从理论上说,纳税人参与争议解决应当是非常广泛和形式多样的。目前的争论是要不要继续扩大纳税人在争议解决过程中的参与度,特别是当面和税务主管机关进行协商或加入仲裁庭的审议过程。赞成者认为,纳税人的当面参与可以有效防止主管当局协议的暗箱操作和争议的重复提起。反对者则认为,纳税人的当面参与将破坏、改变并且减慢主管当局协议或仲裁庭审议的进程。但是许多国家和经合组织倡议,纳税人的当面参与与透明度的原则是一致的,也符合政府与纳税人应当建立合作与开放关系的新趋势。当然,如果真能实施纳税人当面参与国际税收争议的程序将有助于遏制当前国际税收争议数量激增且得不到及时解决的窘境。

缔结税收协定的目的是避免双重征税和双重不征税。然而国家间签订了税收协定并不意味着就能自动实现这一目标。在许多案件中,税收协定往往成为国内法律规则的另类。在税收协定解释方面,并没有国际性的法院作出指导原则,目前对税收协定的解释由国内法院管辖。国内法院运用各自的国内方法解释税收协定。因此,不同国家的法院解释规则不同,裁判的结果也不同。例如,英国法院在解释协定时重点放在协定本身的文字和结构上,即采用文义解释的方法,而德国和荷兰则更倾向于采用目的解释。其结果是同样的协定条文产生了不同的解释,导致了双重征税或双重不征税。尽管可以通过现有的争议解决措施,如相互协商程序、经合组织税收协定范本注释、联合国税收协定范本注释以及仲裁解决分歧解释,形成一套统一的税收协定解释规则是极为重要的。近年来,在国际上出现了各种解决此问题的建议,如使用统一的国际税收语言,赋予普遍解释原则效力,通知缔约方相关判例法,但是还没有一种建议获得一致认可。在此背景下,利用国际上现有的司法机制来解决国际税收争议的呼声日益高涨。

第三章 国际税收争议解决的司法化解决新机制

第一节 国际法院解决国际税收争议

一、国际法院解决国际税收争议的概述

国际商会和国际财政协会很早就倡议建立一个解决国际税收争议的"国际税务法院"或"世界税务法院"。由国际法院(ICJ)来担任国际税收法院是第二次世界大战后由荷兰政府向联合国提议的,即在国际法院内成立一个特别法庭"税收法庭"来裁决国际税收争议。联合国没有采纳这个建议,而是表示由国际双边税收协定中的条款把税收争议交给协定缔约国的税务主管机关来解决会更好。国际法院被认为特别适合解决那些没有任何法律保护的个人和外国政府之间产生的争议。目前解决国际税收争议最合适的司法机构是国际法院和欧洲法院。例如,瑞典和德国的双边税收协定中就规定一旦主管当局未能就仲裁程序达成一致,双方推荐由国际法院来进行仲裁。奥地利政府则把它和欧盟其他成员国就税收协定的争议提交欧洲法院进行仲裁。

欧盟成员国只有在依据国际法签订一份仲裁协议之后,欧洲法院才被授权管辖他们之间的案件。例如,奥地利和德国之间签订的税收协定中规定,如果缔约双方主管当局在 3 年内不能通过相互协商程序解决税收协定解释或适用的任何困难或疑义,应纳税人请求,缔约国双方都有义务把案件提交欧洲法院进行仲裁。与欧洲法院相比,国际法院是唯一可以解决与国际法相关的最广泛问题的国际性法院,因此也被称为"所有国际性法院的首席"。

当前,对国际税收争议要求通过的国际司法或仲裁来解决的呼声仍有出现。特别是纳税人和税务主管机关出于对相互协商程序热情不足,以及不同国家对税收协定术语解释不一致而导致双重征税的担心。许多专业人士要求采用另一种争议解决或条约解释的机制。税收专业人员要求建立一个国际税务法院的建

议契合了国际上增强国际法院职能的呼声,问题是国际法院能够担负起在解决国际税收争议上的作用吗?

二、国际法院对国际税收争议的管辖权分析

国际法院具有对国际税收争议案件潜在的权限以及对争议案件符合"法律争议"的要求。根据《国际法院规约》第 36 条第 1 款规定,国际法院有权管辖所有事项,特别是联合国宪章所规定的事项。第 36 条第 2 款要求,提交给国际法院的是涉及法律争议的事项。国际法院对一项"争议"的界定是:一项关于法律或事实的分歧;双方当事人之间法律观点或者是利益的冲突。至于"法律"的事项,国际法院认为包括:条约的解释;国际法的任何问题;任何事实的认定,及事实是否构成对国际义务的违反。国家间税收事项的差异以及税收协定的解释显然都是涉及法律争议的事项。

(一)国际法院的管辖权

1. 一般原则

《国际法院规约》第 34 条规定,国际法院只受理当事人是国家的案件,排除了纳税人和税务主管机关之间发生争议的案件。这条规定也成为国际法院有权解决税收案件的障碍,但这条规定也仅在理论上是绝对的。实践中国家经常会作为受侵害的自然人或法律团体的代表。纳税人会依赖其国籍国的外交保护代表他去和另一国交涉。然而这种可能性有多大呢? 首先,国家和国家之间的差异很大。其次,纳税人的国籍国要综合考虑税收争议的性质、另一国的身份、本国政府的利益等因素。对税收争议的外交保护最可能适用、最有必要适用的情形是一国对外国纳税人既课以歧视性的最高税收又未提供有效的法律保护。当然也可能适用纳税人面临一种明显违反国际税法的行为,若这种行为不加以纠正,将对纳税人的国家造成严重财政损失的情形。那么谁有权来代表纳税人呢? 按照习惯国际法,纳税人的国籍将决定由哪个国家来代表。《国际法院规约》第 36 条规定了国际法院的管辖权。一般认为,国际法院可以通过三种方式来获得对(税收)争议的管辖权:第一,国际法院是在联合国建立之后产生的,因此所有联合国建立时的成员国也同时是国际法院规约的成员国。第二,特别要注意的是,所有规约的成员国都接受国际法院具有对案件的自裁管辖权(competence de la competence),即国际法院有权自己决定对哪些案件享有管辖权。第三,当然也要指出,基于国家主权平等的原则,国际法院的管辖权总是建立在涉案当事国的同意之上。同意将以特别形式作出。

2. 国际法院的强制管辖权

国家可以在各种条约和公约中接受国际法院的管辖权,缔约国将决定国际

法院有权裁决因公约或条约适用而产生的所有争议。目前有 263 个条约和公约包含这样的条款。

此外,依据《国际法院规约》第 36 条第 2 款,规约的成员国可以随时宣布它们承认国际法院的强制管辖权(compulsory jurisdiction)。目前有 62 个国家已向联合国秘书长作出承认国际法院强制管辖权的表示。① 这 62 个国家没有一个明确把税收排除于国际法院的强制管辖权,换句话说,一个已经作出接受国际法院强制管辖权宣称的国家并不能援引国际法说税收是国内法专属管辖的事项。如果涉及一项条约的话,相互协商程序可以排除国际法院对税收事项的管辖权吗? 答案是否定的。相互协商程序并不是一种解决缔约国之间争议的机制。它是给予纳税人当征税不符合税收协定时的一种救济可能。

美国在"尼加拉瓜案"(the Nicaragua Case)后撤回了它的宣称;法国在"核试验案"(the Nuclear Tests Cases)后也撤回了它的宣称。一国接受国际法院强制管辖权的宣称是一种单方行为。

3. 其他争议解决方式的保留:相互协商程序和仲裁条款

接受国际法院强制管辖权的大多数国家,可以根据《国际法院规约》第 36 条第 2 款规定以声明的方式选择另一种争议解决方式,比如在条约中规定仲裁条款,这样就形成了对国际法院强制管辖权的保留,国际法院遵照声明就没有管辖权了。

在双边税收协定中规定仲裁条款是否排除了国际法院的强制管辖权? 这要看仲裁程序启动是由纳税人发起的还是由缔约国发起来的。若是由缔约国主管当局发起仲裁,则构成对国院际法院强制管辖权的排除。

4. 国际法院在税收事项方面的咨询管辖权

对税收争议的咨询建议权:联合国经济和社会理事会有权就税收事项向国际法院咨询。

《国际法院规约》第 68 条第 1 款规定了国际法院应被授权机构的要求或依据联合国宪章就任何法律问题可以给予咨询意见。联合国宪章第 96 条规定联合国大会和安理会以及其他得到联合国大会授权的机构有权要求国际法院就它们活动范围内的法律问题给出咨询意见。其中,经济和社会理事会(the Economic and Social Council, ECOSOC)作为联合国负责所得税示范法的机构有权力要求咨询意见。国家不可以要求国际法院给出咨询意见但可以参加该程

---

① 这 62 个接受国际法院强制管辖的国家分别是:澳大利亚、奥地利、巴巴多斯、比利时、博茨瓦纳、保加利亚、柬埔寨、喀麦隆、加拿大、哥伦比亚、哥斯达黎加、塞浦路斯、刚果、丹麦、多米尼加共和国、埃及、爱沙尼亚、芬兰、冈比亚、格鲁吉亚、希腊、几内亚、几内亚比绍、海地、洪都拉斯、匈牙利、印度、日本、肯尼亚、莱索托、利比里亚、列支敦士登、卢森堡、马达加斯加、马拉维、马耳他、毛里求斯、墨西哥、荷兰、新西兰、尼加拉瓜、瑙鲁、尼日利亚、挪威、巴基斯坦、巴拿马、巴拉圭、菲律宾、波兰、葡萄牙、塞内加尔、索马里、西班牙、苏丹、苏里南、斯威士兰、瑞典、瑞士、多哥、乌干达、英国、乌拉圭和南斯拉夫。

序。尽管国际法院的咨询意见在理论上不具有约束力,但相关国家还是会承认它的效力。国际法院的咨询职能在过去被作为一种要求国际法院裁决特定争议的间接方式。从理论上说,国际法院的咨询功能提供了一种可能,即对税收协定解释、国际税法的其他基本问题由国际法院予以回答的可能。这是相当吸引人的,但联合国内的政治障碍并未给经济和社会理事会足够的空间去发挥它在税收事项方面的职能。

5. 国际法院在税收事项上的预先裁决

国际税法的权威学者 Van Raad 在 1996 年曾建议在经合组织内部设立一个由著名税收条约法专家组成的顾问小组。当国内税务法院面对税收协定术语解释问题时,可以要求顾问小组提供一种非约束力的建议性观点。我们来设想这种程序实际运作的情况:A 国的纳税人取得了来自 B 国的股息收入,A 国的税务机关依据本国针对外国股息的一般反避税规则拒绝给予纳税人税收抵免。案件被提交 A 国法院审理。纳税人向法院陈述税务机关拒绝给予来自 B 国股息收入税收抵免违反了 A、B 两国间双边税收协定中规定的非歧视性原则。此时 A 国的法院可向国际法院关于 A、B 两国间双方税收协议的解释问题寻求一种中间(interlocutory)的观点。国际法院的建议对 A 国法院来说是不具有约束力的,但是有一定说服力。

三、国际法院解决国际税收争议的可行性和现实性分析

(1) 要分析的第一个问题:国家间的税收争议是否需要一个国际税务法院?该争议能否由国际法院来解决? 对直接国际税收争议来说,答案是肯定的。正如前面分析,国际法院对于一些国家的税收争议享有管辖权。例如,日本和印度,加拿大和瑞士,英国和毛里求斯等不需要当事国的特别同意,而且近年来随着国家间彼此税收政策争议的增多,如 Tax holidays 和投资激励、国际避税、转让定价等问题,国际法院有能力也有必要来解决国家间的税收争议。而且联合国在 1989 年建立了一个信托基金专门来帮助那些想通过国际法院解决争议但缺乏人才和资金的国家。

(2) 要分析的第二个问题:国际法院能否解决国家和纳税人之间的税收争议? 对间接国际税收争议来说,答案是否定的。只有国家才能成为国际法院的当事方。目前可行的是由国际法院提供不具有法律效力的咨询意见,同时不会损害国家的财政主权。从短期来看,国际法院对国家和纳税人之间的税收争议并不能发挥重要作用。国际双边税收协定既制定了国际层面的规则,也制定了国内层面的规则。这种双重性在对于双边税收协议的解释和适用中得到了很好的体现。由国际裁判机构解决国家间的争议将对两国的纳税人产生直接影响。

例如,在双边税收协定下一定技术服务是否作为专利使用费(royalties)的问题。而国内法院在适用和解释本国税法时很难摆脱主权的影响。本研究希望国内法院在裁决国家和纳税人税收争议的时候能对国际法予以适当考虑。

四、国际法院解决国际税收争议的建议

(一)国际法院的程序规则

根据《国际法院规约》第51条,如果纳税人被国际法院传唤到庭,他只能作为证人在事实调查阶段陈述情况。纳税人直接起诉是绝无可能的,他只能非正式地、间接地影响案件的诉讼程序。根据《国际法院规约》第43条,国际法院的诉讼程序包括书面和口头两个部分。书面内容由当事人和法院之间以及当事人之间的所有往来的文件资料组成。在口头程序中,国际法院需要听取证人、专家和当事国的意见。除非国际法院决定或当事国要求,否则审判是公开的。国际法院在认定案件事实方面可以采取广泛的手段,如要求当事国制作任何书面资料或提供必需的任何解释,以及向证人和专家发问。除非国际法院另有裁判,双方当事国各自承担自己的诉讼费用。因为国际法院的费用是由联合国来承担的,所以对当事国来说,与提交仲裁产生的费用相比,由国际法院审判产生的费用要节省不少。当然也要指出,国际法院作出裁决的时间是很长的。国际法院是根据国际法的原理来作出裁决的。

(二)国际法院的裁决

1. 裁决的制约性

国际法院的裁决是终局和有约束力的,其约束力直接约束的是参加诉讼程序的当事国。国际法院裁决本身并不能被直接用来反对或支持纳税人,这要由违反协定当事国的行政或司法或立法机关依据国际法院的裁决来实施相应的措施。如果当事国接受国际法院的管辖,就应依据国际法承担确保适用税收协定与裁决一致的义务。国际法院在认定当事国有违反条约义务的同时,并不会宣称国内措施是违法的,也不会正式命令缔约当事国改变不合法的情形。因此,在国际法院根据国际法作出的裁决和纳税人个人只能在国内行政机关和法院寻求救济之间建立一座贯通的桥梁是至关重要的。国际法院的裁决如何能够通过国内法的途径得到执行,将直接决定国际法院诉讼程序的效果。因为国际层面的各种争议解决机制和国内的程序规则需要相互配合,所以两者间能否有效配合往往被认为是这些争议解决机制的关键,同时也会极大影响私人主体的利益。

2. 法院裁决的效果

国际法院对税收协定条款的解释不仅会影响发起相互协商程序的纳税人,而且对处于同样情况下的其他纳税人也是重要的。国际法院审判的程序被认为

是公平、公正的程序,法官完全独立于各当事国的税务主管机关,诉讼程序几乎不受当事国影响。对税收争议由国际法院裁决的批评主要如下:只有国家才有资格诉讼;法官不一定能胜任对税收争议的处理。

五、小结

通过国际法院来解决国际税收争议的好处在于:①改善对纳税人法律保护的需要。如前所述,税收协定的适用是由各国税务主管当局和法院来负责的,因此不同的国家对协定的解释和适用会产生差异,由此产生税收冲突。这些冲突往往影响到纳税人的个体利益。依照协定中的相互协商程序,纳税人可以要求协定缔约双方的税务主管机关尽力去解决这些冲突。然而相互协商这种双边程序不能保证主管机关之间达成协议并且消除与协定不符的征税行为,这也是数十年来要求加强在国际税法上的法律保护以及从法治的角度改善令人不满的相互协商程序的呼声反复出现的原因。②传统解决方法的低效。正如前面分析,国际法院对于这些承认国际法院强制管辖权的国家间税收争议享有管辖权,因此对直接国际税收争议可以由国际法院来解决。对间接国际税收争议而言,受限于只有国家才能成为国际法院的当事方,所以目前可行的方法是由国际法院提供不具有法律效力的咨询意见,以确保不损害国家的财政主权。

第二节　世界贸易组织解决国际税收争议

一、世界贸易组织解决国际税收(贸易涉税)争议的解析

(一)学理上的分析

贸易和税收的关系问题近年来才引起学界的关注,因为 WTO 成立之前,GATT 仅包含有限的税收事项而且普遍认为 GATT 仅约束间接税。WTO 成立后,随着补贴和反补贴协定(SCM)和服务贸易协定(GATS)的制定以及争端解决机制的司法化,贸易和税收间的冲突日渐增多。值得注意的是,仅有少数学者详细地论述过贸易和税收的关系问题。究其原因一方面这些问题是新问题,另一方面也只有少数学者能同时驾驭贸易和税收这两个领域。实际上,所有的国际税收专家都认为:理论上,税收规则和贸易规则并不冲突。因为两者有着相同或相似的目标即增进人民的福利。然而,并不是所有学者都清楚在全球化世界中要如何解决国际税收问题,特别是当国际税收事项与由 WTO 管辖的贸易事项混合在一起时产生的问题。

学界对此问题曾先后有三种代表性观点:

观点一,罗伯特·格林(Robert Green)教授认为,应把税收事项排除在WTO管辖外,税收事项应通过外交方法解决。带有法律性质的GATT争端解决机制不是解决政府间所得税争议的理想模式。外交方法是解决国际税收争议的最好选择。我们姑且称此种观点为"否定论"。

罗伯特·格林被誉为全面研究税收和贸易关系领域的第一人。在1998年题为《反对法律方法解决政府间争端——以国际税收和贸易规则为对象的比较研究》一文中,他提出如下观点:

(1)国际税收政策对国际贸易会产生巨大影响。两者相互关联,目标一致即促进国际贸易和国际投资,实现目标的方法相同。一个国家通过使用歧视性的所得税措施能够直接抵减它在贸易协定下的承诺。

(2)税收争议不适用任何法律解决方法。因为通过法律方法解决成本太高而收益甚小。WTO用法律方法解决贸易争端是基于贸易争端的两个特征:报复性和缺乏透明度。而这些特征是税收争议明显不具备的。在双边税收协定中通过相互协商程序这个非法律程序解决具体事实争议是缺乏力度的。因为税收主管机关仅要求尽力去解决争议而没有任何保证成功解决争议的义务。此外,税收争议解决通常借助于政治协商和相互妥协,而不是通过中立的法律规则适用于具体税收事实来解决。

(3)贸易争端需要由一个组织通过法律的方法来解决,从而控制报复和增加透明度。在国际贸易领域解决影响国家间信任问题的过程中就形成了一种争端解决机制,而此种机制能够解释国家的行为有无违反它在贸易协定下的条约义务,且一旦出现违反协定的情况能控制报复。

(4)与违反贸易协定相比,违反税收协定的主要不同在于:采取报复措施不易于实现并维持税收方面的合作。原因在于贸易报复措施主要针对特定产业。

观点二,"部分税收纳入论"。这是由Paul McDaniel教授在2004年的文章中提出的。他认为,对那些影响贸易协定的税收规则应纳入世界贸易组织的管辖。他希望在贸易和影响贸易的税收规则之间寻求一种平衡。这是对"否定论"和"全盘论"的折中。从实践角度出发,该观点的难点在于如何准确界定纯税收规则和伪装的税收规则。他有三个主要观点:第一,一种规范的所得税体系和自由贸易原则互相是不冲突的;第二,一个国家的税制中应当有一些不属于由贸易协定来规范而专门由双边税收协定来调整的事项;第三,那些通过税收规则提供的补贴应当被贸易协定仔细审查。他同时提出鉴别是规范的税收还是伪装的税收的六个关键因素:①税基是什么?②税率是多少?③谁是纳税人?④纳税的期限是多长?⑤税在跨境贸易中是如何适用的?⑥税是如何被征收的?如果一种税能满足这6个因素,那它不应由世界贸易组织来管辖,反之这种税就是伪装的补贴而应由世界贸易组织来管辖。

观点三,成立一个独立的国际组织(国际税收组织)来解决国际税收争议,因为世界贸易组织无法胜任这一任务。这一观点是由 Yariv Brauner 教授在 2005 年的文章中提出的。他以世界贸易组织审理的"美国—外国销售公司案"为例,认为世界贸易组织因为有不同的目标追求,缺乏税收方面的专家以及政治上的脆弱性等弱点,所以应当建立一个完全独立的国际税收组织来协调国际贸易规则和国际税收规则之间的关系。

如上三种观点都是学者们在一定历史经济条件背景下,从某一角度对世界贸易组织在解决国际税收争议方面的认识,既具有特定历史条件下的合理性也反映了人类认识的非至上性,因此要得出合理的见解必须结合世界贸易组织法及其解决争端的实践来综合分析。

二、世界贸易组织解决涉税争端的实践分析

世界贸易组织的法律文本是由 60 个协定、附件、决议和谅解组成的一揽子协议,一般总称为《世界贸易组织协定》。成员方在加入世界贸易组织时不能选择性地对这些文件作出保留和减损,这些一揽子协议对成员方都具有法律约束力。然而,这种法律效力也存在两个重大限制:第一,世界贸易组织协定在成员管辖区域内一般不具有直接适用的效力。例如,一个自然人(法人)不可以依据世界贸易组织协定去诉请另一个自然人(法人)或成员方。第二,利用世界贸易组织的争端解决机制受限。世界贸易组织是一个政府间的国际组织,只有成员方可以使用争端解决机制。这和双边投资协定中规定的投资者和投资东道国间的仲裁解决机制或者《经合组织税收协定》或《联合国税收协定》中规定的纳税人和征税国间的争议解决程序(相互协商程序)明显不同。一般情况下,一个成员方不太可能作为受到损害的纳税人代表向世界贸易组织争端解决机构起诉另一个成员方,除非另一个成员方的国内税收措施对贸易造成了严重影响。一旦某一成员方决定在世界贸易组织起诉另一个成员方的国内税收措施,世界贸易组织作为自由贸易的坚定维护者和强硬保护者就会挑战成员方的国内税收措施。有学者统计,在由世界贸易组织争端解决机构处理的案件中,90%的案件原告胜诉;而且如果案件的主要争议是税收措施的话,80%的案件原告胜诉。因此,世界贸易组织作为国际税收法官的作用是一把双刃剑:一方面,只要成员方的税收措施不会对贸易造成严重影响,则该成员方没必要担心它的税收政策被诉至世界贸易组织争端解决机构(DSB);另一方面,一旦成员方的税收措施被诉至争端解决机构,则该引起争议的税收措施将很可能被裁定违反世界贸易组织协定而被要求废止。

从《1947 关税与贸易总协定》到目前的世界贸易组织共有 60 个案件争端涉及成员方的税收措施。在《1947 关税与贸易总协定》下,共产生了 124 件争端,其中涉及缔约方税收的案件 22 件;在世界贸易组织争端解决机构处理的 488 个案件中,38 个案件是涉及成员方税收措施的。[①] 总体来看,成员方税收措施的案件占到《1947 关税与贸易总协定》和世界贸易组织处理争端总数的近 10%。[②]

60 个涉税的案件中,有 39 个案件涉及间接税措施,有 21 个案件涉及直接税措施。间接税最普遍的是涉及消费税(excise taxes)、销售税(sales taxes)和增值税(VAT)的争端。直接税主要是关于出口所得的税收优惠待遇的争端。《1947 关税与贸易总协定》和世界贸易组织处理争端涉及的税种,如表 3-1 所示。

表 3-1　《1947 关税与贸易总协定》和世界贸易组织处理争端涉及的税种

类型	《1947 关税与贸易总协定》	世界贸易组织
直接税	货物税(属于直接税政策) 所得税免税 转让定价规则	票房收入的所得税 企业税免税 离岸所得税减免 转让定价规则 所得税免税 所得税扣减 税收租约计划 所得税抵免
间接税	领事税 消费税 花费税 反补贴税 特别捐献税 补偿金税 增值税 销售税 奢侈品税 燃油税	销售税 消费税 统计税 奢侈品税 港口维护税 预提营业税 增值税 软饮料税 分销税 国内特定税

尽管目前世界贸易组织有 160 个成员方,[③]但是自 1947 年以来,仅有 17 个成员方发起过针对其他成员方税收措施的诉讼。在这 17 个成员方[④]中,欧盟起

---

① 中国加入世界贸易组织以来被诉的第一案即涉及我国对集成电路的增值税优惠,详见:DS 309, China — Value-Added Tax on Integrated Circuits, https://www.wto.org/english/tratop_e/dispu_e/cases_e/ds309_e.htm.

② The data on the WTO disputes is drawn from the Chronological List of Disputes Cases available at http://www.wto.org/english/tratop_e/dispu_e/dispu_status_e.htm.浏览时间 2015 年 2 月底。

③ 成员方数量统计截至 2014 年 6 月 26 日,详见:https://www.wto.org/english/thewto_e/whatis_e/tif_e/org6_e.htm 浏览时间 2015 年 2 月底。

④ 其他 15 个成员国是:巴西、加拿大、智利、哥伦比亚、萨尔瓦多、危地马拉、洪都拉斯、日本、韩国、墨西哥、挪威、菲律宾、南非、泰国和津巴布韦。

诉 23 件排第一;美国起诉 21 件居第二。当然欧盟被诉 14 件和美国被诉 9 件也分居第一和第二。如前所述,尽管世界贸易组织的一揽子协议在成员方管辖区域内并不能直接适用,也缺乏给纳税人救济的途径,但世界贸易组织的争端解决机制确实成功地处理了无论在数量还是种类上相当丰富的涉税贸易争端,世界贸易组织在解决国际税收争端方面发挥了重要的作用。而且,这些争端中涉及成员方直接税措施的越来越普遍,争端中税收措施的种类也超出了传统的贸易税的范围。

1. GATS 第 22 条第 3 款及其脚注规定的分析

GATS 第 22 条第 3 款规定,一项争端涉及协定第 17 条关于国民待遇规则的适用,不能由第 22 条和第 23 条规定的争端解决机制处理,若该争端措施属于缔约国之间为避免双重征税而签的国际税收条约的范围,若缔约国之间对一项争端措施是否属于税收条约的范围有争议,第 3 款规定该争议所设的任一缔约国均可以把该争议事项提交服务贸易理事会。而服务贸易理事会则把该争议提交有约束力的仲裁。然而第 3 款的脚注包含了重要的例外。如果该争议涉及的税收协定处于服务贸易总协定生效期间,则该争议不可向服务贸易理事会提起,除非缔约双方都同意。本款的规定,消除了成员国依据服务贸易总协定把税收措施提交世界贸易组织裁决的权利。正如罗伯特·格林教授所说:"GATS 第 22 条第 3 款的规定,通过严格限制关税与贸易总协定专家组对所得税措施的管辖权,事实上消除了缔约方税收措施在服务贸易总协定下被诉的风险。"

2. GATT/WTO 就美欧税收减免相关案件的分析

过去几十年来,美国一直寻求给予宣称遭受不公平对待的出口商补偿,因为美国的出口商按照美国的全球征税规则在边境出口时并未享受联邦间接税(如消费税等)的退税优惠。从 1971 年开始,美国针对本国的出口商采取了一系列纠正这种不平衡的成功的税收减免措施,分别是:1971 年的国内国际销售公司规定(the 1971 Domestic International Sales Corporation regime, the DISC);1984 年的外国销售公司立法(the 1984 Foreign Sales Corporation legislation, the FSC);2000 年废除外国销售公司法取而代之的境外所得排除法(the Extraterritorial Income Exclusion Act, the ETI)以及 2004 年的美国就业机会创造法(the 2004 American Jobs Creation Act, the AJCA)。1976 年,欧盟就已经在关税贸易总协定及以后的世界贸易组织内挑战美国的这些税收减免,认为它们构成了违反多边贸易协定的出口补贴。无论是关税贸易总协定理事会,还是世界贸易组织都裁定欧盟胜诉并认为美国给予本国出口商的税收减免,使美国的出口商与它们的欧盟对手相比处于一种竞争优势地位。美欧间的税收减免诉讼是关税贸易总协定和世界贸易组织史上历时最长、争议最激烈的贸易争端之一,也成为税法和国际贸易法空前冲突的典型。

1976 年的"美国—国内国际销售公司案"突出反映了关税贸易总协定这个国际贸易组织在裁决所得税事项方面的不足。正如学者批评的那样："专家组对本案的裁决是无法理解的,有疑义的和不完全的。"

本案背景是:1972 年美国通过了国内国际销售公司法,作为减轻持续外汇支出赤字的保护性措施的一部分,然而支持该法通过的强烈政策动机是对欧洲国家统一增值税后以及来自边境税调整(Border Tax Adjustments, BTAS)收入带来经济强势表现的增长的不满。从某种层面来看,"美国—国内国际销售公司案"(以及后来的"美国—外国销售公司案")的出现与关税贸易总协定对间接税和直接税划分产生问题有关的。① 《1947 关税贸易总协定》的大多数缔约国对美国的国内国际销售公司法以及两项附加的保护政策表示了反对。两项附加的保护政策的具体内容如下:一是对应税的进口商品征收 10% 的临时费用;二是对促进就业的投资给予快速的税收抵免。对这两项附加保护政策的争议不久得到了解决,然而国内国际销售公司法在关税贸易总协定中却一直争论了 12 年。1974 年欧共体正式在关税贸易总协定起诉美国,美国针对欧共体中的比利时、法国和荷兰的属地征税规则提起反诉,由两名税务专家担任法官的专家组同时审理了本诉和反诉。②

本案的实体争议如下:第一,依据美国国内国际销售公司法产生的税收延期是否构成补贴? 第二,欧共体的属地征税规则是否构成出口补贴? 第三,偏离正常交易标准的转让定价规则是否构成补贴? 第四,为了纠正因不同税制产生的贸易不平衡而采取的税收措施是否规避了《1947 关税与贸易总协定》的补贴规则? 专家组未能对这些问题作出充分的解决。

本案的程序存在以下问题:第一,由专家组来解决本案是否恰当的问题。与欧共体磋商失败后,美国要求设立一个论坛而不是有限的专家程序,作为合适的方式来审查出口销售和所得税之间的兼容性以确立合适的原则。事后证明,美国的提议是一个比较有效的解决贸易中包含所得税措施的途径。然而关税贸易总协定理事会似乎对美国的建议并不在意,也没打算在专家组程序之外来研讨国际税收和国际贸易事项两者之间的关系。直到目前,确实也没有这样一个平台或工作组来讨论过税收和贸易之间的关系。

---

① 四个方面的问题:第一,直接税和间接税划分的依据从根本上是有问题的;第二,因为直接税和间接税的划分造成了关税与贸易总协定中边境税调整的实施;第三,实践中有些税很难界定属于直接税还是间接税,也很难说属于还是不属于关税与贸易总协定管辖的范围;第四,关税与贸易总协定把直接税排除在外是与它的补贴规则中又包含直接税自相矛盾的。

② 这两名税务专家分别是 Mr F. Forte(Professor of Public Finance, University of Turin)and Mr A.R. Prest(Professor of Economics of the Public Sector, London School of Economics).

第二,专家组的建立和组成是否合理的问题。关税贸易总协定理事会面临着如何找到具有必要税收知识的贸易专家人选来组成专家组的难题。① 在推迟了将近 3 年后,关税贸易总协定理事会被迫以前所未有的态度去寻找外部专家。使用外部专家会导致可能的利益冲突,因为外部专家在对案件的推理中会加入他们自己的政策利益。使用外部专家的事实反映了关税贸易总协定在处理税收争议方面的不足,然而就本案使用税务专家的结果看并未形成一份高水平裁决的报告。

三、小结

人们普遍认为,跨境间接税由国际贸易法调整,而跨境直接税由国际税收制度调整。但事实可能并不如此。例如,三个主要的世界贸易组织协定——《1994关税与贸易总协定》《补贴和反补贴协定》《服务贸易协定》中包含了大量的税收义务。

对于世界贸易组织在调整成员国税收政策方面起着边缘作用的认识,因欧盟在世界贸易组织成功挑战美国("欧盟—美国外销公司案")而被证明是错误的。欧美之间的所得税争议导致了世界贸易组织历史上数额最大的制裁,相当于每年 40 亿美元。对美国税收减免的争议在欧美之间几乎引发了全面的跨大西洋贸易战。面对世界贸易组织对美国作出的制裁,当时美国的贸易代表罗伯特·佑立克将此形容为"在世界贸易体系中释放了一颗原子弹"。② 美国国内有代表甚至向国会提议,撤回美国在世界贸易组织的成员资格。本案表明当侵蚀到一个成员国的税收主权时,世界贸易组织规则体现出了法律的精确和透明。

对世界贸易组织在税收领域所起的作用,从前面的分析我们可以得出两个基本观点。第一,一般来说,世界贸易组织并不寻求去调整或影响某一成员国选择何种税制、如何确定税基和税率,或者税种的具体适用问题。同样,它不会鼓励或限制成员国采取消除双重征税或双重不征税,也不会阻止成员国去解决这些事项。它也没有禁止成员国享有的对境外赚取的利润征税的权利。此外,它也没有劝说成员国去实施贸易中立的税收政策或者促进成员国税制的协调或一体化。它既没有表达也没有制定一种特定的税收策略。因此,世界贸易组织的成员国并未感到它们的税收主权受到世界贸易组织的影响和威胁。第二,世界

---

① The Director-General admitted:"in light of the complexity of the subject" there was a "difficulty of finding experts who felt themselves competent in this field"[Statement by Mr Long cited in GATT, Summary Record of the Second Meeting:Held at the Palais des Nations, Geneva, on Wednesday,26 November 1975, SR.31/2(10 Dec.1975)at 14].

② E.Olson,"US Lose a Trade Dispute with Europe", New York Times(New York,23 June 2001).

贸易组织在税收领域确实发挥着作用。依据《关税与贸易总协定》《服务贸易协定》《补贴与反补贴协定》等协议的规定,若成员国的一项税收措施对国际货物贸易、国际服务贸易产生保护性的、歧视性的或补贴的效果,世界贸易组织就会介入这些争议。如果没有世界贸易组织的这些税收规定,成员国就只能通过实施保护性或歧视性的税收措施来减损它们在国际贸易协定下的义务,最终损害自由贸易的原则。从这个方面讲,世界贸易组织是一个在全球范围的国际税收领域起着关键作用的角色。

然而,世界贸易组织在具体适用这些规则解决涉税的贸易争端中,也存在着一些灰色区域甚至是法律空白。世界贸易组织在解决涉税争议方面的不足主要如下:第一,立法空白。世界贸易组织法律文本中未能清楚地界定国内税规则和国际税政策的区别和联系,由此产生了大量的在解释上的分歧和缄默。例如,在世界贸易组织的协定中没有对税收的概念作出界定;《关税与贸易总协定》中未能界定直接税和双边税收协定的适用性;《服务贸易协定》中未能明确界定它对直接税、税收协定的适用性;《补贴与反补贴协定》没有对发展中国家和最不发达国家在税收竞争方面的关注给予充分照顾等。第二,争端解决方面的不足。例如,世界贸易组织作为一个税收裁判者,没有聘请一支专业的税收专家组;专家组和上诉机构在"美国—外国销售公司案"中未能就涉及转让定价争端的"合适税收平台"程序作出界定,也没有解决持续的涉及边境税调整和因全球征税规则和属地征税规则引起的不平衡冲突问题等。第三,机构上的缺陷。例如,世界贸易组织并不承认自己是一个全球税收的管理者;它也没有制定一个税收战略去界定自己在税收方面的作用;它也没有就税收事项正式与经合组织和联合国进行磋商;在世界贸易组织内部没有建立专门的税收委员会或税收工作组。

针对以上不足,学者们提出了一些大胆甚至激进的措施①来加强世界贸易组织在税收领域的作用。确实,世界贸易组织必须采取更加大胆的措施去解决那些损害国际贸易的税收问题,否则它可能面临成员减损它们在国际贸易协定下的义务的困境。当然,基于世界贸易组织所面对的政治现实,从一种务实的、能够有效实施的角度来使世界贸易组织在税收领域发挥更大作用,我们需要从以下几个方面作出改进:第一,完善世界贸易组织现有的相关协定中的税收规则,制定补充指导规则。例如:①在《关税与贸易总协定》中制定全面的税收定义;对边境税调整予以确认;在第20条下规定税收协定例外条款等。②在《服务

---

① 如 V.Tanzi 提出建立一个世界税收组织(World Tax Organization);A.Sawyer 在深入分析后建议发展一个国际税收组织(International Tax Organization);Avi-Yonah 强烈建议世界贸易组织是解决国际税收争议的最合适平台;Althunayan 认为世界贸易组织是多边税收协定的合适平台并提议建立世界贸易组织税收部以及发展"软法"性质的争端解决机制。

贸易协定》中制定税收协定的跨境例外。③在《补贴与反补贴协定》中对税收补贴重新作出界定,制定全面的转让定价规则和避免双重征税的措施。④重新制定对直接税和间接税划分的标准以及重新评估边境税调整的经济效果。第二,建立世界贸易组织的贸易和税收委员会。目前,在世界贸易组织还没有建立一个专门的内部税收机构。这与它的争端解决机构解决了如此多的税收争议是不相适应的。与税收方面的空缺相比,世界贸易组织的内部已经建立了诸如贸易与环境、贸易与竞争政策、贸易与投资、贸易与电子商务以及贸易与知识产权等专门的工作组或委员会。例如,世界贸易组织的贸易与环境委员会是"界定贸易措施和环境措施的关系以提高可持续发展以及就多边贸易体系的修改提出合理的建议"。世界贸易组织的委员会对所有成员国开放而且其他国际组织可以作为它的观察员。如果在世界贸易组织内部建立一个类似的贸易与税收委员会,它将界定贸易措施与税收的关系,它也可以就成员国国内税收政策与贸易法是否存在冲突提供咨询和建议,此外这个委员会也可以授权调查世界贸易组织是否在国际税收管控方面能够发挥更大的作用。第三,在世界贸易组织和国际税收主要机构如经合组织和联合国开展机构间的联系和对话。目前世界贸易组织和经合组织财政事务委员会、联合国税收事务国际合作专家委员会这两大国际税收主管机构之间没有建立正式的对话机制,因此如果在世界贸易组织内部新成立一个贸易和税收委员会的话,那它将在和其他两大组织建立正式关系中起到关键作用。而且随着世界贸易组织争端解决机构审理的与直接税有关的起诉的日益增多,如果经合组织和联合国财政委员会能够分别与世界贸易组织沟通,那么对于确保争端解决机构裁决不会与国际税收实践发生冲突将起到重要作用。就世界贸易组织来说,和这两大组织建立正式关系也不会有多么困难。因为世界贸易组织的协议中包含了许多与其他国际组织关系的宣言。

世界贸易组织必须在保护国际自由贸易和承认国家税收主权利益之间实现平衡。我们不得不承认世界贸易组织是国际税法多边管控的一个不可分割的因素,不应低估它对税收的影响作用。

第四章 比较视野下的国际税收争议解决机制

第一节 国际税收争议与国际贸易争议解决的比较

一、历史比较:国际税收与国际贸易关联性分析

国际税收和国际贸易的发展关联比较如图 4-1 所示。

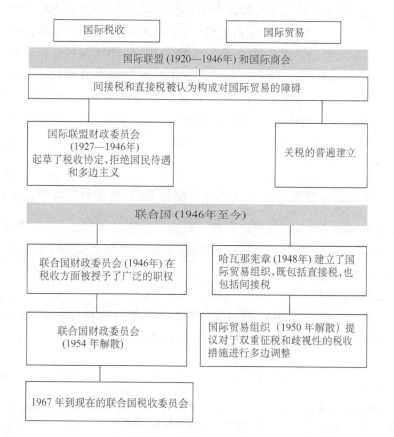

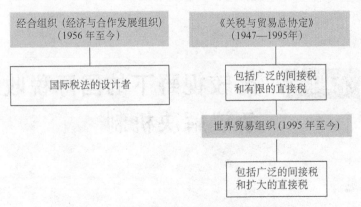

图 4-1　国际税收和国际贸易的发展关联比较

图 4-1 表明,国际贸易体系和国际税收体系拥有共同的起源,然而它们的发展却有很大不同。国际联盟的工作表明从建立之初税收和贸易的范围就要分开,最直接的证据是在直接税方面拒绝适用最惠国待遇。在这一时期,税收和贸易的关系是清晰的。然而发展到联合国管理时期,税收和贸易的范围并不是封闭和割裂的。例如,在建立国际贸易组织(ITO)的谈判中,很少有国家反对把直接税纳入国际贸易的管辖范围,而且大多数国家乐见由国际贸易组织来设计避免双重征税的双边或多边协定。最引人注意的是,国际商会积极呼吁国际贸易组织在避免双重征税方面发挥推动和影响作用。甚至拉美国家积极提议国际贸易组织应当成为国际税收事项的主要管理者。最终由于国际贸易组织的流产导致了国际税收和国际贸易的分歧,并从联合国中分离出来。从此,两者不再有交集,渐行渐远直到今天。

二、争议解决方法的比较:MAP、仲裁与 WTO 争端解决机制的比较

世界贸易组织的争端解决机制是一种对所有成员国都有法律效力的"准司法程序"(quasi-judical procedure)。它的争端解决机制是混合了外交解决、谈判、调解、仲裁和裁决等方法的机制。

WTO 的争端解决程序流程①如图 4-2 所示。

(1) 提出申诉:成员方政府书面正式向争端解决机构(Dispute Settlement Body, DSB)提出,秘书处给予案件编号(WT/DSxx/x),如 WT/DS252/1。

---

① 世界贸易组织争端解决的程序引用了我国知名 WTO 法专家、华东政法大学朱榄叶教授给国际法博士生讲授的"WTO 法"的上课内容。作者在此对朱老师表示感谢。

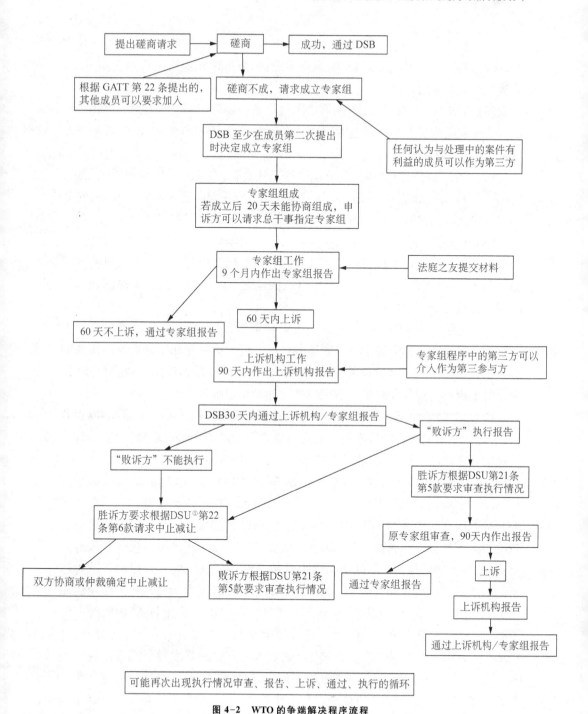

图4-2 WTO的争端解决程序流程

---

① 《关于争端解决规则与程序的谅解》（Understanding on Rules and Procedures Governing the Settlement of Disputes，DSU）。

（2）磋商。一方提出申诉后，另一方应当在 10 天内答复，在 30 天内开始磋商，磋商成功，双方可以通知 DSB；磋商不成，一方可以在提出申诉后至少 60 天内请求成立专家组。

（3）专家组。DSB 最迟应在第二次讨论这一问题时成立专家组，除非一致反对。专家组成员有条件回避的规定。专家组成员应在 20 天内选定，否则一方可请求由总干事指定。

（4）专家组与双方和第三方分别举行正式会议，在 6 个月内作出报告（紧急情况 3 个月，复杂情况可延长至不超过 9 个月）。60 天内通过专家组报告，除非一方提出上诉，通知后 10 天内提交上诉材料。

（5）上诉机构的组成（DSU 第 17 条）。上诉机构具有公认权威并在法律、国际贸易和各涵盖协定所涉及主题方面具有公认专门知识的人员。上诉机构的成员任期 4 年，可连任一次。上诉机构组织按地区分配人员（北美、大洋洲、欧洲、非洲、南亚、拉美、东亚各一人）。

（6）根据上诉工作程序轮流由 3 人审理案件，但应当与全体交换意见。上诉机构只能讨论上诉中提出的专家组报告涉及的法律问题和专家组对法律的解释。上诉机构 60 天内（最长不超过 90 天）作出报告。报告散发给成员后 30 天内通过上诉机构报告和经过上诉机构修改的专家组报告。

（7）WTO 争端解决机制。其最有效的创新表现在以下三个方面：①成立专家组、通过专家组报告和授权终止优惠待遇方面的准自动通过机制；②争端解决程序中各个阶段严格的时间表要求；③上诉机构的复审机制。

区别于其他国际争议解决机制，依据 WTO 的 DSU 第 23 条第 1 款的规定，WTO 争端解决机制的管辖权本质上属于强制管辖权。成员方从加入 WTO 起即意味着同意并接受 WTO 争端解决机制的强制管辖权。该强制管辖权是诉讼管辖权而不是咨询管辖权。WTO 争端解决机制是 WTO 成员方政府与政府间解决争议的机制，与其他国际争议解决机制相比，WTO 给成员方提供了三种起诉的方式：违反之诉，非违反之诉和情形之诉。其中违反之诉是最普遍使用的起诉方式，非违反之诉用的很少，情形之诉几乎没有用过。而且 DSU 中既没有明文规定，也没有隐含着 WTO 成员方寻求争端解决机制必须具有"法律利益"（legal interest）。如上所述，只有 WTO 成员方的政府才能成为争端解决的当事方。自然人、公司、国际组织或非政府组织（如环境和人权非政府组织、劳工组织和行业组织）都不能通过 WTO 争端解决机制来起诉，他们无权参加 WTO 争端解决的诉讼程序。然而上诉机构在裁决案件的实践中，认可了专家组和上诉机构有权接受并考虑由个人、公司或组织提交的书面意见（也称法庭之友，amicus curiae）。这一做法引起绝大多数 WTO 成员方的质疑与批评。

　　WTO 争端解决机制主要提供了五种争议解决的方法。DSU 规定了磋商、调停、调解、专家组和上诉机构裁决及仲裁方法。DSU 第 4 到第 20 条规定的磋商有专家组、上诉机构裁决这两种方法，是目前最常使用的方法。DSU 第 25 条还规定了快速仲裁作为可供选择的争议解决方法。成员方双方当事人必须明确提交仲裁的争议事项，并且就随后解决争议的特定程序达成一致。双方必须遵守仲裁的裁决，而且仲裁裁决必须与所涉协议相一致。在 2001 年的"美国—美国版权法 110(5)节"案件中，欧盟和美国第一次使用了 DSU 第 25 条规定的仲裁程序。

　　既然仲裁在解决争议方面具有快速、有效、经济等优势，WTO 成员方为什么并不普遍使用仲裁而主要寻求专家组和上诉机构的裁决呢？这主要有两方面的原因：原因一是 DSU 第 25 条文本的限制；原因二是历史遗留问题。

　　原因一，DSU 第 25 条文本的限制。首先第 25 条规定的仲裁方式太模糊和不确定。该条要求仲裁解决方法只有在 WTO 成员方都同意的情况下才可以使用。例如在美欧"美国—美国版权法 110(5)节"案中，美国和欧盟一致同意通过有约束力的仲裁来认定欧盟的音乐生产商遭受的损失是美国版权法违反 WTO 规则导致的。因此争议当事方要达成一份仲裁协议，这与专家组自动建立相比，就是一种限制。其次，DSU 授权由争议当事方来决定仲裁程序的灵活性。争议双方当事人可以选择仲裁员、仲裁地点以及相应的仲裁规则。在仲裁双方都同意的情况下，其他 WTO 的成员方也可加入仲裁程序。仲裁裁决对双方都是有约束力的，即使有一方对裁决不服，也不能对裁决再向 WTO 上诉。WTO 有权执行仲裁裁决，若一方当事人未履行仲裁裁决，DSB 授权对方可以予以制裁。

　　原因二，历史遗留问题。DSU 规则是 WTO 成员方赞成外交方式解决争议和赞成法律方式解决争议双方激烈争论的结果。以欧盟为代表的成员方主张 WTO 的争端解决应该采用外交、实用的方式，以协商为主。而美国为代表的其他成员方则主张应采用规则为导向的司法裁决方法。最后美国的主张被写入 DSU。此后，WTO 的争端解决机制越来越"美国化"。表现为 WTO 上诉机构间接使用了美国法律的一大特征"遵循先例原则"(the principle of stare decisis)，且上诉机构接受了"法庭之友"。此外，争端解决程序强调控辩双方的对抗，由控辩双方控制程序，而不是由专家组来控制，而抗辩制是英美法系诉讼程序的传统和特色。考虑到 DSU 第 25 条文本的限制和 WTO 争端解决程序的"美国化"趋势，仲裁解决在 WTO 的前途似乎并不光明。但随着成员方每年贸易争端数量的激增，在司法解决不堪重负的情况下，仲裁解决的方式应当得到更好的使用机会。

三、国际税收争议解决能否借鉴或纳入 WTO 争端解决机制的分析

　　如前所述，国际税收争议的实质是主权国家间征税权及与纳税人私权的矛

盾和冲突。而征税权的核心是国家的主权问题。而国际贸易争议很少会涉及国家主权这一敏感问题,无论是发达国家还是发展中国家甚至最不发达国家,都情愿主动接受世界贸易组织对贸易争议的管辖权而且都积极去履行各自的条约义务。从世界贸易组织的争端解决机制的实践可以看出,美国和欧盟这两大集团起诉最多,但被诉也最多,而且败诉率也高。这就给广大不发达国家一种信心,在世界贸易组织争端解决机构和协议面前,国家不分大小、无论强弱都是平等的。但国际税收争议和国际贸易争议有相同的地方,如争议解决的方式、程序主要是由发达国家主导和制定的,不发达国家基本没有什么发言权,更为重要的是把征税权的管辖权交给一个即使像世界贸易组织这样比较公平、中立的国际组织,一旦败诉,其直接后果是国家征税权的丧失、国家税收收入的直接减少,这将很可能引发败诉国的国内问题。所以,即使对我国这样无论从经济还是政治方面在世界上都有分量的大国,在主权问题上都是非常敏感的,我们一贯的态度就是双边解决而不主张通过国际途径解决。

四、小结

无论是直接税还是间接税都可能构成对跨境贸易的壁垒,因此国际税法和国际贸易法的范围都包含一个相同的经济目标:消除或减少妨碍贸易自由流动的壁垒。国际税收政策中有两个基本特征,消除双重征税和非歧视,这与全球自由贸易是一致的。尽管有相同的目标,国际税收规则与国际贸易法在理论、架构和实际层面还是有很大不同。国际税收规则,严格说来,没有正式的制度也没有像世界贸易组织这样超国家的法律组织。在国家间国际合作解决特定国际税收问题的过程中发展形成了一种松散的"软法",这种制度是由国际税收政策方面的领导组织经合组织财政事务委员会来开展的,还有稍逊一点的联合国。一个国家的国际税收政策也受到诸如双边和地区贸易协定、双边投资协定、人权法、相互协助条约以及世界贸易组织法的影响。国际税收体制目前由 3 000 多个税收协定组成,以经合组织的税收协定范本为基础在国内法层面实施。税收协定是以双边和互惠为基础的,正如学者所说:"税收协定的缔结对双方都是有利的,不管是获得了收入或投资。"通俗地说,一份税收协定代表了两国间的一笔交易,其目的是避免双重征税和保护税基,而这笔交易的代价是对各自税收主权的一定限制与侵蚀。这种主权保留证明了国际税收争议解决机制中缺乏一种正式的、有约束力的争议解决程序,而一旦在税收协定的解释或适用中发生争议,则由各自的税务主管当局通过非强制性的相互协商程序去尽力解决。

而与国际税收体系相比,国际贸易体系是以多边主义和"硬法"为特征,由一个带有准司法性质的全球机构世界贸易组织来管理和执行。与国际税收体系的双边主义和经合组织的"软法"特质相比,世界贸易组织是一个已经拥有 160 个成员国、代表了 92%的世界人口和 95%的世界贸易的真正的全球性组织。尽管世界贸易组织也有它的缺点,但严格来说,它是一个非常成功的国际法律体制,约束成员国复杂的贸易义务,如市场准入和多边非歧视义务。而且世界贸易组织给成员国提供了一种正式的带有司法性的争端解决机制,它建立了上诉机构和授权报复制裁。这两种措施对那些实施模糊的与税收有关的贸易规则的成员国来说构成了威胁。

第二节　国际税收争议与国际投资争议解决的比较

一、宏观比较:国际税收与国际投资关联性分析

国际贸易领域由于有 WTO 一揽子规则,货物贸易、服务贸易、知识产权、金融等方面的协定,包括《政府采购协定》(简称 GPA)、争端解决,其体系是比较完整的。尽管 WTO 还在不断拓展和完善,但是总的制度框架基本上是定型的。而与贸易领域相比,投资领域恰恰就缺乏一种纲领性的、综合性的、全覆盖的国际规则。而现有的投资争议解决广受批评,因为没有上诉机制,仲裁庭的自由裁量权过大,所以不同的仲裁庭不能保持一致性。从争议解决的结果看,拉美国家败诉相当多。在投资争议中,比较普遍的是投资者声称东道国以一种歧视性的或武断的方式来征税,或者把税收作为一种间接征收的工具而且不给予赔偿。在这种投资争端中,税收的合法性就是有问题的。大多数的投资协定都规定了详细区别正常税收和不正常税收的规则。众所周知,税收的本质构成对财产的一种不自愿的征收,这也确实给投资者打开了起诉的方便之门。当然要准确区别哪些是正常的税收,哪些是不正常的税收并不容易。一般来说,正常税收的目的是政府获得收入,而不正常的税收则是通过损坏它的经济价值来强迫投资者放弃一个企业或者是给投资者的竞争者提供优惠税收待遇来获得竞争优势。在具体认定税收是否构成间接征收时还要结合争议税收措施的影响和投资者合法期待的落空以及争议税收措施与主要法系认可的税收是否一致等因素。在 20 世纪早期,在"Kugele v. Polish State"一案中,仲裁庭认为财税措施在本质上并不能构成征收。另外,许多投资协定中都规定,与税收有关的征收只有在首先提交给东道国和投资者母国的税收主管当局认定后才能向解决投资争端国际中心提起仲裁。例如,《能源宪章公约》第 21 条第 5 款规定:"投资者或声称征收的缔约方应当把税收是否构成征收或税收是否是歧视性的提交给相关的主管税务当局。"《北美自由贸易协定》也规定,主管税务当局有 6 个月的时间来鉴别而且要求共同行使提起仲裁的否决权。这也意味着,如果投资者母国的主管税务当

局否认税收的征收,那投资者就丧失了向解决投资争端国际中心提起仲裁的权利。而且在国家间签订双边投资协定时,普遍的做法是把与税收有关的事项交给缔约国的双边税收协定来处理或在投资协定中根本不做任何规定或把税收争议直接排除在外。例如,德国 2005 年的双边投资协定范本第 7.3 条规定,关于所得和财产的税收待遇应当优先适用德国和缔约对方已生效的双边税收协定。美国 2004 年的双边投资协定范本第 21.4 条规定,本投资协定的任何规定不应当影响任一缔约方在税收协定下的权利和义务。如果本协定的规定和税收协定不一致,以税收协定的规定为准。我国 1997 年的双边投资协定范本中没有规定税收的问题。孟加拉与比利时—卢森堡经济联盟间的投资条约规定,所有投资争议可以提交解决投资争端国际中心调解或仲裁,但有关税收争议除外。这些规定反映了税收争议的政治敏感性以及税收主管当局对私人主体和仲裁机构参与税收争议解决程序的排斥。

二、争议解决方法的比较:通过仲裁解决机制的比较

1966 年 10 月 14 日生效的《解决国家与他国国民间投资争端公约》(以下简称《华盛顿公约》)①为国际投资争端的解决提供了仲裁与调解两种方法,并为此设置解决投资争端国际中心(简称"中心"),作为解决国家与他国国民间投资争端的常设机构。有关国际投资争端解决的国际性商事仲裁主要分两种情形。除了专门解决国家与他国国民间投资争端的"中心"之外,还有一般的国际商事仲裁机构,可以解决不同国籍的私人当事方之间的商事争端,在相关条件符合时,也对国家与他国国民间的投资争端行使管辖权,比如国际商会国际仲裁院。为了体现国际税收争议仲裁机制的特点,下文将从几个方面对"中心"仲裁、ICC 国际仲裁院仲裁和国际税收争议仲裁进行比较研究。

(一)基本组织机构的比较

1. "中心"

根据《华盛顿公约》第 1 条所设立的"解决投资争端国际中心",其宗旨是依照《华盛顿公约》规定为各缔约国和其他缔约国国民之间发生的投资争端,提供调解和仲裁的便利,"中心"本身并不直接承担调解和仲裁工作。"中心"设有"行政理事会"和"秘书处"两个机构,并备有一份调解员名单和一份仲裁员名单。

"中心"行政理事会,由缔约国各派代表一人组成;如无相反任命,各缔约国派往国际复兴开发银行(IBRD)的董事为当然代表。IBRD 总裁则为行政理事会

---

① 我国于 1990 年 2 月 9 日签署了《华盛顿公约》,并在 1993 年 1 月 7 日递交了批准书。1993 年 2 月 6 日《华盛顿公约》对我国生效。

的当然主席。行政理事会有权选举秘书长与副秘书长。在"中心"仲裁事务方面,行政理事会有权通过提起仲裁的程序规则和仲裁的程序规则。在"中心"仲裁事务方面,秘书长享有非常重要的审查权。也就是说,根据《华盛顿公约》,任何缔约国或者缔约国国民希望在"中心"解决其争端,应当向秘书长提出书面请求,秘书长应予登记。但是,如果秘书长根据请求书中所包含的材料,发现该争端显然在"中心"的管辖权范围之外,他有权拒绝登记。除此之外,秘书长的有关职权还包括:①负责管理仲裁事务,接受当事人一方并向当事人对方送交有关的申述材料,向当事人双方通知有关仲裁事宜;②认证根据《华盛顿公约》所作的仲裁裁决并核证其副本等。

根据《华盛顿公约》规定,仲裁员名单由各缔约国和行政理事会主席指派的人员构成。每个缔约国可以向解决投资争端国际中心(ICSID)指派 4 人,他们可以是指派国的国民,也可以是非指派国国民。假如一个人被两个以上的缔约国,或者被一个以上的缔约国和行政理事会主席指派,则应认为他是被首先指派他的机构所指派的;但是,如果当中有他的国籍国,则应认为他是被该国所指派的。行政理事会主席有权向仲裁员名单指派 10 人,所指派的 10 名仲裁员应具有不同的国籍,并须适当注意保证世界上各主要法律体系和主要的经济活动方式在名单中都有代表。各缔约国和行政理事会主席所作的指派应通知"中心"秘书长,并从秘书长接到通知之日起生效。仲裁员名单所列成员的服务期限为 6 年,可以连任。如果发生名单所列成员的死亡或辞职情形时,指派该成员的机构有权指派另一人在该成员剩余的任期内服务,如属辞职情形,在继任人被指派前,名单成员应继续任职。针对具体案件组成仲裁庭时,当事方可以从仲裁员名单以外来任命仲裁员;行政理事会主席任命的仲裁员则限于仲裁员名单所列成员。

2. 国际商会国际仲裁院

国际商会国际仲裁院是附属于国际商会的一个常设仲裁机构。相比而言,"中心"是依据一项国际公约所设立,而国际商会国际仲裁院则是由一家民间的国际商事组织所设立。仲裁院的成员由国际商会理事会任命产生。根据《国际商会仲裁规则》仲裁院的职能是"以仲裁方式解决国际性的商事争议"。如果有当事人双方的仲裁协议授权,仲裁院也受理非国际性的商事争议。和"中心"一样,仲裁院本身并不亲自解决争端,它是通过指定或确认当事方所指定的仲裁员组成的仲裁庭来解决争议。仲裁院的职责是确保《国际商会仲裁规则》的适用,并制定《国际仲裁院内部规章》对仲裁院工作的保密性、仲裁院成员担任仲裁员的限制及其与国际商会国家委员会间的关系、仲裁院委员会的组成与运作、秘书处的工作等作出规定。仲裁院在一定条件下也可指定仲裁员。仲裁院关于仲裁员的指定、确认、回避或更换所作的决定是终局的,而且无须说明理由。仲裁院还有权确定仲裁费预付金。仲裁院另一项重要权力是"裁决核阅权"。根据《国际商会仲裁规则》,仲裁庭在签署裁决前应当将裁决书草案提交仲裁院,仲裁院可以就裁决形式提出修改,并在不影响仲裁庭裁决权的情况下,提醒仲裁庭注意裁决的实体问题。仲裁院未就裁决形式作出批准的,仲裁庭不得作出裁决。

国际仲裁院亦设有秘书处,以协助其工作。秘书处具体负责仲裁事务的管理工作。秘书长领导秘书处的工作,但对仲裁事务的管理则以秘书处的名义进行,而不是以其个人名义作出。

(二)管辖权的比较

通常而言,仲裁庭对某一案件行使管辖权的前提是,争端当事人双方之间存在一份有效的仲裁协议(或一项有效的仲裁条款)。仲裁协议是表明当事人双方同意将他们之间已经发生或者将来可能发生的争议提交仲裁解决的协议。仲裁协议内容常包括交付仲裁的争议、仲裁地点和仲裁机构、仲裁规则、准据法(实体法)等。可以说,仲裁协议是国际商事仲裁得以开展的基础。

就常设机构仲裁而言,其管辖权除了受制于仲裁协议外,还会受制于常设仲裁机构本身的性质。这种性质决定了,仲裁机构在受理案件时对争议的标的、适格当事人等会作出一些限制。

1. "中心"仲裁庭的管辖权

1)争端当事人的同意

《华盛顿公约》第 25 条第 1 款规定:"'中心'的管辖权适用于缔约国(或缔约国指派到'中心'的该国的任何下属单位或机构)和另一缔约国国民之间因投资而产生的任何法律争端,而该项争端经双方书面同意提交给'中心'。当双方表示同意后,不得单方面撤销其同意。"在这里,《华盛顿公约》采用了"书面同意"一语。这种措辞充分照顾了《华盛顿公约》所解决问题的特殊性。外国投资者与东道国政府将争端付诸 ICSID 仲裁的"同意",既可以同时、在同一文件中表达出来,如投资协议中此类仲裁条款和争端发生后东道国与外国投资者达成的此类仲裁协议;也可以不在同一时间、同一文件中表达出来。在后一种情形下,一般来讲,先有缔约东道国在其国内立法或其作为缔约方的双边投资协定等文件中单方表示出将有关争端诉诸 ICSID 仲裁的"同意",然后于争端发生之后外国投资者径行申请"中心"仲裁,这样便构成了当事人双方的"意思合致"。

根据《华盛顿公约》的序言,即使缔约国批准、接受或认可《华盛顿公约》,也不表明该缔约国已同意将任何特定的争端交付"中心"调解或仲裁。

无论是东道国的国内立法还是国际条约,都只能表达缔约方通过"中心"解决投资争议的同意,或者表明在缔约他方投资者同意"中心"仲裁的情形下,缔约方可将争议交付"中心"解决。但不能规定,在没有外国投资者同意的情形下,东道国可将投资争议交付"中心"解决。"中心"管辖权的行使,除须有东道国同意外,尚须有外国投资者的同意。并且,外国投资者的同意必须由自己表达,即便是国际条约的缔约方,也不能代其国民表示同意"中心"仲裁。

《华盛顿公约》第26条规定:"除非另有说明,双方同意根据本公约交付仲裁,应视为同意排除任何其他补救办法……"

从"中心"实践来看,当事方如无相反说明,则同意"中心"仲裁至少排除了以下几类"其他救济":

(1)当地救济,主要是国内法院诉讼。比如在LETCO诉利比里亚案中,申请方提起"中心"仲裁后,被申请方不但不参加,反而在其本国法院对申请方提起诉讼。"中心"仲裁庭认为政府方的行为是规避"中心"仲裁的恶意行为。

(2)其他非"中心"仲裁。同意"中心"仲裁,就不得再寻求其他仲裁来解决争议,这既是为了避免出现相互矛盾的裁定,也是"一事不再理"原则的要求。在MINE诉几内亚案和SPP(ME)诉埃及案中,"中心"仲裁同意的确定实际上就否定了ICC受理案件行为的合法性。

(3)申请承认与执行非"中心"裁决。在MINE诉几内亚案中,申请方取得AAA胜诉裁决后便向美国、比利时、瑞士等国法院请求强制执行。"中心"受理该案后,应几内亚政府请求,裁定禁止申请方的上述行为。

(4)请求国内法院采取临时措施。这种行为是否属于寻求其他救济,学者观点和"中心"实践都曾出现分歧。1984年"中心"颁布了《仲裁程序规则》,第39条第5款明确规定,除非当事方作相反约定,否则"中心"对临时措施享有排他管辖权。

(5)请求母国进行外交保护或提出国际请求。《华盛顿公约》第27条关于限制进行外交保护或提出国际请求的规定是针对投资者母国的。作为投资者,因受《华盛顿公约》第26条的限制,也不得请求其母国进行外交保护或提出国际请求。如果外国投资者逾越了这一限制,仲裁庭可依《华盛顿公约》第47条自行或应东道国请求,建议通过临时措施加以制止。

2)争端性质适格

"中心"是解决国际投资争端的专业机构,它所解决的争端仅限于"直接因投资所引起的法律争端"。《华盛顿公约》没有对"投资"一词作出界定。无论是从"中心"仲裁实践中所处理的案件来看,还是从现代双边投资条约有关"投资"定义来看,这种做法比较明智。交付仲裁的争端必须是"法律争端",这是国际商事仲裁和国际仲裁的普遍要求。

3)争端主体适格

根据《华盛顿公约》第25条,作为争端一方的缔约国,既可以是东道国本身,也可以是它指派到"中心"的任何下属单位或机构,但下属单位或机构表示的同意,必须经其所属缔约国批准,除非该国已通知"中心"无需批准。《华盛顿公约》立法史以及学者解释表明,"下属单位或机构"这一用语是指缔约国的政治组成单位、公共实体,甚至包括政府控制的公司。

作为争端另一方的外国投资者的适格问题,分两种情形。如果外国投资者是自然人,则须符合两项要件:①在同意将争端交付仲裁之日以及在登记仲裁请求之日,具有作为争端一方的国家以外的某一缔约国国籍;②不得在前述任一日期也具有作为争端一方的缔约国国籍。在"中心"仲裁实践中争论最多的,则是法人作为外国投资者的适格问题。《华盛顿公约》第25条第2款第2项规定:"在争端双方同意将争端交付调解或仲裁之日,具有作为争端一方的国家以外的某一缔约国国籍的任何法人,以及在上述日期也具有争端当事国的缔约国国籍的法人,而该法人因受外国控制,双方同意为了本公约的目的,应看作是另一缔约国国民。"

4)"中心"管辖权的确定

(1)秘书长的审查。国际投资争议当事方将案件提交"中心"仲裁的请求,必须先经过"中心"秘书长的审查登记。因此,在"中心"机制下,仲裁请求并不能直接导致仲裁庭的成立与仲裁程序的开始运作。之所以赋予秘书长此项审查权,一方面是避免造成"中心"程序的不必要运作,另一方面是为了消除发展中缔约国的疑虑。

为了避免"中心"管辖权确立程序过于繁复,秘书长对调解或仲裁请求的否定性审查结果而具有终局性效力。因此,如果秘书长拒绝登记一项仲裁或调解请求,该案就无法通过"中心"程序解决。当然,秘书长的审查标准有客观要求,即只有争议"明显在'中心'管辖权范围之外",秘书长才可拒绝登记调解或仲裁该案的请求。秘书长审查并登记了仲裁请求,并不表明"中心"对该案管辖权的最终确立。当事方仍可就管辖权问题提出异议。在此后的仲裁程序中,仲裁庭就管辖权问题所作的裁定,才是终局的。

(2)仲裁庭对管辖权问题的裁定。仲裁庭对当事方提出的管辖权异议,必须加以审查。这是仲裁庭应承担的一项义务。根据《华盛顿公约》第48条第3款,仲裁庭的裁决应处理提交仲裁的每一个问题,并说明所依据的理由。另外,仲裁庭还可主动审查管辖权问题。在当事方未提异议的情况下,仲裁庭不审查存在问题的管辖权,可能导致其裁决被申请撤销。管辖权异议一般由被申请方提出,但是在被申请方提出反请求的情况下,申请方也可以就反请求提出管辖权异议。

在当事方提出异议的情形下,仲裁庭如维持其管辖权的裁定,一般通过决定的形式作出;否认其管辖权的裁定,一般以裁决的名义作出。如果对管辖权成立与否的判断要经由事实认定或证据审查等复杂情形,则有关裁定可并入实体裁决之中。仲裁庭是其自身权限的决定者,它所作的管辖权裁定是终局的,国际法院无权审查,国内法院也应避免行使与之冲突的管辖权。但是,根据《华盛顿公约》第 52(1)(b)条,如果仲裁庭明显越权,当事方可据以申请撤销裁决。

2. ICC 国际仲裁院的管辖权

国际商会(ICC)仲裁庭管辖权的行使,是以明确、有效的仲裁协议(或条款)为基础的。仲裁协议(或条款)含糊不清,会导致当事方的仲裁意愿落空,或者至少会让当事方在仲裁庭管辖权问题上耗时费力。

旧的《国际商会仲裁规则》仅规定"以仲裁方式解决国际商事争议",1998 年的《国际商会仲裁规则》明确了仲裁院对"非国际性商事争议"也有管辖权。各国出于公共利益的考虑,曾规定许多争议不得通过仲裁解决而划归国内法院或指定当局的"自留地"。但这些年来,国际商事仲裁也在扩大其对争议事项的管辖范围。《国际商会仲裁规则》第 35 条规定:"……仲裁院和仲裁庭……并尽力保证裁决能依法强制执行。"基于此项考虑,ICC 仲裁庭在受理争议时,仍会结合仲裁地法、裁决执行地法、实体争议准据法国家的其他强行法等来审查争议的可仲裁性(arbitrability)。

同"中心"仲裁庭管辖权的确立一样,ICC 仲裁庭管辖权的确立,亦需经过两个阶段。第一阶段是仲裁院的审查权,即仲裁院对仲裁协议的存在从表面上不能肯定时,应通知当事人仲裁程序不能进行。但这种审查不同于"中心"秘书长的审查,后者是自动的,而前者须以被申请人未提交答辩,或者任何一方就仲裁协议的存在、有效性或范围提出抗辩为前提;并且,后者审查的是争端是否明显超出"中心"管辖范围,而前者审查的是仲裁协议表面上存在与否。在仲裁院从表面上确认仲裁协议存在之后,如果仍有异议,则由仲裁庭自行对其管辖权作出决定。

有的学者认为,由于 ICC 仲裁庭擅长于解决国际商事争议,作为当事方的国家仅愿意把"纯商事"争议,即涉及私法上的权利义务的合同争议交付 ICC 仲裁。涉及公共当局的 ICC 仲裁案在 20 世纪 60 年代陡增,国家参与 ICC 仲裁在 70 年代和 80 年代也有相当数量。这些案件的大多数均属上述"纯商事"争议。

与 ICSID 仲裁规则的不同之处在于,ICC 仲裁规则不要求当事方对仲裁庭管辖权的异议在特定时间内提出。ICSID 仲裁规则第 41(1)条规定,如果当事方认为争端或附带请求不属于"中心"管辖权范围,或者其他主张不属于仲裁庭职权范围,它应尽早提出。当事方应在确定提交答辩书期限界满之前向秘书长提出异议;在异议涉及附带请求时,则应在提交答辩书期限内提出。但异议所根据的事实在此时尚不为当事方所知者除外。

（三）仲裁员选任与资格的比较

1. ICSID 仲裁庭仲裁员的选任与资格

ICSID 仲裁庭应由争端当事人双方同意任命的独任仲裁员或任何非偶数的仲裁员组成。如果双方对仲裁员的人数和任命的方法达不成协议，仲裁庭则应由三名仲裁员组成，每一方各任命一名仲裁员，第三名由双方协议任命并担任仲裁庭首席仲裁员。当事方任命仲裁员，可以从"中心"备有的仲裁员名单中任命，也可以任命该名单以外的人。《华盛顿公约》第39条规定："大多数仲裁员不得为争端一方的缔约国国民和其国民是争端一方的缔约国的国民；但如唯一的仲裁员或仲裁庭的每一成员是经双方协议任命的，则不适用本条的上述规定。"另外《华盛顿公约》也不禁止仲裁庭成员数人或全部具有同一国籍，只要不违背前述规定即可。

如果在秘书长发出关于仲裁请求已予登记的通知后90天以内，或者在当事人双方可能同意的其他期限内未能组成仲裁庭，"中心"行政理事会主席经任何一方请求，并尽可能同双方磋商后，主席应从"中心"仲裁员名单中任命仲裁员，并且其所任命的仲裁员不得是作为争端一方的缔约国的国民或其国民是争端一方的缔约国的国民。

仲裁员不论怎样产生，都必须具有高尚的道德品质，并且在法律、商务、工业或金融方面有公认的资格，可被信赖，有独立的判断能力。他们在法律方面的资格尤为重要。

2. ICC 仲裁庭仲裁员的选任与资格

ICC 仲裁庭应由一名独任仲裁员或三名仲裁员组成。如果当事人约定将争议交付独任仲裁员解决，该仲裁员应由双方协议选定。在仲裁规则规定的期限内达不成协议时，则由国际仲裁院指定。如果当事人约定将争议交付三人仲裁庭解决，则由当事方各选定一名，一方不能选定仲裁员，由仲裁院指定。担任仲裁庭首席仲裁员的第三名仲裁员应当由仲裁院指定，但当事方另有约定的除外。如果当事人没有约定仲裁员人数，则应由仲裁院指定一名独任仲裁员，除非仲裁院认为争议需要指定三名仲裁员。ICC 新仲裁规则还增加了多方当事人仲裁时仲裁员的选任规定。也就是说，在提交争议给这三名仲裁员时，多方申请人和多方被申请人均应共同选定一名仲裁员。如果没有选定，并且所有当事人就仲裁庭的组成方式不能达成协议，在这种情况下，仲裁院可以指定仲裁庭的每一位成员并任命其中一人担任首席仲裁员。仲裁院为不选定仲裁员的一方当事人指定仲裁员，应根据该当事人所属国的国家委员会的建议作出指定。仲裁院在指定仲裁庭的独任仲裁员或首席仲裁员时，应根据它认为合适的国家委员会的建议作出指定。仲裁院若认为情况需要,还可以从无国家委员会的国家中指定独任仲裁员或首席仲裁员,除非当事人在仲裁院确定的期限内提出异议。

当事人选定的仲裁员,应报仲裁院确认。仲裁院在确认或指定仲裁员时应考虑已被提名的仲裁员的国籍、住所及同当事人或其他仲裁员所属国家的其他关系,以及已被指定的仲裁员是否有时间和能力进行仲裁。可以看出,仲裁院在仲裁员的选任方面,发挥了较大的作用。ICC 的国家委员会,亦对仲裁员的选任有一定影响。

1988 年的《国际商会仲裁规则》要求"每个仲裁员必须独立于仲裁当事人"。为确保这种"独立性",《国际商会仲裁规则》第 7 条第 2 款规定:"在指定或确认之前,已被指定的仲裁员应签署一份独立声明并以书面向秘书处披露任何可能引起当事人对仲裁员的独立性产生疑问的事实或情形。秘书处应以书面形式将该情况告诉当事人并给当事人确定一个提出意见的期限。"只要仲裁员缺乏独立性,就构成当事方请求其回避的充分理由。在 ICC 仲裁实践中,三人仲裁庭运用较多。并且,有些案件的当事方在其仲裁条款中规定首席仲裁员应当"具有高度修养并接受过律师训练""应是一名瑞士的职业法官"等要求。

(四)法律适用的比较

国际商事仲裁争端解决机制"非本地化"的一个重要方面就是各仲裁机构都制订有自己的仲裁规则。尽管如此,当事方之间的合意仍具有一定程度的效力。《华盛顿公约》第 44 条规定:"任何仲裁程序应依照本节规定,以及除双方另有协议外,依照双方同意提交仲裁之日有效的仲裁规则进行。如发生任何本节或仲裁规则或双方同意的规则未作规定的程序问题,则该问题应由仲裁庭决定。"《国际商会仲裁规则》第 15 条第 1 款规定:"仲裁庭进行仲裁的程序应遵循本规则。本规则没有规定的,则应遵循当事方约定的或在当事人没有约定时则由仲裁庭确定在此情况下是否要援引仲裁所适用的某一国内法中的程序规则。"

在解决争议所适用的实体法问题上,分述如下。

1. ICSID 仲裁中准据法的适用

在准据法的确定上,ICSID 仲裁机制充分尊重当事人双方的意愿,允许他们协议选择解决实体争议的法律规范。《华盛顿公约》第 42 条第 1 款规定:"仲裁庭应依据当事人双方协议的法律规范裁决争端。如无此种协议,仲裁庭应适用作为争端当事国的缔约国的法律(包括它的冲突规范)以及可以适用的国际法规范。"这一规定表明《华盛顿公约》在法律适用方面把当事人意思自治原则作为首要原则。如果当事方未就准据法达成协议,即可适用东道国法律和国际法规范。

对仲裁庭在法律适用上的特别授权,成为《华盛顿公约》的一大亮点。因为按照目前大多数仲裁规则的规定,如果当事人之间无准据法的协议时,仲裁庭将自己选择适当的冲突规范来决定准据法。《华盛顿公约》一方面提供了适用东道国法律的可能性,反映了发展中国家的观点,另一方面也提供了适用国际法的可能性,对私人投资者是一种鼓励,可以平衡两种利益。此外仲裁庭还可依公平与正义原则裁断争端,但前提是须有当事方的同意。如果没有这种同意,仲裁庭则不得进行"友谊仲裁"(Amiable Arbitration)。

2. ICC 仲裁中准据法的适用

从 ICC 仲裁实践来看,仲裁庭在适用法律方面一向是比较审慎的。如果当事人没有约定准据法,仲裁庭经常会根据"最密切联系原则"等国际私法规则的指引,或者依据 1955 年《关于国际货物销售法律适用的海牙公约》、1980 年《关于合同义务准据法的罗马公约》等,选择适用某一国内法。即使当事人同意仲裁庭进行友好调解或依公平与正义处理纠纷,仲裁庭也往往选用当事人所在国的国内法,并考虑合同条款或有关的商业惯例。ICC 仲裁之所以这样做,是为了增强准据法的确定性和可预见性,以保证其裁决的可接受性和强制执行效力。《国际商会仲裁规则》第 17 条"法律适用规则"规定:①当事人应自由约定由仲裁庭适用于案件实体争议的法律规范。在无此约定时,仲裁庭应适用其认为适当的法律规范;②在任何情况下,仲裁庭均应考虑合同规定和有关的贸易惯例;③只有当事人协议给予仲裁庭以友好调解之权力或以公平合理原则处断争议时,仲裁庭才有此权力。由此可见,在准据法的确定方面,ICC 仲裁与 ICSID 仲裁的最大区别是:在当事方没有约定准据法的情况下,前者仲裁庭根据其认为合适的冲突法规则确定适用法律,而后者仲裁庭则确定地适用东道国法律和国际法规范。正如有学者认为,与 1988 年的《国际商会仲裁规则》相比,新规则在适用法律方面给予当事方和仲裁庭以更多的自由。

(五)仲裁监督机制的比较

广义上讲,仲裁监督机制包括裁决的解释、修改和撤销。《华盛顿公约》第 50 条、第 51 条,《国际商会仲裁规则》第 29 条都明确规定,裁决的解释权、修改权一般由仲裁庭行使。裁决的撤销权,在"中心"仲裁中,由"中心"行政理事会主席从仲裁员名单上指定三人组成的专门委员会行使;而 ICC 仲裁裁决的撤销权,则是由仲裁地国家的法院行使。下面主要讨论裁决的撤销问题。

1. ICSID 仲裁的监督机制

《华盛顿公约》第 52 条第 1 款规定,任何一方可以根据下列一个或几个理由,向秘书长提出书面申请,要求撤销裁决:①仲裁庭的组成不适当;②仲裁庭显然超越其权力;③仲裁庭的成员有受贿行为;④有严重的背离基本程序规则的情况;⑤裁决未陈述其所依据的理由。上述规定表明,ICSID 仲裁机制实行的是内部监督。在一般国际商事仲裁中,裁决的终局监督,外化于机制本身。也就是说,机制内部不设置裁决撤销程序。这种机制下的裁决,有可能被仲裁地法院予以撤销。

迄今为止,"中心"共进行过三次撤销程序,即克劳科纳诉喀麦隆案、阿莫科诉印尼案、国际海运代理公司(MINE)诉几内亚案的第一次裁决分别被专门委员会撤销。在这三次撤销程序中,申请人基本上都是基于仲裁庭明显越权、严重背离根本的程序规则和裁决没有陈述其所根据的理由这三点原因。

2. ICC 仲裁的监督机制

在 ICC 仲裁机制中,没有设置裁决撤销程序。如果当事方对裁决有异议,可以依仲裁地仲裁法在当地法庭申请撤销裁决,在不适用仲裁地仲裁法的情形下,也可以申请准据法国家的有关机关撤销裁决。

各国国内法有的罗列了较多的据以撤销裁决的理由,甚至区别国内裁决与涉外裁决而作出两套规定。例如,《中华人民共和国仲裁法》关于撤销国内裁决的第 58 条分别从当事人有无仲裁的合意、仲裁机构有无管辖权、仲裁程序的合法性等六个方面规定了人民法院有权撤销裁决的理由。对于涉外仲裁裁决的撤销,则适用《中华人民共和国仲裁法》第 70 条规定的撤销裁决的理由。①

(六)仲裁裁决的承认与执行的比较

1. ICSID 仲裁裁决的承认与执行

1)裁决对争议当事方的效力

《华盛顿公约》关于"中心"仲裁庭所作的裁决,对当事方的效力主要由第 53 条予以规定。根据《华盛顿公约》的规定,第一,裁决对当事人双方具有约束力,当事方不得对裁决进行任何上诉。当然,当事方可以请求对裁决进行解释、修改或取消的救济。第二,当事方应遵守和履行裁决的规定,善意执行裁决,除非发生《华盛顿公约》所允许的停止执行裁决的情形。裁决对于作为争议当事方的缔约国的法律拘束力,具有两个层次的强制性保证。第一层次的保证,是通过裁决的承认与执行来实现。第二层次的保证,则是违反《华盛顿公约》的法

---

① 《中华人民共和国仲裁法》第 58 条规定:"当事人提出证据证明有下列情形之一的,可以向仲裁委员会所在地的中级人民法院申请撤销裁决:(一)没有仲裁协议的;(二)裁决的事项不属于仲裁协议的范围或者仲裁委员会无权仲裁的;(三)仲裁庭的组成或者仲裁的程序违反法定程序的;(四)裁决所根据的证据是伪造的;(五)对方当事人隐瞒了足以影响公正裁决的证据的;(六)仲裁员在仲裁该案时有索贿受贿、徇私舞弊、枉法裁决行为的。人民法院经组成合议庭审查核实裁决有前款规定情形之一的,应当裁定撤销。人民法院认定该裁决违背社会公共利益的,应当裁定撤销。"

律后果。这种法律后果主要有两项:一是《华盛顿公约》不再禁止外国投资者母国给予其国民外交保护或向东道国提出国际请求;二是投资者母国可依《华盛顿公约》第64条将其与东道国之间就《华盛顿公约》的适用产生的争议提交国际法院。

2) 缔约国承认与执行裁决的《华盛顿公约》义务

《华盛顿公约》第54条规定,缔约国将ICSID仲裁裁决视同其国内法院的终局判决,承认裁决的拘束力并在其领土内履行裁决课予的金钱义务。《华盛顿公约》还简化了请求承认与执行裁决的程序,规定请求方只须向被请求国的指定主管法院或其他机构提供一份经"中心"秘书长核证无误的裁决书副本即可,该缔约国就应当予以承认或执行。

《华盛顿公约》规定,缔约国执行的裁决仅限于金钱义务裁决。而将其他种类的裁决排除在外,一方面是因为在这些裁决的可执行问题上,各国立法存在差异;另一方面是因为这些裁决的执行可能更容易触及公共秩序问题。而金钱义务裁决的可强制执行则具有普遍性。

《华盛顿公约》规定,裁决的承认不涉及国家执行豁免问题。各缔约国均有义务承认"中心"仲裁庭作出的裁决,从而表明该裁决的可执行性(enforceability)。相对而言,请求执行方为东道国的情形下,该裁决最终是否会在执行地国得到强制执行(forced execution),尚取决于该国对国家主权豁免的态度。因为《华盛顿公约》的规定不减损"任何缔约国现行的关于豁免对该国或任何外国予以执行的法律"。

根据《华盛顿公约》,各缔约国应将"中心"裁决视同本国法院的终局判决,这就排除了执行地国法院(或相关机构)对"中心"裁决的实质或程序性审查之权。

2. ICC仲裁裁决的承认与执行

1998年的《国际商会仲裁规则》第28条第6款规定:"裁决书均应对当事人有约束力。当事人将争议提交仲裁时应承担立即执行任何裁决的义务,并视为放弃可以有效放弃的任何其他形式的上诉权利。"这一规定仅部分地说明了ICC裁决的可执行性。ICC仲裁是一般国际商事仲裁,这一属性决定了ICC仲裁庭裁决必然要接受执行地国国内法院的审查,其结果可能导致裁决的撤销、不予承认与执行,即使裁决被执行地国法院所承认,也同样会受国家主权豁免的制约(如果败诉方是国家的话)。

在国际司法协助中,裁决的承认与执行可依互惠原则、双边协定和多边条约来进行。在多边条约中,影响较大的是1958年《承认与执行外国仲裁裁决公约》(以下简称《纽约公约》)。《纽约公约》第5条分别规定了执行地国国内法院应被申请人的请求和自行决定拒绝承认与执行 ICC 裁决的两种情形。①

《纽约公约》不仅适用于"被请求承认与执行地所在国以外之国家领土内所作的裁决",而且对于"仲裁裁决经被请求承认与执行地所在国认为非国内裁决者,亦可适用。"

（七）小结

ICSID、ICC 和国际税收争议都可以以仲裁方式解决一国与他国国民之间、国民和国家之间所发生的投资和税收争端。三者的仲裁机制,都试图通过仲裁程序规则的非当地化(delocalization)甚至实体法的非当地化来尽力塑造中立形象,特别是树立私人主体对仲裁机制的信心。在仲裁程序规则上,"中心"制定了自己的仲裁规则。ICC 也有仲裁规则并随实践需要不断加以修订,经合组织以《范本》第 25 条第 5 款及其注释形成一份基本程序规则。在实体法上,ICSID 仲裁庭则常常适用国际法或一般法律原则,将东道国国内法置于次要地位。尽管如此,上述三个仲裁机制的区别也是很明显的:

第一,"中心"仲裁是《华盛顿公约》的产物。无论是东道国还是投资者母国,在当事方同意"中心"仲裁之后便承担了许多条约义务。比如,作为当事方的东道国,不得单方撤销其"同意",承认"中心"裁决的拘束力与可执行性等;投资者母国则不得就同一争议进行外交保护或提出国际请求等。传统国际商事仲裁是民间性的,在传统国际商事仲裁中,这些义务并不必然是国际义务。国际税收争议解决机制与"中心"仲裁一样,是条约的产物,但对缔约国没有明确规定必须采用仲裁解决的义务,事实上由缔约国自主决定。

第二,ICSID 仲裁和 ICC 仲裁都属于常设机构仲裁(institutional

---

① 《纽约公约》第 5 条:该项裁决:

"1. 被请求承认与执行外国仲裁裁决的国家主管机关,可根据被申请人的请求拒绝承认与执行该项裁决,但须被申请人证明有下述情形之一存在:

(1) 根据准据法,仲裁协议的当事人无行为能力;或者,该仲裁协议按照当事人所选择的准据法为无效,如未指明该准据法,按照裁决作出地的法律为无效。

(2) 被申请人未接到指派仲裁员或进行仲裁程序的适当通知,或者由于其他情况未能对案件提出申辩。

(3) 裁决所涉及的争议,不是当事人提交的仲裁协议范围内的事项,或者裁决包含有协议外的事项;但如果提交仲裁的事项可以与未提交仲裁的事项区别开来时,裁决中关于提交仲裁事项的部分应予承认与执行。

(4) 仲裁庭的组成或者仲裁程序与当事人之间的仲裁协议不符;如无此项协议,与仲裁地国的法律不符。

(5) 裁决对当事人尚无拘束力,或者已由伸出裁决的国家或依其法律作出裁决的国家的主管机关撤销或停止执行。

2. 请求承认与执行仲裁裁决的国家的主管机关认定有下列情形之一,也可拒绝承认与执行该裁决:

(1) 争议事项依该国法律不能通过仲裁方式解决。

(2) 承认与执行该外国裁决与该国的公共政策相抵触。"

arbitration），国际税收争议仲裁则属于临时仲裁或专门仲裁（ad hoc arbitration）。依《华盛顿公约》设立的"中心"是常设机构，对"中心"的仲裁事务进行管理，制定有自己的仲裁规则，并备有仲裁员名单供争端当事方选择。ICC仲裁则由国际商会国际仲裁院负责管理。尽管国际仲裁院没有常备仲裁员名单，但是ICC国家委员会的推荐为ICC仲裁提供了固定渠道。国际税收争议仲裁从本质上讲，还是临时仲裁，只负责处理由于纳税人与税收协定缔约国因双重征税引发的争议。在解决完这些争议后，仲裁庭也就不复存在了。

第三，如前所述，在"中心"仲裁中，当事方如果对仲裁协议或对"中心"仲裁庭的管辖权有异议，除向该案仲裁庭提出以外，只能向由"中心"行政理事会主席任命的三人特设委员会（ad hoc committee）提出，国内法院对此项异议无管辖权。"中心"特设委员会的功能是对实体裁决（award）进行监督。一般而言，当事方对仲裁协议或对"中心"仲裁庭的管辖权有异议的，应先向该案仲裁庭提出，如果仲裁庭认定其对案件无管辖权，则以裁决的名义作出。在这种情况下，当事方如果仍有异议，则可向特设委员会寻求救济。相反，在仲裁庭确认其对案件的管辖权的情况下，如果当事方不服此项裁定（decision），则可以在实体裁决作出后，提请特设委员会撤销该裁决。换言之，此时当事方不得单独就仲裁庭的管辖权裁定向特设委员会寻求救济，只能耐心等待实体裁决的作出，从而使得这项救济只能以裁决后（post-award）救济的形式出现。总之，"中心"仲裁庭的管辖权问题，可以并且只能通过"中心"机制自身来解决，而且就特设委员会对管辖权的先行确定而言，它发挥的是积极的支持作用。在传统的国际商事仲裁中，当事人如果对仲裁协议的有效性持有异议，可以就此在仲裁的任何阶段以及裁决的执行阶段向法院提起诉讼。如果受诉法院确认仲裁协议有效，则可应一方当事人的申请，裁定将案件交付仲裁；如果受诉法院确认仲裁协议无效，则此项认定足以阻止仲裁庭对案件的受理或继续审理以及裁决的执行。在国际税收争议仲裁中，管辖权问题由仲裁庭决定。

第四，ICSID仲裁和ICC仲裁属于国际商事仲裁，即跨国仲裁（transnational arbitration）。所谓国际商事仲裁，是指位于不同国家之间的公民、法人（有时也可能是国家），把他们在对外经济贸易中所发生的争议，以书面协议的形式，自愿交给第三者进行评断和裁决。在流行的教科书中，在"国际商事仲裁"部分都会讲到ICSID仲裁和ICC仲裁。在这两种仲裁程序中，争端当事人双方对仲裁庭的组成、仲裁规则的选用、准据法的确定都起着决定性作用，争端当事人双方是仲裁程序的主体。而对于国际税收争议仲裁的性质，则有争议。它类似于跨国仲裁，因为它同ICSID仲裁、ICC仲裁一样，都解决国家和私人之间的争端。而它也类似于国际仲裁（international arbitration）。所谓国际仲裁，是指用仲裁的方法解决国家之间的争端。也就是说,争端双方当事人都是国家。实际上,国际税收争议仲裁可以说是跨国仲裁(国际商事仲裁)、特设仲裁、国际仲裁与法院诉讼的"混合品种"。在国际税收争议仲裁机制中,仲裁庭由税收协定两缔约国所组建,仲裁员也是由两国政府确定,且不得由争端当事方更改。当事人意思自治原则在此几无任何意义。可以看出,纳税人在税收协定下的仲裁程序中并不具有当事人的地位,仅被赋予有限的参与权。

第五,从受案范围来看,ICSID 仲裁庭专门解决《华盛顿公约》缔约国与缔约他国国民之间的投资争端,其专业性强,因此近年来其受理的国际投资争端案数量呈上升趋势。[①] 而 ICC 仲裁庭处理的案件绝大多数为一般商事争议,所处断的国际投资争端案寥寥无几。而国际税收争议仲裁主要处理纳税人和征税国因双重征税或对税收协定适用和解释而产生的争议,在欧盟则主要解决因转让定价而产生的税收争议。

第六,仲裁程序各有特点。ICC 仲裁属一般国际商事仲裁,ICSID 仲裁程序比前者多出一个撤销程序。这一程序使得"中心"仲裁庭裁决在"中心"机制内有一次纠错机会。另外《华盛顿公约》还对缔约国课以执行"中心"金钱义务裁决的义务。因此,人们称 ICSID 仲裁程序是"自治的"或"自给自足"的(self-contained)。国际税收争议的仲裁机制,是税收协定中相互协商程序的延伸,未规定仲裁的监督机制。

三、国际税收争议解决能否借鉴或纳入 ICSID 争端解决机制的分析

投资协定中税收争议能否向"中心"提起仲裁的问题关乎外国投资者和东道国之间竞争利益的平衡。如果投资者对通常的税收措施也可以依据投资协定向"中心"提起仲裁,那么有可能会产生投资者的滥诉。当然,如果东道国是以税收的外衣歧视了投资者,那也没有任何正当理由来否认投资者向"中心"寻求救济的权利。如前所述,对目前的 ICSID 争端解决机制,美国并不满意。美国在已往签订的投资协定中考虑了设立上诉机制,所以未来针对现有的投资争端解决的完善是一个值得广泛深入讨论的问题,包括在目前正在进行的中美投资谈判中也可以将未来投资争端解决机制该如何完善和发展列为谈判事项。这是因为现在双方都是双向投资大国,双方有共同的利益基础。

当前我国的经济发展进入了新常态。带动中国经济发展的三架马车——贸

---

① 2015 年 2 月 19 日,联合国贸发会(UNCTAD)发布的《国际投资协定与投资者-东道国争端解决最新趋势》报告中指出,截至 2014 年底,ICSID 共处理争端案件 356 件,其中 37%(132 件)的案件裁决有利于东道国,25%(87 件)的案件裁决有利于外国投资者,28%(101 件)的案件以和解解决。详见 http://unctad.org/en/PublicationsLibrary/webdiaepcb2015d1_en.pdf, p1、8,浏览时间 2015 年 3 月 4 日。

易、投资、消费这三者中,贸易的红利随着国外市场的凋敝对经济的拉动作用逐渐减小。而在一定程度上,贸易发展不好,投资发展不好,就很难带动消费。我国在贸易方面进行了体制再造,而在投资领域的改革相对滞后。现在我们投资领域市场机制亟待完善,很多市场上、经济上呈现出的问题都是投资领域没有进行深度改革造成的。国际税收争议和国际投资争议有交叉的地方,但从投资争端解决的实践看,两者都会涉及国家的财税主权和司法主权这些敏感问题,这也给两者的互动造成很大障碍。随着多边贸易体制的触角逐渐延伸到贸易以外的领域,国际税收争议问题纳入多边贸易体制或者多边投资体制的构想也并非不可能,但从经合组织多边投资协定的流产经验可知,要把比投资更敏感、各国国内制度差异更大的税收争议问题纳入 ICSID 争端解决机制来解决恐怕更为不易。这也就解释了实践中许多投资协定纷纷把税收争议排除在"中心"管辖之外的原因。

四、小结

综上所述,通过对国际税收争议和国际投资争议解决机制中仲裁解决方法的详细比较,可简要归纳如下:第一,根据《华盛顿公约》第 26 条规定:"除非另有说明,双方同意根据本公约交付仲裁,应视为同意排除任何其他补救办法……"。而且东道国往往要求外国的私人投资者以用尽当地救济作为同意向解决投资争端国际中心提起仲裁的条件。如前所述,作为税收争议的纳税人,无论是依据相互协商程序或是税收协定中的仲裁并不必然排斥国内的法律救济方法。第二,私人投资者在向解决投资争端国际中心提起的仲裁程序中,是以当事人的地位存在的,而纳税人在税收协定下的仲裁程序中并不具有当事人的地位,仅被赋予有限的参与权。

投资协定仲裁的特征之一就是保密性原则或非公开性原则。另一个特征是非经仲裁双方的同意任何第三方都无权介入仲裁程序中。但解决投资争端国际中心在 2006 年对其仲裁规则修改时作出了改变,仲裁庭可以接受非争端双方的第三方的意见。美国 2004 年版双边投资协定范本第 28 条第 3 款也明确规定:仲裁庭有权接受并考虑作为"法庭之友"的非争端方的一个自然人或企业向其提交的意见。尽管在 NAFTA、许多双边投资协定,甚至 WTO 的仲裁解决程序中,都出现了一个明显的趋势,即仲裁庭许可争议解决过程中出现"公众参与"(public participation)。当然,这种趋势也不是被普遍接受的。例如,国际法院就不接受在争议解决过程中非争端方的意见。

第五章 "一带一路"倡议下中国国际税收争议解决的对策与完善

第一节 中国国际税收争议解决的现状与不足

一、国际税收争议解决的国内方法:行政复议和行政诉讼

税收法律救济是保障纳税人合法权益的重要途径。当前,我国正处于改革发展的关键时期,税务机关和纳税人之间各种涉税矛盾特别是行政争议急剧增加、不稳定不确定因素日益增多,这就要求税务机关不断完善税收法律救济机制,努力做好税务行政复议和税务行政应诉工作,有效、及时地解决税务行政争议,维护纳税人的合法权益,促进税务机关依法行使职权,有效规范执法行为,不断提高执法水平。从 2008 年开始,国家税务总局委托第三方机构在全国范围内独立开展纳税人满意度调查。

税务行政复议和税务行政诉讼是我国解决税务行政争议的法定救济途径。公民、法人和其他组织认为税务机关的具体行政行为侵犯其合法权益,可向税务行政复议机关申请行政复议。我国的《税务行政复议规则》经历了多次重大修订。2006 年,各地税务机关按照国家税务总局部署,对 1994—2005 年全国税务行政复议、诉讼工作情况进行全面调查统计,收集掌握大量基础性资料,形成58 份统计报表和全国税务行政复议应诉案件专题调查分析报告。在此基础上,2007 年 3 月,国家税务总局根据中共中央办公厅、国务院办公厅《关于预防和化解行政争议健全行政争议解决机制的意见》制定下发《关于全面加强税务行政复议工作的意见》,为更好地开展工作奠定了良好基础。

2010 年 4 月,为使税务行政复议制度更加符合依法行政要求,更加契合税收工作实际,国家税务总局再次修订《税务行政复议规则》,并以国家税务总局第 21 号令公布实施。经过修订,新规则调整了复议职能的定位,完善了复议的基本原则,同时补充了和解与调解制度、证据制度以及审理制度等,逐步建立比

较健全的税务行政复议运行机制。

由于税务行政争议范围广、数量多、专业性强,大量税务行政争议由税务机关以行政复议方式解决。我国税务行政复议管辖的基本制度原则上实行由上一级税务机关管辖的一级复议制度。近年来,税务行政复议案件数量持续递增。据不完全统计,2005—2008 年的 4 年间共发生 2 288 件,平均每年 572 件,比1994—2004 年的平均数增加 73%;而且案件呈现出新型化和多样化的趋势,由过去主要针对征税、处罚行为逐步扩大到对行政许可、举报、行政不作为、信息公开以及执法依据等更加广泛的领域,对行政复议的专业化要求也越来越高。各级税务机关应不断提高对税务行政复议工作的认识,认真履行行政复议职责,依法办理税务行政复议案件,妥善处理日趋复杂的行政争议。

在具体工作中,税务机关积极地受理税务行政复议案件,切实解决行政复议"告状难"的问题,将和解、调解贯穿于行政复议的全过程,实行行政复议听证制度,努力做到定分止争、案结事了,实现法律效果与社会效果的统一。通过成立税务行政复议委员会,积极探索建立税务机关主导、专业保障、社会专家参与的案件审理新机制,努力提高税务行政复议的权威性、专业性和社会公信力。

通过对税务行政复议案件的审理,税务机关充分发挥自我监督职能,撤销或变更一批违法或不当的行政行为,维护了纳税人合法权益。随着行政复议工作的扎实推进,纳税人越来越愿意选择行政复议方式解决税务行政争议,税务行政复议的公众认知度和认可度得到不断提高。在各级税务机关办理的行政复议案件中,大多数在税务机关内部得到解决,达到了规范执法行为,提高依法行政水平,促进征纳关系和谐的目的。2006 年 12 月,国家税务总局在国务院召开的全国行政复议工作座谈会上作了专题发言,介绍税务行政复议工作对税收法治的重要推动作用。

与此同时,各级税务机关应按照行政诉讼法的规定,不断增强做好行政应诉工作的主动性、自觉性和积极性,切实加强行政应诉能力建设,努力提高行政应诉工作水平。行政应诉前,税务机关应及时把握行政争议的发展态势,积极与纳税人做好沟通,充分发挥行政复议化解行政争议的功能,力争将行政争议化解在行政程序中。对于人民法院立案受理的税务行政诉讼案件,税务机关应切实履行答辩举证义务。对专业性和政治敏感性强的案件,税务机关应积极主动地与人民法院进行沟通,确保案件依法得到妥善处理。税务机关应切实执行出庭应诉制度,对于具有重大社会影响力的案件,推行税务机关行政首长出庭应诉制度。与此同时,税务机关应通过制定执行重大行政应诉案件专报制度、行政应诉年度统计分析报告制度、败诉案件分析报告制度,总结行政诉讼中反映出的税务机关执法问题,认真落实人民法院的司法建议,切实改进税收执法。对税务机关及税务人员在行使职权时,因违反法律损害纳税人权益的,依法承担赔偿责任。税务机关在重视发挥行政复议、诉讼定分止争功能的同时,应注重发挥行政复议、诉讼监督行政行为的功能,通过复议、诉讼发现并纠正税收执法过程中存在的违法或不当的行政行为。

加强税收法律救济工作,不但有效地保护了纳税人的合法权益,而且对规范税收执法起到积极的促进作用。各级税务机关在开展税务行政复议与应诉工作中,一方面要注重加大对税务机关具体行政行为的监督,通过撤销、变更不当税务行政行为,切实保护纳税人的合法权益;另一方面要注重将个案的办理与解决引发争议的政策问题有机结合起来,对案件所涉及税收政策和税收管理规定中存在的问题,积极提出改进建议,促进相关政策规定和管理措施的完善。

综上所述,尽管我国政府越来越重视依法治国、依法治税,税务机关越来越重视对纳税人权利的保护,但是客观地看,我们在具体制度方面或制度的实施程序上,如我国国际税收争议解决的国内方法还有很多不足。概括起来存在以下方面的问题:

第一,税收立法相对滞后,尚未形成完善的税收法制体系,主要表现在:①作为国家根本大法的宪法,还未明确规定对纳税人权益的保护。②对纳税人权益保护的基本法律制度尚不健全。我国既未制定统一的税收基本法,也未制定专门的纳税人权利法案。③税收征收管理法缺乏对纳税人权益保护的实质性内容。④税法救济制度及其机制有待健全。

第二,税收执法尚不到位,依法行政有待加强,主要表现在:①在税收宣传中过分强调"义务论"。②在税法认识上尤其对税收优惠的理解不一。一些地区和部门为了吸引投资、拉动当地 GDP 的增长,自行制定各种税收优惠政策,不仅违反了税收法定的原则,而且扰乱了市场秩序影响了国家的宏观调控政策,甚至违反了我国的对外承诺,引发国际贸易摩擦。为此,国务院专门发出通知要求清理规范税收优惠政策,统一税收政策制定权限。③在税收征管中过于强调税收的强制性。④在税收执法中发生执法不公现象。

第三,税法救济机制尚不健全,缺乏纳税人维权组织和税务诉讼机构,主要表现在:①纳税人的维权意识比较弱。②纳税人尚未建立自己的维权组织。③缺乏受理税务投诉和诉讼的专门机构。

第四,税务机构设置不够合理,双重征管检查加大纳税人的负担。目前我国税务机构分别征收中央税、地方税,同时共同征收共享税如企业所得税。由于国税和地税分别有自己的征税指针和计数任务,在部门利益的趋使下,会出现争抢共享税税源,对同一税源进行重复征管、重复纳税检查,加大了纳税人的纳税成本和税收负担。

二、国际税收争议解决的国际方法:相互协商程序

根据国家税务总局官网的查询结果,截至 2020 年 4 月底,我国已对外正式签署 107 个避免双重征税协定,其中 101 个协定已生效,中国内地和香港、澳门两个特别行政区签署了税收安排,中国大陆与台湾地区签署了税收协议。① 税收协定数量位居全球第三,已形成了比较完善的税收协定网络。

无论是最早和日本签订的我国第一个税收协定,还是从 2017 年实施的和德国签订的税收协定,我们在税收协定中对解决税收争议的方式只规定了相互协商程序一种。而每年在我国有多少纳税人向国家税务总局申请发起相互协商程序,这个数据我们是看不到的。作者为此曾求证于国家税务总局国际税务司的相关负责人,得到的答复是每年受理 10 起左右。这个数据可能在发展中国家也算是低的了,基本和墨西哥持平。为正确适用税收协定,避免双重征税,解决国际税收争议,维护中国居民(国民)的合法利益和国家税收权益,规范与外国(地区)税务主管当局涉及税收协定的相互协商工作,国家税务总局于 2013 年 9 月 24 日制定了《税收协定相互协商程序实施办法》(以下简称《实施办法》),并自 2013 年 11 月 1 日起施行。下面结合《实施办法》的规定来了解和分析我国的相互协商程序:

第一,《实施办法》规定了 MAP 的定义。相互协商程序是指我国主管当局根据税收协定有关条款规定,与缔约对方主管当局之间,通过协商共同处理涉及税收协定解释和适用问题的过程。这里,缔约对方是指与中国签订税收协定,且该税收协定已经生效执行的国家或地区。据此,我国 MAP 的协商主体限于与我国已经缔结税收协定国家和地区的税务主管当局,纳税人是不能主动参加协商程序的。②

第二,《实施办法》规定了 MAP 的目标。相互协商程序的主要目的在于确保税收协定正确和有效适用,切实避免双重征税,消除缔约双方对税收协定的解释或适用产生的分歧,确保通过相互协商程序解决税收争议的统一、规范和高效。

第三,《实施办法》规定了 MAP 的适用范围。相互协商的事项限于税收协定适用范围内的事项,但超出税收协定适用范围,且会造成双重征税后果或对缔

---

① 详见税务总局官网,www.chinatax.gov.cn/chinatax/n810341/n810770/index.html.登录时间 2020 年 10 月。

② 见附件二,在《启动税收协定相互协商程序申请表》中对纳税人有这样的要求:"我了解并同意,相互协商过程仅在缔约双方主管当局授权代表间进行,我仅在缔约双方主管当局授权代表邀请时才可以参与。"

约一方或双方利益产生重大影响的事项,经我国主管当局和缔约对方主管当局同意,也可以进行相互协商,但关于特别纳税调整的相互协商程序实施除外。比较美国和OECD成员国MAP的适用,这一规定是先进的、开放的。也即除了APAs外,税收协定的或协定以外的争议都可以通过MAP来解决。

第四,《实施办法》规定了我国负责MAP的主管当局。我国负责相互协商工作的主管当局为税务总局;处理相互协商程序事务的税务总局授权代表为税务总局国际税务司司长或副司长,以及税务总局指定的其他人员。省、自治区、直辖市和计划单列市税务局(以下简称省税务机关)及以下各级税务机关负责协助税务总局处理相互协商程序涉及的本辖区内事务。

申请人申请启动相互协商程序,且未构成我国税收居民的,个人户籍所在地、法人或其他组织设立地的省税务机关为受理申请的税务机关。

第五,《实施办法》规定了纳税人[1]提出申请MAP的条件。

(1)申请形式的要求。如果中国居民(国民)认为,缔约对方所采取的措施,已经或将会导致不符合税收协定所规定的征税行为,可以向省税务机关提出申请,请求税务总局与缔约对方主管当局通过相互协商程序解决有关问题。

申请人应在有关税收协定规定的期限内,以书面形式(需提供纸质版和电子版)向省税务机关提出启动相互协商程序的申请。申请表的内容一般包括:申请人基本情况,申请案件的事实和争议,附件清单和纳税人声明。其中,案件的事实应包括:案件涉及的国家(地区)、相关经济活动的内容、纳税年度、所得(收入)类型、税种、税额、缔约对方税务机关第一次发出征税通知的时间和内容。该表还特别说明如有可能,申请人可将了解到的在缔约对方发生的相关、类似或相同案件的判例作为附件的一部分报省税务机关。[2]

申请人向省税务机关提起相互协商程序申请的,填报或提交的资料应采用中文文本。相关资料原件为外文文本且税务机关根据有关规定要求翻译成中文文本的,申请人应按照税务机关的要求翻译成中文文本。各级税务机关应对缔约对方主管当局与相关纳税人、扣缴义务人、代理人等在相互协商程序中提供的资料保密。

(2)申请实质的要求。中国居民有下列情形之一的,可以申请启动相互协商程序:①对居民身份的认定存有异议,特别是相关税收协定规定双重居民身份

---

① 包括中国居民和中国国民。其中,中国居民,是指按照《中华人民共和国个人所得税法》和《中华人民共和国企业所得税法》,就来源于中国境内境外的所得在中国负有纳税义务的个人、法人或其他组织。中国国民,是指具有中国国籍的个人,以及依照中国法律成立的法人或其他组织。见《实施办法》第8条。与美国相比,我国的"人"的范围要窄。

② 见附件二,填表说明。

情况下需要通过相互协商程序进行最终确认的;②对常设机构的判定,或者常设机构的利润归属和费用扣除存有异议的;③对各项所得或财产的征免税或适用税率存有异议的;④违反税收协定非歧视待遇(无差别待遇)条款的规定,可能或已经形成税收歧视的;⑤对税收协定其他条款的理解和适用出现争议而不能自行解决的;⑥其他可能或已经形成不同税收管辖权之间重复征税的。

此外,中国国民认为缔约对方违背了税收协定非歧视待遇(无差别待遇)条款的规定,对其可能或已经形成税收歧视时,可以申请启动相互协商程序。比较《2010年经合组织税收协定范本》的注释,我们可以看出这些条件参考了OECD的规定。

第六,《实施办法》规定了税务机关受理 MAP 的条件。申请人按规定提出的相互协商申请符合以下全部条件的,税务机关应当受理:

(1)申请人为按照本办法第9条或第10条规定可以提起相互协商请求的中国居民或中国国民。

(2)提出申请的时间没有超过税收协定规定的时限。

(3)申请协商的事项为缔约对方已经或有可能发生的违反税收协定规定的行为。

(4)申请人提供的事实和证据能够证实或者不能合理排除缔约对方的行为存在违反税收协定规定的嫌疑。

(5)申请相互协商的事项不存在本办法第19条规定的情形。

对于不符合上款规定全部条件的申请,税务机关认为涉及严重双重征税或损害我国税收权益、有必要进行相互协商的,也可以决定受理。可以看出,通过列举和概括的规定,税务机关在是否受理申请上享有较大的自由裁量权,也有很大的灵活性。这有可能是好事也有可能是坏事,在操作层面有很多细节需要考虑。

第七,《实施办法》规定了税务机关受理 MAP 后的内部处理程序。受理申请的省税务机关应在15个工作日内,将申请上报税务总局,并将情况告知申请人,同时通知省以下主管税务机关。因申请人提交的信息不全等原因导致申请不具备启动相互协商程序条件的,省税务机关可以要求申请人补充材料。申请人补充材料后仍不具备启动相互协商程序条件的,省税务机关可以拒绝受理,并以书面形式告知申请人。申请人对省税务机关拒绝受理的决定不服的,可在收到书面告知之日起15个工作日内向省税务机关或税务总局提出(需提供纸质版和电子版)异议申请。省税务机关收到异议后,应在5个工作日内将申请人的材料,连同省税务机关的意见和依据上报税务总局。

税务总局收到省税务机关上报的申请后,应在20个工作日内按下列情况分别处理：

（1）申请具备启动相互协商程序条件的，决定启动相互协商程序，并将情况告知受理申请的省税务机关，省税务机关应告知申请人。

（2）申请已超过税收协定规定的期限，或申请人的申请明显缺乏事实法律依据，或出现其他不具备相互协商条件情形的，不予启动相互协商程序，并以书面形式告知受理申请的省税务机关，省税务机关应告知申请人。

（3）因申请人提交的信息不全等原因导致申请不具备启动相互协商程序条件的，通过受理申请的省税务机关要求申请人补充材料或说明情况。申请人补充材料或说明情况后，再按前两项规定处理。

税务总局启动相互协商程序后，可通过受理申请的省税务机关要求申请人进一步补充材料或说明情况，申请人应在规定的时间内提交，并确保材料的真实与全面。对于紧急案件，税务总局可以直接与申请人联系。

税务总局可以在发生下列情形之一的情况下，决定终止相互协商程序，并以书面形式告知省税务机关，省税务机关应告知申请人：

（1）申请人故意隐瞒重要事实，或在提交的资料中弄虚作假的。

（2）申请人拒绝提供税务机关要求的、与案件有关的必要资料的。

（3）因各种原因，申请人与税务机关均无法取得必要的证据，导致相关事实或申请人立场无法被证明，相互协商程序无法继续进行的。

（4）缔约对方主管当局单方拒绝或终止相互协商程序的。

（5）其他导致相互协商程序无法进行，或相互协商程序无法达到预期目标的。

同样，在两国主管当局达成一致意见之前，申请人也可以以书面方式撤回相互协商申请。申请人撤回申请或者拒绝接受缔约双方主管当局达成一致的相互协商结果的，税务机关将不再受理基于同一事实和理由的申请。比较美国 MAP 的程序规定，我国将申请人撤回的时间提前了。如果达成相互协商结果的，税务总局应以书面形式告知受理申请的省税务机关，然后省税务机关应告知申请人。

第八，《实施办法》规定了缔约对方主管当局相互协商请求的程序要求。其在受案范围上和我国纳税人的要求是相同的。税务总局在拒绝缔约对方主管当局启动相互协商程序的请求，或者要求缔约对方主管当局补充材料的规定方面，也非常灵活，有很大的自由裁量权。税务总局在收到缔约对方启动相互协商程序的函后，查清事实，决定是否同意启动相互协商程序，并书面回复对方。如果我国相关税务机关的处理决定尚未作出的，税务总局应将对方提起相互协商程序的情况告知相关税务机关。但相互协商程序不影响相关税务机关对有关案件的调查与处理，相互协商程序进行期间，也不停止税务机关已生效决定的执行，当然税务总局认为需要停止调查和处理的除外。税务总局决定启动相互协商程序后,如有必要,可以要求相关省税务机关予以协助,并在规定期限内完成核查。如果需要对方补充材料或就某一事项作出进一步说明的,税务总局同意向缔约对方主管当局提出补充要求的,等待对方回复的时间不计入核查时间。这些规定借鉴了发达国家 MAP 的相关程序,总体上是合理和先进的。

第九,《实施办法》还规定了税务总局可以主动向缔约对方主管当局提出相互协商请求的条件。比如:①发现过去相互协商达成一致的案件或事项存在错误,或有新情况需要变更处理的;②对税收协定中某一问题的解释及相关适用程序需要达成一致意见的;③税务总局认为有必要与缔约对方主管当局对其他税收协定适用问题进行相互协商的。如前根据国外学者在学理上对 MAP 的分类,税务总局的主动请求属于普通相互协议(a general mutual agreement),而由纳税人启动的请求则属于特定案件的相互协议(a particular taxpayer mutual agreement)。

第十,《实施办法》最后规定了双方税务主管当局经过相互协商达成协议时对协议的执行。其执行如下:①双方就协定的某一条文解释或某一事项的理解达成共识的,税务总局应将结果以公告形式发布;②双方就具体案件的处理达成共识,需要涉案税务机关执行的,税务总局应将结果以书面形式通知相关税务机关。相关税务机关应在收到通知之日起 3 个月内执行完毕,并将情况报告税务总局。比较美国 MAP 程序 IRS 以结案书的形式,税务总局公告的形式似乎可以再做改进。

综上所述,通过对我国 MAP 程序的分析,我们可以看出税务总局的《实施办法》确实有其进步和灵活的地方,但受制于我们对该制度和实践经验的不足,与美国规定 MAP 的 2006-54 程序规则相比[①],无论从规则的数量(《实施办法》共 6 章,41 条;2006-54 程序规则共 18 章,65 大条),还是从规则的实践看(美国 IRS 通过 MAP 一年解决的案件将近 800 件,我们每年利用 MAP 解决的案件是 10 件)都有很大差距。根据商务部、国家统计局、国家外汇管理局发布的《2017 年度中国对外直接投资统计公报》,截至 2017 年年末,中国对外直接投资存量 18 090.4 亿美元,较上年年末的 13 573.9 亿美元上升了 33.3%,中国对外直接投资增加值占当年全球对外直接投资增加值的9.7%。2017 年中国对外直接投资存量规模占全球比重为 5.9%,较上年上升了 0.7 个百分点,比重再创历史新高,接近 6%,排名从上年的全球第六位上升了四位,位列全球第二,仅次于美国。特别是"一带一路"倡议提出以来,中国与"一带一路"沿线国家(地区)的贸易和

---

① 详见附件六。

投资合作不断扩大,形成了互利共赢的良好局面。中国"走出去"企业主要分布在"一带一路"沿线国家(地区),从投资流量上看,主要投向新加坡、哈萨克斯坦、马来西亚、印度尼西亚、俄罗斯、老挝、泰国、越南、柬埔寨、巴基斯坦、阿联酋等国家。根据国家信息中心发布的《"一带一路"大数据报告 2018》,新加坡位列"一带一路"沿线国家投资环境指数第一,国家投资环境指数最高。中国"走出去"企业在政治和经济环境复杂动荡、营商环境水平不高的其他"一带一路"沿线国家(地区)投资时,这些国家(地区)的税收环境主要存在以下问题:①对外资的税收政策透明度不高;②税收政策变化频繁,政策缺乏稳定性;③税法基本原理不健全,缺乏税收法治观念;④税务执法人员自由裁量权过大、执行税法(包括国内税法和生效的税收协定)随意,导致税收政策适用的不确定性;⑤缺乏有效提供税收确定性的机制,如税法没有规定预先裁定机制、预约定价机制等;⑥不同时间、不同地区、不同级别税务机关在执行相同/相似的税收政策时不一致;⑦缺乏必要的法律救济机制或法律救济机制不健全、效率低。[①] 这些问题,给中国"走出去"企业带来较高的税务风险。在实际税收征管过程中,"走出去"企业经常与所在国税务机关发生税收分歧和争议。根据前述《国家税务总局关于发布〈税收协定相互协商程序实施办法〉的公告》(国家税务总局公告 2013 年第 56 号),我国"走出去"企业在境外遇到涉及其重大利益的税收争议事项都可以启动相互协商程序。然而,实践中真正愿意启动该程序的企业并不多。根据一定范围内的"走出去"企业问卷调查结果,绝大多数"走出去"企业都会遇到税收争议,但是选择告知主管税务机关并呈报税务总局解决的只占调查企业的 11%。实践中提起相互协商程序的比例也相当低。究其原因主要是企业对相互协商程序不了解、对协商结果的信心不足。[②]

我们需要完善和改进的路还很长。但正如前述,我们作为制度的后发国家也有借鉴的优势。所谓他山之石可以攻玉,MAP 作为解决国际税收争议的主力已存在、运行了 60 多年,随着时代和经济的发展也出现了诸如 MAP 解决结果的公开、纳税人在非税收协定的缔约国能否参与 MAP、纳税人的参与度这些新问题。这些国际税收争议解决程序实践中出现的新问题值得我们关注和思考,当然更重要的是结合我国国际税收争议的具体问题来不断完善我们现有的 MAP 规则,在原则中妥协,在妥协中坚守原则,实现纳税人的合法利益和国家税收权益的双赢。

---

① 参见《国际税收》2020 年第 3 期中《中国"走出去"企业"一带一路"税收调查报告》一文。

② 参见《中国税务报》2018 年 10 月 10 日刊登的《多层次解决"走出去"企业税收争议》。

三、不足:泛美公司税案的思考

(一) 案情简介

1996年4月3日,泛美卫星国际系统责任有限公司(以下简称泛美公司)与中国中央电视台(以下简称央视)签订了《数字压缩电视全时卫星传送服务协议》(以下简称"协议"),双方约定,泛美公司向央视提供压缩数字视频服务,提供27MHz带宽和相关的功率所组成的转发器,包括地面设备。央视向泛美公司支付季度服务费和设备费。

1999年1月,北京市国家税务局(以下简称北京市国税局)在税务检查中认为,央视在支付上述款项时应当履行代扣代缴所得税义务,故作出了要求央视于1999年1月28日前申报缴纳相应税款的行政通知。泛美公司得知后,于1999年3月26日缴纳了外国企业所得税,并于1999年5月22日向北京市国税局对外分局申请行政复议。8月23日对外分局作出复议决定,维持行政行为。泛美公司遂对北京市国税局提起行政诉讼。审理中,北京市国税局对外分局于2000年6月26日撤销了此通知,泛美公司遂撤诉。

2000年6月30日,北京市国税局对外分局第二税务所作出了第319号《关于对中央电视台与泛美卫星公司签署〈数字压缩电视全时卫星传送服务协议〉所支付费用代扣代缴预提所得税的通知》(以下简称319号"通知"),认定央视与泛美公司签订的电视卫星传送协议所支付的费用,属于《中华人民共和国政府和美利坚合众国政府关于对所得避免双重征税和防止偷漏税的协定》(以下简称《中美税收协定》)第十一条、《中华人民共和国外商投资企业和外国企业所得税法》第十九条、国家税务总局《关于外国企业出租卫星通讯线路所取得的收入征税问题的通知》(以下简称201号"通知")及国家税务总局《关于泛美卫星公司从中央电视台取得卫星通讯线路租金征收所得税问题的批复》(以下简称566号"批复")确定的预提所得税征税范围。因此,税务机关要求央视履行代扣代缴的义务并将该决定内容告知泛美公司。

泛美公司对此不服,向北京市国税局对外分局申请行政复议。该局经复议维持了319号"通知"。泛美公司仍不服,故又将北京市国税局对外分局第二税务所作为被告、将央视作为第三人诉至北京市第一中级法院。

北京市第一中级法院经审理,于2001年12月20日判决维持了被告第二税务所的319号"通知",驳回了泛美公司的其他诉讼请求。

一审判决后,泛美公司不服,向北京市高级人民法院提出上诉,要求判决撤销一审判决,并依法予以改判。

北京市高级人民法院二审认为,原审判决认定事实清楚,适用法律正确,审判程序合法,故依法驳回泛美公司的上诉请求,维持一审判决。

（二）法庭审理

原告（上诉人）：泛美卫星国际系统责任有限公司。

被告（被上诉人）：北京市国家税务局对外分局第二税务所。

第三人：中央电视台。

2000 年 6 月 30 日,被告向第三人发出 319 号"通知",认定:依据原告与第三人签订的"协议",第三人所支付的费用属于《中美税收协定》第十一条、《中华人民共和国外商投资企业和外国企业所得税法》第十九条、201 号"通知"及 566 号"批复"确定的预提所得税范围。依照《中华人民共和国外商投资企业和外国企业所得税法》第十九条第二款和《中华人民共和国税收征收管理法》第四条第二款的规定,要求第三人履行代扣代缴的义务,并认定原告于 1999 年 3 月 25 日缴纳的 1 546 631 美元是应由第三人依法代扣代缴的预提所得税。

原告诉称:①对于"协议"性质的认定应以合同法为依据。租赁合同的主要法律特征是租赁物的交付,即有体物占有、使用权的转移。"协议"约定由原告通过操作使用其位于外层空间的卫星及美国的地面设施,为第三人提供传输服务。在该过程中,未发生任何设施的占有和使用权的转移,不符合租赁合同的特征。故原告的收入不属于租金。②《中美税收协定》第十一条中"使用或有权使用工业设备"的使用者应是积极的实际使用。整个信号传输过程中,全部设施完全由原告独立操作使用,第三人无权且未实际使用原告的任何设施,原告的收入不是特许权使用费。③原告的收入是靠常年不断地工作取得的积极收入,应属于营业利润,且其在中国未设立常设机构,故不应在中国纳税。④201 号"通知"和 566 号"批复"违反法律和国际税收协定的规定,应当不予适用。⑤被告在计算应税收入时,将订金和保证金计算在内是错误的。故被告的具体行政行为认定事实错误,适用法律不当,请求法院依法予以撤销并责令被告返还不当征收的税款。

被告辩称:①《中美税收协定》中特许权使用包括对有形财产和无形资产的使用。使用当然并非仅限于对实物的实际操作,操作只是使用的一种方式,"使用"的正确理解应当是利用某客体的使用功能达到预期的目的。②根据"协议"约定,第三人利用原告所拥有的卫星设备进行电视信号的转发,即有权使用原告的卫星转发器,其向原告支付的季度服务费和设备费,属于《中美税收协定》中的特许权使用费。③原告卫星中专门转发器的全部或部分由第三人专有使用,符合我国税法关于将财产租给中国境内租用者的规定,也符合租赁合同中关于转移财产使用权的特征,故原告的收入属于租金。④根据"协议"约定,订金和安全保证金的性质是原告的收入,因原告所缴纳的是预提所得税,根据我国税法规定,应当将其计算在应纳税额中。因此,319 号"通知"认定事实清楚,适用法律正确,执法程序合法,请求法院予以维持。

第三人认为:原告提起诉讼所依据的事实符合实际情况,但其没有资格对原告所得的性质进行认定,请法院公正裁断。

北京市第一中级人民法院经过公开审理查明:1996 年 4 月 3 日,原告与第三人签订了"协议",该协议有效期至 2006 年 6 月 30 日。1997 年 10 月 19 日双方对"协议"的部分条款进行了修改并签订"修正案"。根据"协议"及"修正案"约定,原告向第三人提供全时的、固定期限的、不可再转让(除优先单独决定权外)的压缩数字视频服务,服务范围包括太平洋地区(环太平洋服务)、非洲地区(非洲服务)、印度洋地区(南亚/中东服务)、拉美地区(美洲服务)。

"协议"(1.1)及"修正案"约定,上述服务分别由 PAS-2 号、PAS-3R 号、PAS-4 号、PAS-5 号卫星上指定的转发器带宽提供。"协议"(1.2)约定,原告只用于传送第三人的电视信号,第三人可以自己使用,也可以允许中国省级以上的广播电视台使用第三人未使用的部分;经原告提前许可,第三人可以允许非中国法人的广播电视台使用其未使用的部分,传送电视信号。"协议"(3.1)(3.2)约定,第三人支付季度服务费和设备费,第三人在协议签订之后 30 日内向原告支付订金,此订金用于支付服务期限的头三个月和最后一个月的服务费和设备费;为确保第三人向原告支付服务费和设备费,第三人将于 1996 年 5 月 3 日向原告支付相当于 1961496 美元的保证金,保证金将在本协议最后服务费到期时使用。"协议"还对双方其他权利义务进行了约定。

"协议"签订后,第三人按约定向原告支付了订金和保证金,此后定期向原告支付季度服务费和设备费。1999 年 1 月 18 日,稽查局向第三人发出 001 号"通知",要求第三人在当月 28 日前对上述费用申报缴纳相应税款,逾期将予以处罚。原告不服,向对外分局提出复议申请。1999 年 3 月 26 日,原告按包括订金和保证金在内的收入总额的 7% 缴纳了税款,合计 1 546 631 美元。1999 年 8 月 23 日,对外分局作出维持 001 号"通知"的行政复议决定。原告据此向北京市第二中级人民法院提起行政诉讼。2000 年 6 月 26 日,对外分局以征税主体不合格为由撤销 001 号"通知",原告撤回起诉。2000 年 6 月 30 日,被告作出 319 号"通知"。原告不服,再次向对外分局提出复议,对外分局于 2000 年 11 月 17 日作出维持 319 号"通知"的决定。

上述事实有下列证据证明:

(1) "协议"中文本。

(2) 第三人的付款情况、记账凭证及海外电汇申请书。

(3) 中华人民共和国税收通用缴款书。

（4）税务文书送达回证。

（5）北京市国家税务局对外分局（以下简称对外分局）京国税外分复字第2015 号税务行政复议决定书。

（6）对 001 号"通知"的有关陈述。

（7）《关于数字压缩电视全时卫星传送服务协议的第一修正案》（以下简称"修正案"）中、英文第二种文本。

（8）原告申请并经法庭许可，原告的法律顾问、专门从事通讯领域法律咨询并参加"协议"谈判和签订的丽贝卡·M·韦斯特隆德作为证人出庭，对原告经营业务的一般运作及"协议"内容提供的证言。

北京市第一中级人民法院根据上述证据和事实认为：《中华人民共和国外商投资企业和外国企业所得税法》第十九条第一款规定，"外国企业在中国境内未设立机构、场所，而有取得的来源于中国境内的利润、利息、租金、特许权使用费和其他所得，或者虽设立机构、场所，但上述所得与其机构、场所没有实际联系的，都应当缴纳 20％的所得税。"《中美税收协定》第十一条第三款对特许权使用费作了如下解释：使用或有权使用文学、艺术，或科学著作，包括电影影片、无线电或电视广播使用的胶片、磁带的版权，专利、专有技术、商标、设计、模型、图纸、秘密配方或秘密程序所支付的作为报酬的各种款项，也包括使用或有权使用工业、商业、科学设备或有关工业、商业、科学经验的情报所支付的作为报酬的各种款项。卫星转发器具有传输信号的使用功能，第三人需要利用原告卫星转发器这一使用功能，使其电视信号被传输至太平洋、美洲等地区。每个转发器的部分带宽均可以被独立地用于传输信号，根据"协议"约定，在正常情况下，卫星中指定的转发器带宽只能用于传输第三人的电视信号，即这些指定带宽的使用权为第三人专有。带宽是由卫星系统提供的，第三人有权使用带宽应视为有权使用卫星系统。所以，第三人为此支付给原告的费用属于《中美税收协定》第十一条特许权使用费中关于有权使用工业、商业、科学设备所支付的作为报酬的款项。该条第二款、第五款第（一）项规定：如果支付特许权使用费的人是缔约国一方居民的，应认为该特许权使用费发生在该缔约国，也可以按照该缔约国的法律征税，但是，如果收款人是该特许权使用费受益所有人，则所征税款不应超过特许权使用费总额的 10％。原告的特许权使用费来源于中国，被告认为第三人支付原告的费用属于《中美税收协定》第十一条和《中华人民共和国外商投资企业和外国企业所得税法》第十九条所确定的征税范围，按特许权使用费总额的 7％征税是合法的。

依照《中华人民共和国外商投资企业和外国企业所得税法》第十九条第二款和《中华人民共和国外商投资企业和外国企业所得税法实施细则》第五十九条规

定,上述所得税以实际受益人为纳税义务人,以支付人为扣缴义务人,税款由支付人在每次支付的款额中扣缴。上述所得,除国家另有规定外,应当按照收入全额计算应纳税额。根据"协议"(3.1)(3.2)关于订金和安全保证金的约定,该两笔款项的性质属于原告的收入,被告将其计算在应纳税额中,并无不当。

根据《中华人民共和国行政诉讼法》第五十二条第一款的规定,人民法院审理行政案件,以法律和行政法规、地方法规为依据。被告在适用《中美税收协定》第十一条、《中华人民共和国外商投资企业和外国企业所得税法》第十九条的同时,还引用了 201 号"通知"和 566 号"批复",这两份文件不能作为本院审理此案的法律依据。但 201 号"通知"和 566 号"批复"中的内容与《中美税收协定》和《中华人民共和国外商投资企业和外国企业所得税法》所确定的原则并不矛盾。

卫星传输信号需要通过人员对地面设备的操作来完成,人员的操作服务是为了保障卫星系统的正常运行,实现传输信号的使用功能。虽然双方签订的是服务协议,由原告通过技术人员操作其各地面配套设施来提供服务,但这种服务是从属于第三人有权使用原告卫星系统的,且《中美税收协定》第十一条并未明确有权使用工业、商业、科学设备应限定为实际占有操作有体物,故原告认为第三人未实际操作使用其卫星设备,不能构成使用或有权使用工业设备,原告的收入是由于提供服务而取得的积极收入,应属于营业利润等诉讼理由没有法律依据。

综上所述,被告作出 319 号"通知",认定事实清楚,程序合法,适用法律并无不当,本院予以维持。原告要求撤销 319 号"通知"并责令被告返还不当征收税款的诉讼请求本院不予支持。

北京市第一中级人民法院依照《中美税收协定》第十一条第二款、第三款、第五款第(一)项,《中华人民共和国税收征收管理法》第四条第二款、第八条,《中华人民共和国外商投资企业和外国企业所得税法》第十九条,《中华人民共和国外商投资企业和外国企业所得税法实施细则》第五十九条第一款,《中华人民共和国行政诉讼法》第五十二条第一款、第五十四条第(一)项,最高人民法院《关于执行〈中华人民共和国行政诉讼法〉若干问题的解释》第五十六条第(四)项,作出如下判决:

(1) 维持被告北京市国家税务局对外分局第二税务所于 2000 年 6 月 30 日向第三人中央电视台发出的京国税外分税二(2000)319 号"通知"。

(2) 驳回原告泛美卫星国际系统责任有限公司的其他诉讼请求。

一审案件受理费人民币 73 886 元,由原告泛美卫星国际系统责任有限公司负担。

一审判决后,原告向北京市高级人民法院提起上诉。上诉人(原审原告)诉称:一审判决将中央电视台视为泛美公司卫星系统的使用人,泛美公司据此收取的费用构成《中美税收协定》第十一条规定的特许权使用费是认定事实错误;一审判决未考虑征税行为的国内法基础属于适用法律错误;一审判决未能按照普遍接受的国际税收和所得税条约解释《中美税收协定》,其支持对一个在中国境内既没有机构又与中国没有联系完全在中国境外的美国公司,且大部分在美国境内从事的活动取得的收入征税违背了《中美税收协定》的意图和目的。请求二审法院判决撤销一审判决,依法改判。

被上诉人及其委托代理人辩称:一审认定事实清楚,适用法律正确,请求二审法院维持一审判决。

一审第三人认为:对一审判决认定的基本事实无异议,但对判决结论不作评价。

各方当事人未在二审期间提交新的证据。北京市高级人民法院经过公开开庭审理所查明的事实与一审判决认定的事实一致。

北京市高级人民法院根据上述事实和证据认为:根据泛美公司与央视所签订的"协议"的约定,泛美公司利用其卫星及其地面设施向央视提供全时的、国家期限的、不可再转让的压缩数字视频服务,央视定期向泛美公司支付季度服务费和设备费。税务机关认定泛美公司据此收取的费用属于《中美税收协定》第十一条规定的特许权使用费范围中的"使用或有权使用工业、商业、科学设备或有关工业、商业、科学经验的情报所支付的作为报酬的各种款项"是正确的。虽然泛美公司提供的卫星在外层空间,央视通过通讯频道使用泛美公司提供的卫星转发功能及地面设施以实现其电视传播的目的,并依照约定支付服务费和设备费,符合上述特许权使用费的规定。依照《中美税收协定》第十一条第二项的规定中国税务机关可以对泛美公司征收不超过收入总额 10% 的所得税。第二税务所根据《中华人民共和国外商投资企业和外国企业所得税法》第二十八条,和《中美税收协定》第十一条的规定,对泛美公司收取的款项征收预提所得税是合法的。二审法院已经注意到,《中华人民共和国外商投资企业和外国企业所得税法》及其实施细则所规定的特许权使用费范围与《中美税收协定》所规定的特许权使用费范围不同,但《中华人民共和国外商投资企业和外国企业所得税法》第二十八条同时规定"中华人民共和国政府与外国政府所订立的有关税收的协定同本法有不同规定的,依照协定规定办理"。据此,第二税务所所作 319 号"通知",依照《中美税收协定》第十一条的规定,对泛美公司收取的款项征收预提所得税,适用法律并无不当。一审判决认定事实清楚,适用法律正确,审判程序合法,应予维持。上诉人泛美公司的上诉理由不足,二审法院不予支持。

北京市高级人民法院依照《中华人民共和国行政诉讼法》第六十一条第(一)

项的规定,作出如下判决:

驳回上诉,维持一审判决。

本案上诉受理费 73 886 元,由上诉人泛美公司承担。

(三) 本案国际税收争议的国内法解决分析

本案从程序法的角度看,泛美公司作为外国纳税人取得了来自中国的收入且就该收入是否应向中国税务机关缴纳所得税与征税机关北京市国税局对外分局第二税务所发生了争议,泛美公司在缴纳了外国企业所得税后,按照我国行政复议法的规定向第二税务所的上一级税务机关北京市国税局对外分局提起了行政复议。北京市国税局对外分局经复议维持了第二税务所有权征税的行政行为。

泛美公司对复议决定不服,故又将北京市国税局对外分局第二税务所作为被告、将央视作为第三人诉至北京市第一中级法院,启动了行政诉讼的一审程序。

北京市第一中级法院经审理,判决维持了被告第二税务所的 319 号"通知",驳回了泛美公司的其他诉讼请求。泛美公司一审败诉。

一审判决后,泛美公司不服,向北京市高级人民法院提出上诉,要求判决撤销一审判决,并依法予以改判,启动了行政诉讼的二审程序。

北京市高级人民法院二审认为,原审判决认定事实清楚,适用法律正确,审判程序合法,故依法驳回泛美公司的上诉请求,维持一审判决。泛美公司二审败诉。

至此,泛美公司用尽了我国解决与外国纳税人税务争议的所有国内法程序。解决国家和涉外纳税人之间的国际税务争议的国内法程序主要有行政复议和行政诉讼制度。

行政复议和行政诉讼都是解决税务争议的法律途径,但二者的法律性质不同:税务行政复议仍然是在行政领域内解决争议,行政复议决定仍然是一种行政行为;行政诉讼是司法机关对行政机关行政行为的司法审查,是司法行为。

在行政复议和行政诉讼的关系上,一般有两种做法:①行政复议是行政诉讼的必经程序,即当事人提起行政诉讼之前必须先提起行政复议;②当事人可以选择直接提起行政诉讼,而不需经过行政复议程序。

《中华人民共和国税收征收管理法》第 88 条规定:纳税人、扣缴义务人、纳税担保人同税务机关在纳税上发生争议时,必须先依照税务机关的纳税决定缴纳或者解缴税款及滞纳金或者提供相应的担保,然后可以依法申请行政复议;对行政复议决定不服的,可以依法向人民法院起诉。当事人对税务机关的处罚决定、强制执行措施或者税收保全措施不服的,可以依法申请行政复议,也可依法向人民法院起诉。

在法国,当纳税人与税务部门发生争议时,如果纳税人对税务部门的税收征管行为有异议,可以直接向上一级税务部门提出税收行政复议申请,上一级税务部门有义务对纳税人的复议申请进行审查,并作出决定。如果纳税人对上一级税务部门的复议决定不服,可以在上一级税务部门寄出复议决定书 90 天内向法院提起诉讼。如果在提交税收行政复议申请 90 天内,上一级税务部门没有作出复议决定,纳税人可以直接向法院提出诉讼。

对于受理税务行政诉讼的法院,各国的做法也不尽相同。在德国,税务法院是专门处理当事人提出的税务诉讼的法院。在法国,受理当事人税务诉讼的法院有地区行政法庭和低等民事法庭,两类法院的管辖权不同。大多数税务案件都是由行政法院系统受理判决的。在美国,纳税人可以在美国税务法院、美国地区法院以及美国权利申诉法院中任意选择一个进行起诉。

比如,在美国联邦税制下,纳税人也可要求与国内收入署复议部进行行政复议。如果纳税人没有与复议部达成协议,那么将会接到一份通知应补税额的法律文书,这是国内收入署发出的官方通知书,通常称为"90 天信"。纳税人如果想诉诸地区法院或申诉法庭,必须先缴纳应纳税款,然后向他们选择的法院请求退税。不想先缴税的纳税人必须在收到信件的 90 天内向美国税务法院递交诉状。

我国没有专门的行政法院或税务法院,有关税务行政诉讼由人民法院依照其管辖权受理,法院内部设立行政审判庭专门负责审理行政案件。税务行政诉讼适用《中华人民共和国行政诉讼法》和有关法律、法规的规定。

税务行政复议和行政诉讼是处理税务机关和外国纳税人之间税务争议的主要方式。此外,有的国家还使用仲裁解决税务争议。比如,美国税法规定,当税务争议发生后,当事人可以通过仲裁程序解决任何事实争议。

若泛美公司仍然不服,还有解决此争议的其他救济程序吗?答案是有的,泛美公司可寻求解决国际税收争议的国际法程序主要为双边税收协定中的相互协商程序来解决。中美两国于 1984 年 4 月 30 日签署关于对所得避免双重征税和防止偷漏税的《中美税收协定》,该协定 1986 年 11 月 21 日生效,从 1987 年 1 月 1 日起执行。

《中美税收协定》中有关相互协商程序的内容规定在第二十四条,共 4 款:

(1)当一个人认为,缔约国一方或者双方的措施,导致或将导致对其不符合本协定规定的征税时,可以不考虑各缔约国国内法律的补救办法,将案情提交本人为其居民的缔约国主管当局,或者如果其案情属于第二十三条第一款、可以提交本人为其国民的缔约国主管当局。该项案情必须在不符合本协定规定的征税措施第一次通知之日起,3 年内提出。

（2）上述主管当局如果认为所提意见合理,又不能单方面圆满解决时,应设法同缔约国另一方主管当局相互协商解决,以避免不符合本协定的征税。达成的协议应予执行,而不受各缔约国国内法律的时间限制。

（3）缔约国双方主管当局应通过协议设法解决在解释或实施本协定时发生的困难或疑义,也可以对本协定未作规定的消除双重征税问题进行协商。

（4）缔约国双方主管当局为达成第二款和第三款的协议,可以相互直接联系。为有助于达成协议,双方主管当局可以进行会谈,口头交换意见。

问题是即使泛美公司发起相互协商程序,在我国法院已作出发生法律效力的判决后,税务主管当局可能会作出和法院相反的认定吗? 对此我国法律没有明确规定。然而根据相互协商的性质,主管税务当局达成的协议是不可能推翻法院判决的。正如《2010 年经合组织税收协定范本》第 25 条的注释 76 的解释,若纳税人先寻求国内救济方法,并且在一缔约国内已用尽该救济,则纳税人只能寻求 MAP,为了获得在另一缔约国对于双重征税的救济。但事实上,大多数国家认为,如果就某一案件已由缔约国一方国内作出法律裁决,那么通过 MAP 推翻该裁决是不可能的。这将限制随后为尽力获得另一缔约国救济的 MAP 的适用。

（四）本案的实体争议

一审中,双方争议的主要焦点是:①对本案适用法律的争议;②原告提供服务的定性及其获取报酬的性质。

就以上两个焦点问题原告和被告进行了如下辩论:

第一,原告主张对于"协议"性质的认定应以合同法为依据。对此,被告没有进行正面答辩,而是从原告以合同法为依据提出的"未发生任何设施的占有和使用权的转移,不符合租赁合同的特征。故原告的收入不属于租金"这一说法出发,通过引用《中美税收协定》中有关特许权使用及其费用的规定对原告提供服务的性质进行了定性,即原告的服务为特许权使用,且因"卫星中专门转发器的全部或部分由第三人专有使用,符合我国税法关于将财产租给中国境内租用者的规定,也符合租赁合同中关于转移财产使用权的特征,故原告的收入属于租金"。

对此,一审法院在深入解读了《中华人民共和国外商投资企业和外国企业所得税法》第十九条第一款、《中美税收协定》第十一条第三款规定之后认为,第三人为此支付给原告的费用属《中美税收协定》第十一条特许权使用费中关于有权使用工业、商业、科学设备所支付的作为报酬的款项。根据《中美税收协定》第十一条第二款、第五款第(一)项规定,如果支付特许权使用费的人是缔约国一方居民的,应认为该特许权使用费发生在该缔约国,也可以按照该缔约国的法律征税,但是,如果收款人是该特许权使用费受益所有人,则所征税款不应超过特许权使用费总额的10%。因此,被告认为原告的特许权使用费来源于中国,属于《中美税收协定》第十一条和《中华人民共和国外商投资企业和外国企业所得税法》第十九条所确定的征税范围,按特许权使用费总额的7%征税是合法的。

第二,原告主张自己的收入"应属于营业利润,且其在中国未设立常设机构,故不应在中国纳税"。对此,被告没有答辩,一审法院认为原告的主张没有法律依据。

第三,原告提出201号"通知"和566号"批复"违反法律和国际税收协定的规定,应当不予适用。对此被告没有回答。一审法院认为,人民法院审理行政案件,以法律和行政法规、地方法规为依据,这两份文件不能作为本院审理此案的法律依据。但201号"通知"和566号"批复"中的内容与《中美税收协定》和《中华人民共和国外商投资企业和外国企业所得税法》所确定的原则并不矛盾。因此,一审法院在判决中维持了两份行政文书的效力。

一审结束后,原告向北京市高级人民法院提起上诉。北京市高级人民法院作为二审法院在审查了一审法院认定的事实之后,维持了一审判决。值得注意的是,在其审查过程中,针对上诉人提出的"一审判决未考虑征税行为的国内法基础属于适用法律错误",二审法院给出了以下答复:法庭已经注意到,《中华人民共和国外商投资企业和外国企业所得税法》及其实施细则所规定的特许权使用费范围与《中美税收协定》所规定的特许权使用费范围不同,但《中华人民共和国外商投资企业和外国企业所得税法》第二十八条同时规定"中华人民共和国政府与外国政府所订立的有关税收的协定同本法有不同规定的,依照协定规定办理"。据此,第二税务所所作319号"通知",依照《中美税收协定》第十一条的规定,对泛美公司收取的款项征收预提所得税,适用法律并无不当。这一答复,是我国法院以司法判例的方式确认了在国内税法与税收协定冲突时,协定优先适用的立场。

纵观整个诉讼,泛美公司税案虽然发生在十多年前,但现在看来,仍不失为我国在解决国际税收争议方面的一个富有里程碑意义的典型案件。通过这个案件,既检验了我国税务主管机关的执法水平,也检验了我国司法机构的审判水平。本案中,法院的推理和判决涉及税收协定解释的许多重要理论问题,既包括《中美税收协定》和中国国内税法的关系,也包括经合组织税收协定范本及注释的作用等。正是因为本案,我国法院第一次成为税收协定解释的参与者,打破了在税收协定解释上的一直由税务主管机关的行政解释垄断地位以及司法解释完全空白的局面。当然,本案也暴露了我国法院在解决税收协定案件上的力不从心。法院未能注意到税收协定有其专门的解释方法和独特的解释规则,而认为缺乏相应解释规则。法院同样也没有意识到引用经合组织税收协定范本注释的法律依据问题以及根据 1992 年经合组织税收协定范本注释来解释 1984 年《中美税收协定》的合法性问题。在协定解释上又多依赖税务机关的意见,难以对其意见进行审查,导致法院的推理和论证不够严密。在解释《中美税收协定》第十一条"使用或有权使用工业设备"的含义时,税务机关和法院实际上采用的是生活中"使用"的含义,而没有赋予它作为一个法律术语或国际税法术语所应有的含义。因为在民法上,"使用"是以对物的占有为前提的,享有物的使用权能必同时享有物的占有权能。而占有是指对物有事实上管领力的事实,即对于物能够直接支配,并排除他人的干涉。在国际税法上,工业、商业、科学设备的"使用"同样要求相关设备必须在使用者的占有之下。因此法院的这一解释受到了许多学者的批评,例如,荷兰学者 K. van Raad 就指出,法院在判决推理过程中,从央视拥有卫星转发器指定带宽的专有使用权一下子跳到卫星系统的使用权上,逻辑跳跃太大,很难认为这一判决合乎《中美税收协定》第十一条的规定。

第四,国际税收协定与国内税法的关系。在实践中,尽管国际税收协定的规定与缔约国国内税法规定之间会出现冲突,但从总体上看国际税收协定和国内税法都是缔约国统一的税法渊源,只不过二者在税法规范体系中的功能、作用各有侧重。国内税法主要规定对谁征税、征多少税,以及如何征等税收实体和程序问题。相较于国内税法,国际税收协定主要运用冲突规范来协调缔约国各方现行的居民税收管辖权和来源地税收管辖权之间的冲突,以实现对跨国所得或财产价值的公平课税目的。这决定了国际税收协定坚持消极作用的原则,即协定对缔约国通过国内税法确定的税收管辖权的调整,或者是维持其原有状况,或者是加以限制,但是决不能为缔约国创设或扩大征税权。

此外,国际税收协定与国内税法之间既是各自独立的法律规范体系,又存在着彼此相互配合、补充和共同作用的关系。在协定与国内税法冲突时,有些国家实行前者优先于后者的原则,有些国家则认定二者具有同等的法律地位。我国宪法没有明确规定协定优先国内税法一般原则,但我国在一些具体国内立法上,都确认国际税收协定具有优先适用的地位。

第五,国际税收协定的解释。国际税收协定的解释,是协定在适用和执行过程中结合有关的案情事实,对协定使用的条款用语的准确含义进行阐释和说明的行为。相较于国际法的一般解释原则(国际条约或协定的解释应严格就条约或协定的用语,按照上下文并参照其目的和宗旨所具有的通常意义,善意地予以解释),国际税收协定的解释有特别规定,即根据《联合国税收协定范本》和《经合组织税收协定范本》第 3 条第 2 款规定:"缔约国一方实施本协定时,对未经本协定明确定义的用语,除上下文联系另有要求外,应当具有该缔约国关于适用本协定税种的法律所规定的含义。"在解释国际税收协定的过程中,在某些情况下,允许缔约国一方依据其国内有关税法规定的含义来解释协定中的用语含义。

要想对国际税收协定作出正确的解释,必须有可靠的参考依据和科学的解释方法,这就涉及国际税收协定的解释渊源与解释方法。目前,国际税收协定的解释渊源主要包括:双重征税协定本身规定的解释规则、《维也纳条约法公约》第31条和第33条关于条约的解释规则、缔约国双方在缔结双重征税协定时或执行协定过程中达成的有关协议文件、缔约国的国内有关法律,以及经合组织税收协定范本和联合国税收协定范本及其相关注释。在依据这些渊源进行解释的过程中还要遵循以下顺序:首先,凡是协定本身已有明确定义的概念用语,应严格依据协定本身的定义进行解释。其次,如果有关的协定用语在协定中未有明确的定义解释,则应依照协定的上下文联系并参照协定的宗旨和目的进行解释。最后,当从协定的上下文联系仍无法明确协定某一用语的含义时,始可依据缔约国国内法上的有关概念进行解释。

在税收协定的解释方法上,我国税务机关和法院应认识到税收协定是国际条约,不能依照国内税法的解释方法进行解释,而应根据条约法规定的解释方法加以解释。税收协定的解释方法主要包括《维也纳条约法公约》第31条和第32条规定的文义解释、体系解释、目的解释和历史解释方法,税收协定第3条第2款所规定的根据协定用语的国内税法概念含义进行解释这一独特方法以及其他传统国际条约法所准许的方法。

第二节 中国国际税收争议解决的完善与制度构建

一、完善的立法建议:国内税收立法和国际税收条约签订的完善

本书第三章第二节通过比较法的角度,选取大陆法系的代表德国的纳税人权利保护制度及申诉程序、英美法系的代表美国的纳税人权利保护制度及妥协提议(an offer in compromise)及深受这两国影响的中国台湾地区的税捐协谈制度对照比较,以连接征税机关和纳税人关系的一种具体制度或者通俗地说税务机关可否与纳税人在课税事实或法律状态不明确情况下对税款这种公法上的债进行讨价还价(make a deal)作为剖析点展开分析,进而证明税款这种公法上债的可交易性。作为税务主管机关实践操作的前提和依据,在完善我国国际税收争议解决的国内方法立法方面,我们可以吸收和借鉴我国台湾地区的税捐协谈制度,由税务总局制定成文的税收协谈规章。

税务主管机关在与其他国家签订双边税收协定时,除了继续完善现有的相互协商程序外,可以根据缔约对方国家对仲裁解决税收争议的立场选择性地加入仲裁解决方式。上海自由贸易试验区可以对税收协谈制度和ADR进行实验,实现税收争议解决的制度创新。

（一）税收立法方面的对策

1. 加快税收立法,完善争议解决的法律依据

第一,修改宪法或尽快制定税收基本法。《中华人民共和国宪法》第五十六条规定:中华人民共和国公民有依照法律纳税的义务。在明确纳税法定原则的同时也有必要以根本大法的形式增加一句:"国家保护纳税人的合法权益"。同时,加紧制定税收基本法,以法律的形式把纳税人的权利和义务具体化、规范化,提高纳税人权利保护的法律位阶和效力。

第二,要尽快把现行的一些税收条例上升为法律。例如,将现行的增值税、消费税、资源税等由国务院制定的授权性立法改为由全国人大及其常委会制定的税收法律,减少部门立法的部门利益,压缩税收行政部门过大的自由裁量权,促进税务部门严格依法治税,加强对纳税人权益的保护。[①]

第三,要广开言路,开门立法,认真吸收纳税人特别是人大代表的有益建议。充分利用网络、传媒的便利,听取纳税人的意见和建议,吸收人大代表参与税收立法,明确赋予纳税人与税务机关在立法中的平等地位,避免税务部门的本位主义和由主管机关把持立法的局面。

第四,要在税收基本法中明确税务部门保护纳税人权益的主要职责。加大对侵犯纳税人合法权益的税务机关及其税务人员的法律惩处力度,惩前毖后,以儆效尤。

第五,尽快制定行政程序法,明确规定行政契约,作为现代行政法中合意、协商等行政民主精神的具体体现。行政契约也称行政合同,是指行政主体以实施行政管理为目的,与行政相对人就有关事项经协商一致而达成的协议。行政契约实际上是19世纪以来,特别是20世纪行政法制度与功能发生结构性变化的产物,正像英国学者哈罗和劳伦斯所观察到的那样,它是市场经济理念、特别是契约理论向公共管理领域渗透的结果。我国目前还没有专门规定行政合同的法律,但行政合同的现象在行政领域中是比较普遍的法律现象。例如,全民所有制企业承包经营合同和城镇土地使用权出让合同即是典型。在税收领域,税务总局在2010年4月1日起施行的《税务行政复议规则》中以部门规章的形式认可

---

① 2015年3月15日第十二届全国人民代表大会第三次会议通过《关于修改〈中华人民共和国立法法〉的决定》明确了税收法定的原则,按照立法法的规定要在5年内逐步把现行的税收条例法律化。2019年底财政部向社会公布了《中华人民共和国增值税法(草案)》即是证明。

了行政复议阶段的和解协议。在中国台湾,税捐稽征处与漏缴营业税人所成立的承诺书或税捐机关与纳税人因行政救济或申诉案件而成立的协谈记录,志愿服兵役契约等皆应属行政契约。中国台湾税捐协谈制度,就是中国台湾当局在借鉴德国行政契约理论和行政程序法基础上制定的行政程序法。然后由中国台湾财政主管机关依据行政程序法对行政契约的相关规定作出的具体适用规范。中国台湾"行政程序法"规定,公法上法律关系得以契约设定、变更或消灭之。但依其性质或法规规定不得缔约者,不在此限。以此从实定法的角度确认了行政契约的存在。行政机关对于行政处分所依据之事实或法律关系,经依职权调查仍不能确定者,为有效达成行政目的,并解决争执,得与人民和解,缔结行政契约,以代替行政处分。本规定参考了德国行政程序法的规定,认可行政主体和行政相对人在符合下列四个前提要件的情况下,可以缔结和解契约:①客观上存在事实或法律状态不明确;②不明确状态不能或需费甚巨始能排除;③契约的缔结须能有效达成行政目的;④双方互相让步,不能仅一方让步。和解契约的主要功能就是促使行政程序经济化,申言之,行政机关为了调查不明了的事实或法律状态一方面可能旷日费时、耗财不菲,另一方面以行政处分确定不明确状态,又可能因当事人对结果不服引发漫长的行政争讼,而行政机关若与当事人各让一步,将可节省相当的时间、人力、费用,而且也容易使相对人信服。"行政程序法"的出台使中国台湾税务主管机关和纳税人进行税捐协谈具有了合法的上位法依据,税务机关和纳税人协谈的协议即典型的和解契约。税务机关和纳税人双方都要遵守该契约。一旦在立法上确立了行政契约,那么由大陆的财税主管机关借鉴台湾地区的税捐协谈制度制定相应的部门规章就为各级税务机关在征管实践中的具体操作确立了法律依据。

二、完善的执法建议:国家税务主管机关税收征管行为的完善

(一)在上海自由贸易试验区进行税收征管制度创新试验

1. 税务机关和纳税人在税收征管过程中进行税务协谈

税务协谈产生方式可分为两种。第一是税务审查阶段的协谈。审查阶段协谈产生的方式是由纳税义务人向税务机关提出协谈申请,由承办人员把审核选定的案件简要描述案件进行协谈的必要性及理由请单位负责人核定。第二是行政救济阶段的协谈。行政救济协谈产生的方式是由纳税义务人和税务机关按照自愿、合法的原则,在行政复议机关作出行政复议决定以前就这些行政复议事项:①行使自由裁量权作出的具体行政行为,如行政处罚、核定税额、确定应税所得率等;②行政赔偿;③行政奖励;④存在其他合理性问题的具体行政行为;⑤达成和解,行政复议机关也可以调解。如果双方达成合议,既可以争议项目金额大

小拟出协谈的方案,之后由税务机关决定是否进行协谈。经核定单位同意即可进入协谈程序。[①]

无论是在审查阶段或者是行政救济阶段,税务机关可以规定符合下列情形之一的税务案件展开协谈:

(1) 税务机在审查阶段中认为课税事实的认定或证据的采信有协谈的必要。

(2) 经行政救济撤销重审的案件,对课税事实的认定或证据的采信,税务机关和纳税人双方意见有分歧。[②]

符合上述条件之一的税收争议案件,经税务稽查人员初步选定后,依下列程序进行税务协谈:

(1) 协谈案件的提起。由税务承办人员选定税收争议案件,简述进行协谈的必要性和理由,提请单位主管核定。

(2) 协谈人员的产生。税务机关应选任 2 人以上作为协谈人员,如涉及其他单位的业务,应请相关单位指派相关人员协谈。如为重大案件,应由税务机关负责人指定适当人员参加。参加税务协谈的还包括纳税义务人及其委托的代理人、扣缴义务人。

(3) 协谈的日期、地点。税务机关协谈人员选定之后,应把协谈的日期、地点及协谈的要点于协谈日期 3 日前以书面通知所有参加协谈的人员。

(4) 协谈案情的研析。税务机关协谈人员进行协谈前,因对案件的内容、相关的法令及实务处理详细进行了解,必要时应征询相关单位的意见以帮助协谈的进行。

(5) 税务机关协谈的原则。税务机关协谈工作人员进行协谈时,应该以客观审慎的态度,恪守合法、公正的原则,对纳税义务人或其代理人详细说明化解征纳双方的分歧。

税务协谈结果的处理。税务协谈完成后,税务机关的协谈承办人员应把协谈的经过及结果做成协谈记录。报单位主管核定后,如果双方达成和解协议,依和解协议达成的内容作出相应的征税行为,并将税款缴纳通知书送达纳税义务人,限期缴纳。如税务机关未能与纳税义务人达成和解协议,是因为纳税义务人既不能提供完备的账簿凭证或相关证明文件资料以供税务机关稽查,又不能让步达成税务和解协议,税务机关便可依查得的资料核定纳税义务人应纳的税额,

---

① 详见《税务行政复议规则》第 86 条规定,http://www.gov.cn/flfg/2010-03/01/content_1544560.htm。

② 以所得税为例,如:对租赁所得成本认定有歧异,经查证仍无法明确判定;对装潢设备折旧年限认定有歧异;对餐饮业服务费收入属营业收入或非营业收入认定有歧异;纳税人所提证据繁杂,查清困难且争议多,为避免浪费行政资源,税务机关和纳税人互相让步。

并将税款缴纳通知书送达给纳税义务人限期缴纳。如果是属于行政救济阶段的协谈,税务机关协谈人员也要把协谈的经过与结果做成协谈记录,经单位主管核定后,做成行政复议审查报告书,提请行政复议机关审议,并于审议通过后做成复查决定书,送达纳税义务人。[1] 一旦经行政复议机构准许和解终止行政复议的,纳税人不得以同一事实和理由再次申请行政复议。[2] 如果在协谈案件中纳税义务人就相关的国家税务总局和国务院其他部门的规定、其他各级税务机关的规定、地方各级人民政府的规定或地方人民政府工作部门的规定提出合法性的异议,则税务机关应向上级建议修改相关的规定。

2. 税务主管机关在与"一带一路"沿线其他国家签订双边税收协定时,除了继续完善现有的相互协商程序外,可以根据缔约对方国家对仲裁解决税收争议的立场选择仲裁解决的方式

仲裁解决方式的制度设计,可以参考经合组织的《OECD 关于仲裁解决的示范协议》作为我国在签订双边税收协定时争议解决条款设计的依据。

第一,提起仲裁的要求。

(1) 根据《2010 年经合组织税收协定范本》第 25 条第 5 款的规定,相互协商案件中的未决事项应当以书面形式向缔约国一方主管当局提出仲裁请求。请求中应当包括证明案件的足够信息,除请求书外,提出仲裁要求的纳税人或与案件有直接关系的人还应当提交一份书面证明,表明未决事项没有被缔约国的法院或行政机关作出裁决,从收到仲裁请求的 10 天内,主管当局应当把仲裁请求和书面声明的复印件送达缔约国另一方的主管当局。

(2) 提出时间:从案件提交给缔约国一方主管当局之日起 2 年后。

第二,确定仲裁庭的审理事项(terms of reference)。

审理事项是一份规定由仲裁员解决哪些问题的文件。它确立了由仲裁庭裁决事项的管辖基础。它是由主管当局双方在都收到仲裁请求 3 个月内,共同决定由仲裁庭裁决的问题。同时以书面形式通知提出仲裁请求的纳税人。若仲裁庭的审理事项未能在 3 个月内通知提出仲裁请求的纳税人,由该纳税人和每一方主管当局在第 4 个月内以书面通知沟通确定由仲裁解决的一系列事项。所有沟通的事项应当构成临时审理事项。在仲裁庭组成后的 1 个月内,仲裁员应当与主管当局双方和提出仲裁请求的纳税人沟通,在此基础上,对临时审理事项作出修改。在主管当局双方收到修改后的临时审理事项一个月内,主管当局双方也可以提出不同的审理事项并且以书面形式通知仲裁和提

---

[1] 见《税务行政复议规则》第 87 条规定,申请人和被申请人达成和解的,应当向行政复议机构提交书面和解协议。和解内容不损害社会公共利益和他人合法权益的,行政复议机构应当准许。

[2] 《税务行政复议规则》第 88 条,http://www.gov.cn/flfg/2010-03/01/content_1544560.htm。

出仲裁请求的纳税人。如果他们在一个月内确实这样做了,则以他们提出的不同审理事项作为案件的审理事项。反之,如果他们没有对修改后的临时审理事项提出不同意见,则由仲裁庭准备的修改后的临时审理事项应当构成本案的审理事项。

第三,仲裁员的选任。

(1) 仲裁员的任职资格。任何人包括缔约国一方的政府官员可以被指定为仲裁员。若他已参加了本案前期的相互协商,而引起仲裁程序,则他不可再被指定为仲裁员。仲裁员的委任需要由有权委任他的人(们)和仲裁员本人签名的委任书来确认。对仲裁员来说,似乎没有必要规定任何特殊的任职资格要求。因为每一缔约国的主管当局都有权委任代表自己利益的一个仲裁员,然后由委任的两名仲裁员再委任一名仲裁员担任首席仲裁员。但是由经合组织的财政事务委员来准备适格的候选人名单,有助于委任进行。另外对担任首席仲裁员的人来说,若具有程序、证据和税收方面的经验,显然是非常重要的。因此由每一缔约国委任与案件无直接关系的政府官员担任仲裁员是有益的。当然一旦被选任,仲裁员必须以中立和客观的态度来裁决案件,而不再担任委任他的缔约国的代理人。

(2) 仲裁员的产生。在提出仲裁请求的纳税人收到仲裁的审理事项后的3个月内,或主管当局双方收到仲裁请求后的4个月内,每一主管当局应当委任一名仲裁员。在两名仲裁员被委任后的2个月内,由已委任的仲裁员共同选任第3名仲裁员担任首席仲裁员。若在上述规定时间内无法选出仲裁员,应由经合组织税收政策和管理中心的秘书长在收到纳税人请求的10天内指定仲裁员。在仲裁程序开始后,如果有必要更换仲裁员,则同样适用前述程序。

第四,仲裁的程序和证据规则。

按照经合组织仲裁解决的示范协议和审理事项的规定,仲裁员应当采纳这些能有效解决审理事项中问题的程序和证据规则。除此之外,仲裁员还可以在临时仲裁(on an ad hoc basis)的基础上发展这些规则。例如,仲裁员可以自由决定采用现有的仲裁规则,像国际商会的仲裁规则,在规则中需要明确的是,仲裁庭赖以作出裁决的事实裁量,是在相互协商程序中发展起来的。只有在特殊的情形下,仲裁庭才有权去调查案件早期未查明的事实问题。

第五,提起仲裁的纳税人参加仲裁的权利(在仲裁争议解决程序中纳税人的参与权)。

依据示范协议的规定,提起仲裁请求的纳税人可以直接或通过他的代表,有权向仲裁员提交书面意见。如果仲裁员同意,在仲裁庭会议期间,也可以做口头陈述。

第六,仲裁费用的承担。

(1)基本原则。凡是主管当局一方或涉案纳税人一方能控制一项特定费用的数额,应由控制方承担,而其他费用应由主管当局双方平均承担。

(2)每一主管当局以及提出仲裁请求的纳税人应该承担就自身参与仲裁程序产生的费用。这包括差旅费、准备和陈述自己观点所产生的费用。

(3)每一主管当局将承担自己委任的仲裁员的报酬,或自己不能委任而由经合组织税收政策和管理中心主任委任的仲裁员酬金以及仲裁员的差旅、通讯和秘书处费用。

(4)第三名仲裁员的报酬、差旅、通讯和秘书处费用将由主管当局双方平均负担。

(5)仲裁庭开庭的费用包括必要的仲裁指导程序、管理人员的费用应当由提起仲裁案件的主管当局承担。比如,该主管当局被要求安排开庭以及配备相应的管理人员。在大多数案件中,主管当局将使用自己选定的会议设施和管理人员,因此由另一方主管当局承担该部分费用是不合适的。

(6)其他费用,如主管当局双方都同意提供的翻译和记录的费用,应当由双方平均负担。

第七,仲裁适用的法律规则。

仲裁员应当依据条约的规定和缔约国国内法的规定,对提起仲裁的事项作出裁决。有关税收协定解释的事项,仲裁员将依据《维也纳条约法公约》第31至第34条规则作出裁决,同时结合《经合组织示范法》注释,有关适用正常交易原则"the arm's length principle"的事项仲裁员同样将考虑依据经合组织《跨国公司转移定价指导原则和税收管理》作出裁决。仲裁员也将考虑适用主管当局双方在审理事项中明确认可的其他规则。在许多案件中,税收条约条款的适用依赖于国内法的规定。例如,关于不动产的定义,主要根据国内法中该术语的意义作为一般法律原则,仲裁员就一项纯国内法事项作出一项独立裁决是不合适的。还有一些案件,主管当局同意对税收协定规则的解释或适用依据一份特殊文件。例如,协定生效后的一份谅解备忘录或相互协议,但是不同意对该文件的解释。

第八,仲裁裁决的作出。

在非独任仲裁(委任多于一个仲裁员)的情况下,仲裁裁决将由所有仲裁员简单多数通过。除非审理事项另有规定,仲裁庭裁决将以书面形式作出,并且阐明作出裁决的法律依据以及适用法律推理出的结果。经过提起仲裁请求的纳税人和主管当局双方的同意,仲裁庭的裁决将以不出现涉案当事人姓名(名称)或隐去可能披露当事人身份细节的处理方式予以公布,且该裁决不具有正式的先例价值。仲裁裁决必须从首席仲裁员收到所有必要信息并开始考虑案件之日起的6个月内送达给主管当局和提出仲裁请求的纳税人。为了解决仲裁员不能或不愿意提交仲裁裁决的特殊情况,如果出现仲裁裁决未能做到在规定时间内送达给主管当局和纳税人,主管当局可以同意延长提交仲裁裁决的时间不超过六个月,或主管当局在1个月内未能达成一致,他们可以委任新仲裁员来处理案件。仲裁裁决应当是终局的,除非由缔约国一方的法院认定该裁决是不可执行的,因为裁决违反了《2010年经合组织税收协定范本》第25条第5款或违反了审理事项中规定的程序规则。如果一项仲裁裁决基于上述理由被认为是不可执行的,则提出仲裁的请求将被认为未提交并且仲裁程序未发生。在相互协商程序下就个案作出的裁定一般是不公布的,但公布仲裁裁决将增加仲裁程序的透明度,而且会影响其他同类案件以避免类似争议的发生。

第九,执行仲裁裁决。主管当局将从裁决作出后的6个月内执行裁决。税收争议仲裁未规定仲裁的监督机制。

(二)国家税务主管机关应当不断改进和优化纳税服务,不断提高纳税服务工作水平

(1)保护纳税人合法权益是税务机关的法定义务,也是纳税人的核心要求。税务机关应当牢固树立征纳双方法律地位平等的理念,切实尊重纳税人的平等主体地位,在依法向纳税人行使征税权利的同时,注重保护纳税人合法权益,是从根本上提升纳税服务水平的重要举措。要探索建立切实保护纳税人合法权益的体制机制。健全征纳沟通机制,明确并畅通纳税人权益的实现途径和救济渠道。逐步实施税制改革和重大税收政策调整措施出台前的专家论证、公开听证等制度,注重做好税法执行中的意见回馈评估工作,提高公众参与度和税法透明度。

(2)注重提高纳税人满意度和税法遵从度,是税务机关纳税服务工作的重要目标。纳税服务工作始于纳税人需求,基于纳税人满意,终于纳税人遵从。只有通过为纳税人提供优质高效的服务,努力满足纳税人的合理需求,赢得广大纳税人普遍满意,才能更好地促进税收征纳关系和谐融洽,引导纳税人自愿遵从税法、依法诚信纳税。税务机关要建立健全纳税人需求征集、分析、评估、响应机制,依据纳税人的规模、属性、特点及不同需求,推进多元化、个性化服务,建立符合纳税人实际需要的服务细分格局,满足不同层次纳税人的合理需求,不断提高纳税人满意度和税法遵从度。随着"一带一路"建设的深入推进,我国企业"走出去"的步伐明显加快,对外投资规模不断扩大,质量和水平日益提高。为了更好地服务国家战略,充分发挥税收的职能作用,以税收政策信息的便捷获取打造公平友好的营商环境,降低纳税人"走出去"税收风险,国家税务总局国际税务司于 2017 年 9 月专门编写了《"走出去"税收指引》(以下简称《指引》)。《指引》共分四章,从税收政策、税收协定、管理规定及服务举措四个方面,按照适用主体、政策(协定)规定、适用条件、政策依据详细列举了企业"走出去"涉及的 90 个事项。截至 2019 年 11 月 25 日,中国税务主管部门已经先后发布 99 份国别投资税收指南,以方便中国"走出去"企业获取和了解被投资国的税收基础信息。国家税务总局网站上开辟了税收服务"一带一路"专题,专题涵盖税收协定、工作动态、政策法规、相关案例、媒体资讯、国际税讯、国别投资税收指南等内容。专题内容将及时更新,帮助企业全面了解"一带一路"的税收信息。①2016 年 1 月,国家税务总局 12366 上海(国际)纳税服务中心正式挂牌成立,上海中心双语网站同时开通。上海中心双语网站立足国际化发展战略,开设"一带一路"、长江经济带、自由贸易试验区等专栏,可为"走出去"纳税人提供专业税收指引。同年 11 月,国家税务总局开通中国国际税收服务热线,可为国内外纳税人提供中英文专业税收咨询、办税指引等纳税服务。截至 2017 年 5 月,该服务热线已累计向纳税人提供咨询服务 73 413 次,服务对象覆盖美国、澳大利亚、新加坡、中国香港等许多国家和地区的纳税人,其中英语服务千余人次,纳税人满意度达 99.89%。②

三、完善纳税人的税收争议化解机制:对纳税人权利救济途径的完善

(一) 完善税收行政复议方面的对策

第一,修改广为诟病的税收行政复议纳税义务前置的规定。

《中华人民共和国税收征收管理法》第八十八条规定:纳税人、扣缴义务人、纳税担保人同税务机关在纳税上发生争议时,必须先依照税务机关的纳税决定缴纳或者解缴税款及滞纳金或者提供相应的担保,然后可以依法申请行政复议;对行政复议决定不服的,可以依法向人民法院起诉。③ 此规定实质上剥夺了那些无力缴纳税款及滞纳金也无法提供担保的纳税人的法律救济权。这也违反了行政法上"有权利就有救济"的原则。在美国,这样的法律明显是违宪的。因为它与美国宪法第十四条修正案平等保护的规定是抵触的。中国台湾地区于

---

① 详见国家税务总局"一带一路"税收服务网页:http://www.chinatax.gov.cn/n810219/n810744/n1671176/index.html。

② 详见 12366 上海(国际)纳税服务中心网页:http://www.tax.sh.gov.cn/12366gjsy/indexChinese.html。

③ 《税务行政复议规则》第三十三条也规定,申请人对本规则第十四条第(一)项规定的征税行为不服的,应当先向行政复议机关申请行政复议;对行政复议决定不服的,可以向人民法院提起行政诉讼。申请人按照前款规定申请行政复议的,必须依照税务机关根据法律、法规确定的税额、期限,先行缴纳或者解缴税款和滞纳金,或者提供相应的担保,才可以在缴清税款和滞纳金以后或者所提供的担保得到作出具体行政行为的税务机关确认之日起 60 日内提出行政复议申请。

1988年4月22日发出了"司法院大法官释字第224号解释",解释文为"税捐稽征法关于申请复查,以缴纳一定比例之税款或提供相当担保为条件之规定,使未能缴纳或提供相当担保之人,丧失行政救济之机会,系对人民诉愿及诉讼权所为不必要之限制,⋯⋯均应自本解释公布之日起,至迟于届满二年时失其效力。"到目前,经由司法审查,中国台湾与税法相关的限制行政争讼,已逐一认定不合规。虽然尚有部分法规未作修正,但行政争议应当符合"有权利就有救济"的原则,已经成为中国台湾行政法学界的定论。

第二,扩大税务行政复议范围。

根据《税务行政复议规则》第十四条规定,行政复议机关受理申请人对税务机关下列具体行政行为不服提出的行政复议申请:

(1)征税行为,包括确认纳税主体、征税对象、征税范围、减税、免税、退税、抵扣税款、适用税率、计税依据、纳税环节、纳税期限、纳税地点和税款征收方式等具体行政行为,征收税款、加收滞纳金,扣缴义务人、受税务机关委托的单位和个人作出的代扣代缴、代收代缴、代征行为等。

(2)行政许可、行政审批行为。

(3)发票管理行为,包括发售、收缴、代开发票等。

(4)税收保全措施、强制执行措施。

(5)行政处罚行为:①罚款;②没收财物和违法所得;③停止出口退税权。

(6)不依法履行下列职责的行为:①颁发税务登记;②开具、出具完税凭证、外出经营活动税收管理证明;③行政赔偿;④行政奖励;⑤其他不依法履行职责的行为。

(7)资格认定行为。

(8)不依法确认纳税担保行为。

(9)政府信息公开工作中的具体行政行为。

(10)纳税信用等级评定行为。

(11)通知出入境管理机关阻止出境行为。

(12)其他具体行政行为。

《税务行政复议规则》第十五条规定,申请人认为税务机关的具体行政行为所依据的下列规定不合法,对具体行政行为申请行政复议时,可以一并向行政复议机关提出对有关规定的审查申请;申请人对具体行政行为提出行政复议申请时不知道该具体行政行为所依据的规定的,可以在行政复议机关作出行政复议决定以前提出对该规定的审查申请:①税务总局和国务院其他部门的规定;②其他各级税务机关的规定;③地方各级人民政府的规定;④地方人民政府工作部门的规定。前款中的规定不包括规章。从这两条规定来看,纳税人可以提出复议的是税务机关的具体行政行为,如征税行为、许可行为、审批行为、处罚行为和行政不作为等,以及部分税务抽象行政行为。

(二)税收司法方面的对策

第一,从司法体制上理顺法院和地方政府的关系,使我国的涉税行政诉讼更加独立和公正。与民事和刑事诉讼相比,行政诉讼对纳税人好像成本十分低廉,诉讼受理费只有 50 元,且通常情况由税务机关承担举证责任,律师费相对也比较便宜而且纳税人可以自行进行诉讼。但纳税人胜诉情况如何呢?根据最高人民法院发布的数据,以 2011 年为例,全国共有 136 353 起行政诉讼,税务机关作为被告的案件是 405 起,占全部行政诉讼案的 0.5% 都不到。当年审结的 399 件案件中,279 件未进行实质审理,这其中 225 件纳税人撤诉,25 件法院撤销案件。法院审理的 120 件案件中,纳税人胜诉 14 件,胜诉率 12% 都不到。究其原因,正如学者所述,在当前的司法体制下,由于法院的人、财、物皆受制于地方政府,弱势的法院很难独立公正地依法作出裁判,所以政府部门——尤其是税务局这样的实权部门在诉讼中会受到法院明显的偏袒。可喜的是,我们看到了这些确保司法公正、法治的来自执政党的"顶层制度设计":"完善确保依法独立公正行使审判权和检察权的制度,建立领导干部干预司法活动、插手具体案件处理的记录、通报和责任追究制度,建立健全司法人员履行法定职责保护机制。优化司法职权配置,推动实行审判权和执行权相分离的体制改革试点,最高人民法院设立巡回法庭,探索设立跨行政区划的人民法院和人民检察院,努力让人民群众在每一个司法案件中感受到公平正义。"[①]这些方针无疑为我国未来司法体制的改革指明了方向,必将使我国的涉税行政诉讼朝着更为公正、独立和法治化的方向前进。

第二,加强法院行政庭法官的国际税法专业训练,使我国的涉税诉讼更加专业化。泛美公司税案暴露了我国法院在解决税收协定案件上的力有不逮。我国没有建立专门的税务法院,而是由法院的行政庭来处理国际税务案件。大多数行政庭的法官更熟悉国内法规定,缺乏应有的国际税法专业训练,不熟悉税收协定解释的具体规则,在协定解释上多依赖税务机关的意见,导致法院的推理和论证不够严密。在新一轮司法改革的背景下,最高人民法院可以从审理涉税诉讼案件法官的准入资格、在岗培训入手,通过和国际知名税务组织如 IBFD 合作的形式来提高行政庭法官的国际税法知识储备和审判水平,甚至从制度和经费方面支持他们参加各种国际性的税收组织活动。比如,以团体或个人的身份加入

---

① 详见《中共中央关于全面推进依法治国若干重大问题的决定》。

国际税务法官协会(International Association of Tax Judges, IATJ)①以促进和其他国家税务法官的沟通交流,互相学习,提升我国法院在审理国际税收争议案件的能力和水平。

---

① 国际税务法官协会成立于2008年总部位于荷兰,旨在为世界各国税务法官提供分享国际税务信息、知识和观点的组织。国际税务法官协会从2010年在罗马举办第一次年会以来,每年都会召开一次世界性的年会。协会的活动主要是由来自不同国家和地区代表不同法系的税务法官介绍各国的税收争议解决程序、最新的税收协定判例法、最新的转移定价判例法以及OECD对国际税法作出的最新发展。

结　　论

　　美国 IRS 一年新产生和待决的 MAP 案件超过了 800 件,OECD 成员国新产生和待定的 MAP 案件将近 4 000 件。尽管其他非 OECD 国家没有详细的税收争议统计数据,但在税收征管方面非常积极的国家如印度、南非、墨西哥和巴西的 MAP 案件加起来也将近 3 000 多个案件。世界范围内国际税收争议数量的激增,使得人们不禁对现有国际税收争议解决机制的有效性产生了疑问。特别是解决争议的三种主要程序:MAP、预约定价协议和仲裁。要改变这种失控的局面,最好、最直接的方法就是对 MAP、预约定价协议和仲裁这三种争议解决的程序和方法进行根本性的变革。当然,要同时做改变的还有长期存在的税务主管机关和纳税人之间以及政府之间的态度和关系的根本改变。变革不仅包括减少国际争议的数量和加快解决争议的时间,而且要最大化争议解决的效益,即把过去的、将来的,涉及其他国家和纳税人相同问题的相同案件演变成将有助纳税人与税务机关避免争议发生的先例。正如本书研究的主题,因为问题是系统性的,所以解决问题也必须从系统或机制出发;因为问题是国际性的,所以解决问题也要从国际的角度出发。如果没有关键国家和其他国家的同意,那么任何在理论上合理的建议和改变都是无用的。同样,如果不从国际税收协定、国内法以及 OECD 的指针方面进行改变,也是无效的。在多元化解决国际争议的背景和促进纳税人权利保护的潮流下,应联合运用各种可行的、客观的争议解决机制以及在具体解决争议基础上发展和形成的大量国际先例和指导原则,最终实现减少并有效解决不断增长的国际税收争议案件的目的。

　　总的来说,国际税收争议的产生和发展,是国际经济交往发展到一定历史阶段,国家的税收管辖权(tax jurisdiction)扩大到具有跨国性质的征税对象(tax object)的结果。国际税收争议的实质是国家税收主权和纳税人私权发生矛盾冲突的体现。本书所认为的国际税收争议解决机制,就是指国际社会所使用的解决国际税收争议的各种多元化方式组成的动态系统,既有国内机制,又有国际机制;既包含传统的争议解决方法,如行政复议、行政诉讼、相互协商、仲裁、预约定价协议,也包含司法化的解决机制,如由国际法院和世界贸易组织来裁决的新设想。有关解决国际税收争议的机制主要分为两种。

一种是国内法程序。从研究的范围说,国内法程序基本是属于各国国内行政程序法研究的对象,因此通过选取大陆法系的代表德国的纳税人权利保护制度及申诉程序、英美法系的代表美国的纳税人权利保护制度及妥协提议(an offer in compromise)和深受这两国影响的中国台湾地区的税捐协谈制度对照比较,说明税款这种公法上债的可交易性。在我国刑事诉讼法明确规定了刑事公诉案件和解的背景下,推动行政和解协议从理论走向实践,进而也促进我国行政程序法的早日出台。

另一种是国际法程序。国际法程序的传统争议解决方法有相互协商程序及其延伸仲裁解决程序、预约定价协议。相互协商程序在解决因一个缔约国的行为而产生的双重征税的案件中,如对所得的转移定价调整或主管税务机关决定的扣除额,发挥着越来越重要的作用。但多年来国际税收争议无论是本质上还是数量上都发生了巨大变化,相互协商程序存在的下列问题必须予以完善:

(1) 相互协商程序在许多税收协定的规定中只是要求缔约税务主管当局进行协商并尝试解决国际税收争议,即缔约国税务主管当局只要尽力去解决税收争议,并不需要实际达成协议。

(2) 纳税人在相互协商程序中参与度的问题。长期以来 MAP 的一个典型特征就是纳税人并不积极参加争议解决过程。

(3) 纳税人在寻求相互协商程序时还存在如下障碍:①缔约国国内时效期间的限制;②税收协定时间的限制;③迟延纳税调整的阻碍;④国内反避税规定的限制;⑤国内行政或司法解决的限制;⑥未公布 MAP 的具体规定;⑦把双重征税作为 MAP 的前提条件。

(4) 多边争议无法通过多边方式解决的问题。

(5) "秘密法"的问题。

(6) 非税收协定国家的纳税人能否使用 MAP 解决税收争议的问题。

本书还指出,美国在将来新修订的所得税协定范本中将规定强制仲裁的条款。仲裁程序虽然是相互协商程序的扩大,目的是增强相互协商程序的有效性。但也存在着一些缺陷:①仲裁程序不能独立于相互协商程序的使用问题;②仲裁条款不具有操作性;③纳税人在仲裁程序中参与度的问题。

与前述国内诉讼、相互协商和仲裁等双重征税争议已经产生再来寻求解决之道相比,预约定价协议(APAs)的事先预防争议产生功能以及合作而不是对抗的解决方法,无论是对纳税人还是税务机关都有吸引力。经过多年的实践,在解决转移定价的国际税收争议实践中出现了如下五个方面的问题值得关注:

①APAs能否以多边的解决方式来解决双重征税的问题;②APAs案件的详细解决过程是否公开的问题;③非APAs协定国家如何解决争议问题;④在双边或多边磋商中,纳税人的参与度问题;⑤争议解决的时间太长问题。

在国际税收争议解决的司法化新机制方面,本书探究了由国际法院和世界贸易组织来行使对国际税收争议管辖的可能性。直接国际税收争议是可以由国际法院来解决的。从一种务实且能够有效实施的角度来改善世界贸易组织在税收领域发挥更大的作用,我们需要从以下三方面作出改进:①完善世界贸易组织现有的相关协定中的税收规则,制定补充指导规则;②建立世界贸易组织的贸易和税收委员会;③在世界贸易组织和国际税收主要机构如经合组织和联合国开展机构间的联系和对话。我们不得不承认世界贸易组织是国际税法多边管控的一个不可分割的因素,不应低估它对税收的影响作用。

通过国际税收争议解决机制与发展比较成熟的WTO争端解决机制、ICSID投资争端解决机制进行比对分析,以探究它们的联动甚至融入的可能性。一般认为,一份税收协定代表了两个主权国间对税收利益分配达成了一笔交易,其目的是避免双重征税和保护税基。而这笔交易的代价是对各自税收主权的一定限制与侵蚀。这种主权保留证明了为什么国际税收争议解决机制中缺乏一种正式的、有约束力的争议解决程序。许多投资协定中都规定,与税收有关的征收只有在首先提交给东道国和投资者母国的税收主管当局认定后才能向解决投资争端国际中心提起仲裁。

2019年4月,第一届"一带一路"税收征管合作论坛发布的《乌镇声明》指出:"为了更好地保护纳税人的合法权益,保障国内税基,'一带一路'国家(地区)采取及时高效的方法来尽可能减少和解决跨境税收争议,至关重要……将深化理事会成员之间的合作,以完善税收争议解决机制,探索建立符合其所在国(地区)需求与实际的税收争议解决程序。"在"一带一路"合作背景下针对我国无论是在理论研究还是具体制度方面的不足,本书提出了借鉴吸收发达国家(地区)的科学立法和税务实践成功经验,以完善我国国际税收争议解决的制度设计和可行性方案:

(1)国内立法方面:尽快制定行政程序法,明确规定行政合同;吸收和借鉴我国台湾地区的税捐协谈制度,由国家税务总局制定成文的行政和解协议的规章;结合我国国际税收争议的具体问题来不断完善我们现有的MAP规则;修改广为诟病的税收行政复议纳税义务前置的规定;扩大税务行政复议范围。

(2)税收司法方面的对策:从司法体制上理顺法院和地方政府的关系,使我国的涉税行政诉讼更加独立和公正;加强法院行政庭法官的国际税法专业训练,使我国的涉税诉讼更加专业化。

　　"一带一路"沿线 65 个国家,经济发展水平参差不齐,政治体制、社会风俗和文化传统不同,各自的国内税收政策和制度规定也有较大差异。构建符合"一带一路"沿线国家需求和实际的国际税收争议解决机制,应依循"一带一路"倡议所倡行的相互尊重、开放包容和合作共赢的国际税收合作新理念,在完善现行相互协商程序机制的基础上构建一种开放多元和复合型的国际税收争议解决机制。就我国而言,在签订双边税收协定时,除了继续完善现有的相互协商程序外,还应有选择性地加入仲裁解决方式。上海自由贸易试验区可以对税收协谈制度和 ADR 进行实验,税务机关和纳税人在税收征管过程中进行税务协谈,ADR 的制度设计,可以参考中国台湾地区的税捐协谈制度和澳大利亚税务局(ATO)的 ADR 具体指南,实现我国税收争议解决的制度创新。

相互协商程序的有关协定

《中华人民共和国政府和比利时王国政府对所得避免双重征税和防止偷漏税的协定》

（2009 年 10 月 7 日）

第二十五条　相互协商程序

一、如有人认为，缔约国一方或者双方所采取的措施，导致或将导致对其的征税不符合本协定的规定时，可以不考虑各缔约国国内法律的补救办法，将案情提交该人为其居民的缔约国主管当局，或者如果其案情属于第二十四条第一款，可以提交该人为其国民的缔约国主管当局。该项案情必须在不符合本协定规定的征税措施第一次通知之日起，三年内提出。

二、上述主管当局如果认为所提意见合理，又不能单方面圆满解决时，应设法同缔约国另一方主管当局相互协商解决，以避免不符合本协定的征税。达成的协议应予执行，而不受各缔约国国内法律的时间限制。

三、缔约国双方主管当局应通过协议设法解决在解释或实施本协定时所发生的困难或疑义。

四、缔约国双方主管当局应协商确定有关执行协定规定所需要的行政措施，特别是关于任何一方居民为了在另一方享受本协定规定的免税或减税所需要提供的证明。

五、缔约国双方主管当局为实施本协定可以相互直接联系。

《中华人民共和国政府和大不列颠及北爱尔兰联合王国政府对所得和财产收益避免双重征税和防止偷漏税的协定》

（2011 年 6 月 27 日）

第二十五条　相互协商程序

一、如缔约国一方居民认为,缔约国一方或者双方所采取的措施,导致或将导致对其的征税不符合本协定的规定时,可以不考虑各缔约国国内法律的救济办法,将案情提交本人为其居民的缔约国一方主管当局,或者如果其案情属于第二十四条第一款,可以提交本人为其国民的缔约国一方主管当局。

二、上述主管当局如果认为所提意见合理,又不能单方面圆满解决时,应设法同缔约国另一方主管当局相互协商解决,以避免不符合

本协定的征税。达成的协议应予执行,而不受各缔约国国内法律的时间限制或其他程序限制。

三、缔约国双方主管当局应通过协议设法解决在解释或实施本协定时所发生的困难或疑义,也可以对本协定未作规定的消除双重征税问题进行协商。

四、缔约国双方主管当局为达成前述各款的协议,可以相互直接联系。

《中华人民共和国政府和荷兰王国政府对所得避免双重征税和防止偷漏税的协定》

(2013 年 5 月 31 日)

第二十五条　相互协商程序

一、如有人认为,缔约国一方或者双方所采取的措施,导致或将导致对其的征税不符合本协定的规定时,可以不考虑各缔约国国内法律的救济办法,将案情提交该人为其居民的缔约国主管当局,或者如果其案情属于第二十四条第一款,可以提交该人为其国民的缔约国主管当局。该项案情必须在不符合本协定规定的征税措施第一次通知之日起三年内提出。

二、上述主管当局如果认为所提意见合理,又不能单方面圆满解决时,应设法同缔约国另一方主管当局相互协商解决,以避免不符合本协定的征税。达成的协议应予执行,而不受各缔约国国内法律规定的期限的限制。

三、缔约国双方主管当局应通过相互协商设法解决在解释或实施本协定时所发生的困难或疑义,也可以对本协定未作规定的消除双重征税问题进行协商。

四、缔约国双方主管当局为达成本条第二款和第三款的协议,可以相互直接联系。为有助于达成协议,双方主管当局的代表可以进行会谈,口头交换意见。

《中华人民共和国政府和大不列颠及北爱尔兰联合王国政府关于对所得和财产收益相互避免双重征税和防止偷漏税的协定》

（1984 年 7 月 26 日）

第二十五条 相互协商程序

一、当缔约国一方居民认为,缔约国一方或者双方的措施,导致或将导致对其不符合本协定规定的征税时,可以不考虑各国国内法律的补救办法,将案情提交本人为其居民的缔约国主管当局。

二、上述主管当局如果认为所提意见合理,又不能单方面圆满解决时,应设法同缔约国另一方主管当局相互协商解决,以避免不符合本协定规定的征税。

三、缔约国双方主管当局应通过协议设法解决在解释或实施本协定时发生的困难或疑义。

四、缔约国双方主管当局为达成本条第二款和第三款的协议,可以相互直接联系。

《中华人民共和国政府和美利坚合众国政府关于对所得避免双重征税和防止偷漏税的协定》

（1984 年 4 月 30 日）

第二十四条 协商程序

一、当一个人认为,缔约国一方或者双方的措施,导致或将导致对其不符合本协定规定的征税时,可以不考虑各缔约国国内法律的补救办法,将案情提交本人为其居民的缔约国主管当局;或者如果其案情属于第二十三条第一款,可以提交本人为其国民的缔约国主管当局。该项案情必须在不符合本协定规定的征税措施第一次通知之日起,三年内提出。

二、上述主管当局如果认为所提意见合理,又不能单方面圆满解决时,应设法同缔约国另一方主管当局相互协商解决,以避免不符合本协定的征税。达成的协议应予执行,而不受各缔约国国内法律的时间限制。

三、缔约国双方主管当局应通过协议设法解决在解释或实施本协定时发生的困难或疑义,也可以对本协定未作规定的消除双重征税问题进行协商。

四、缔约国双方主管当局为达成第二款和第三款的协议,可以相互直接联系。为有助于达成协议,双方主管当局可以进行会谈,口头交换意见。

《中华人民共和国和德意志联邦共和国
关于对所得和财产避免双重征税的协定》

（1985 年 6 月 10 日）

第二十六条　协商程序

一、当一个人认为，缔约国一方或者双方的措施，导致或将导致对其不符合本协定规定的征税时，可以不考虑各缔约国国内法律的补救办法，将案情提交本人为其居民的缔约国主管当局；或者如果其案情属于第二十五条第一款，可以提交本人为其国民的缔约国主管当局。该项案情必须在不符合本协定规定的征税措施第一次通知之日起，三年内提出。

二、上述主管当局如果认为所提意见合理，又不能单方面圆满解决时，应设法同缔约国另一方主管当局相互协商解决，以避免不符合本协定规定的征税。达成的协议应予执行，而不受各缔约国国内法律的时间限制。

三、缔约国双方主管当局应通过协议设法解决在解释或实施本协定时发生的困难或疑义，也可以对本协定未作规定的消除双重征税问题进行协商。

四、缔约国双方主管当局为达成前述各款的协议，可以相互直接联系。

《中华人民共和国和荷兰王国关于对所得避免双重征税和防止偷漏税的协定》

（1987 年 5 月 13 日）

第二十五条　协商程序

一、当一个人认为，缔约国一方或者双方所采取的措施，导致或将导致对其不符合本协定规定的征税时，可以不考虑各缔约国国内法律的补救办法，将案情提交本人为其居民的缔约国主管当局；或者如果其案情属于第二十四条第一款，可以提交本人为其国民的缔约国主管当局。该项案情必须在不符合本协定规定的征税措施第一次通知之日起，三年内提出。

二、上述主管当局如果认为所提意见合理，又不能单方面圆满解决时，应设法同缔约国另一方主管当局相互协商解决，以避免不符合本协定规定的征税。达成的协议应予执行，而不受各缔约国国内法律的时间限制。

三、缔约国双方主管当局应通过协议设法解决在解释或实施本协定时所发生的困难或疑义，也可以对本协定未作规定的消除双重征税问题进行协商。

四、缔约国双方主管当局为达成以上各款的协议，可以相互直接联系。为有助于达成协议，双方主管当局的代表可以进行会谈，口头交换意见。

《中华人民共和国政府和爱尔兰政府 关于对所得避免双重征税和防止偷漏税的协定》

（2000 年 4 月 19 日）

第二十五条 协商程序

一、当一个人认为，缔约国一方或者双方所采取的措施，导致或将导致对其不符合本协定规定的征税时，可以不考虑各缔约国国内法律的补救办法，将案情提交本人为其居民的缔约国主管当局；或者如果其案情属于第二十四条第一款，可以提交本人为其国民的缔约国主管当局。该项案情必须在不符合本协定规定的征税措施第一次通知之日起，三年内提出。

二、上述主管当局如果认为所提意见合理，又不能单方面圆满解决时，应设法同缔约国另一方主管当局相互协商解决，以避免不符合本协定的征税。达成的协议应予执行，而不受各缔约国国内法律的时间限制。

三、缔约国双方主管当局应通过协议设法解决在解释或实施本协定时所发生的困难或疑义，也可以对本协定未作规定的消除双重征税问题进行协商。

四、缔约国双方主管当局为达成第二款和第三款的协议，可以相互直接联系。为有助于达成协议，双方主管当局的代表可以进行会谈，口头交换意见。

《中华人民共和国政府和法兰西共和国政府 对所得避免双重征税和防止偷漏税的协定》

（2013 年 11 月 26 日）

第二十六条 相互协商程序

一、如有人认为，缔约国一方或者双方所采取的措施，导致或将导致对其的征税不符合本协定的规定时，可以不考虑各缔约国国内法律的救济办法，将案情提交该人为其居民的缔约国主管当局，或者如果其案情属于第二十五条第一款，可以提交该人为其国民的缔约国主管当局。该项案情必须在不符合本协定规定的征税措施第一次通知之日起 3 年内提出。

二、上述主管当局如果认为所提意见合理，又不能单方面圆满解决时，应设法同缔约国另一方主管当局相互协商解决，以避免不符合本协定的征税。所达成协议的执行不受缔约国国内法时限的限制。

三、缔约国双方主管当局应通过相互协商设法解决在解释或实施本协定时所发生的困难或疑义,也可以对本协定未作规定的消除双重征税问题进行协商。

四、缔约国双方主管当局为达成本条第二款和第三款的协议,可以相互直接联系。为有助于达成协议,双方主管当局的代表可以进行会谈,口头交换意见。

《中华人民共和国和德意志联邦共和国
对所得和财产避免双重征税和防止偷漏税的协定》

(2014 年 3 月 28 日)

第二十五条 相互协商程序

一、如有人认为,缔约国一方或者双方所采取的措施,导致或将导致对其的征税不符合本协定的规定时,可以不考虑各缔约国国内法律的救济办法,将案情提交该人为其居民的缔约国主管当局,或者如果其案情属于第二十四条第一款,可以提交该人为其国民的缔约国主管当局。该项案情必须在不符合本协定规定的征税措施第一次通知之日起三年内提出。

二、上述主管当局如果认为所提意见合理,又不能单方面圆满解决时,应设法同缔约国另一方主管当局相互协商解决,以避免不符合本协定的征税。达成的协议应予执行,而不受各缔约国国内法律规定的期限的限制。

三、缔约国双方主管当局应通过相互协商设法解决在解释或实施本协定时所发生的困难或疑义,也可以对本协定未作规定的消除双重征税问题进行协商。

四、缔约国双方主管当局为达成以上条款的协议,可以相互直接联系。如有必要,双方主管当局代表或负责的税务机关的代表可以进行会谈交换意见。

启动税收协定相互协商程序申请表

申请人基本情况	在缔约对方	姓名或名称(中英文)		
		详细地址(中英文)		
		纳税识别号或登记号		邮编
		联系人(中英文)		
		联系方式 (电话、传真、电邮)		
		主管税务机关 及其地址(中英文)		
	在中国	姓名或名称		
		详细地址		邮编
		联系人		
		联系方式 (电话、传真、电邮)		
		主管税务机关		
缔约对方名称(中英文)				

（续表）

<table>
<tr><td rowspan="4">申请相互协商事由概述</td><td colspan="2">案件事实：</td></tr>
<tr><td colspan="2">争议焦点：</td></tr>
<tr><td>申请人对争议焦点的观点以及依据</td><td>缔约对方对争议焦点的观点以及依据</td></tr>
<tr><td></td><td></td></tr>
</table>

附件清单（共　　件）：

声明：我谨郑重声明，本申请及其附件所提供的信息是真实的、完整的和准确的。我所提交的一切资料，除特别声明以外，均可以向缔约对方主管当局出示。我了解并同意，相互协商过程仅在缔约双方主管当局授权代表间进行，我仅在缔约双方主管当局授权代表邀请时才可以参与。

声明人签章：
年　月　日

（注：申请人是个人的，由个人签字；申请人是法人或其他组织的，由法定代表人或负责人签字，并加盖单位印章。）

以下由税务机关填写

省税务机关受理意见

经办人：　　　复核人：
（签章）
年　月　日

税收协定相互协商程序异议申请表

<table>
<tr><td rowspan="3">申请人信息</td><td>姓名或名称</td><td></td></tr>
<tr><td>联系方式
（电话、传真、电邮）</td><td></td></tr>
<tr><td>主管税务机关</td><td></td></tr>
<tr><td>提出异议理由</td><td colspan="2"></td></tr>
<tr><td colspan="3" style="height:150px;"> 申请人签章：

 年　月　日 </td></tr>
<tr><td colspan="3" align="center">以下由税务机关填写</td></tr>
<tr><td colspan="3">省税务机关接受异议申请时间：　　年　月　日
省税务机关对异议申请的意见与依据：

省税务机关将异议申请上报税务总局时间：　　年　月　日
经办人签章：</td></tr>
</table>

OECD(2013) Action Plan on Base Erosion and Profit Shifting

A. Actions

ACTION 14

Make dispute resolution mechanisms more effective.

Develop solutions to address obstacles that prevent countries from solving treaty-related disputes under MAP, including the absence of arbitration provisions in most treaties and the fact that access to MAP and arbitration may be denied in certain cases.

B. Timing

Actions to be delivered *in two years* (September 2015) relate to CFC rules, interest deductibility, preventing the artificial avoidance of PE status, the transfer pricing aspects of intangibles, risks, capital and high risk transactions, part of the work on harmful tax practices, data collection, mandatory disclosure rules, and dispute resolution.

中国台湾"税捐稽征机关税务案件协谈作业要点"

（修正日期：2011 年 10 月 12 日）

一、为畅通纳税义务人申诉管道，增进征纳双方意见沟通，以减少争议，提升为民服务绩效，特订定本要点，以供稽征机关执行之参考。

二、税务案件有下列情形之一，稽征机关得与纳税义务人协谈：

（一）稽征机关于审查阶段中，就课税事实之认定或证据之采认，有协谈之必要者。

（二）复查、依诉愿法第五十八条第二项规定由原处分机关重新审查或经行政救济撤销重核案件，对课税事实之认定或证据之采认，征纳双方见歧异者。

三、协谈案件依下列方式产生：

（一）由承办人员或其股长签报核准。

（二）复查委员会之决议。

（三）稽征机关首长交办。

四、协谈人员由承办单位指定二人以上人员担任之。如涉及其他单位者，应请其他单位指派人员参与。重大案件应签请首长指定适当人员参与。纳税义务人得委托代理人协谈，但代理人不得超过三人。前项代理人应于协谈时，提出载明授权范围之委任书。

五、协谈应于各税捐稽征机关设置之协谈室为之。

六、协谈日期、地点及协谈要点应于协谈期日三日前，以书面通知所有参加协谈之人员。

七、税捐稽征机关协谈人员进行协谈前，应对案情之内容、相关法令及实务处理详加了解，必要时并应征询相关单位意见，以利协谈之进行。

八、税捐稽征机关协谈人员进行协谈时，应以客观、审慎之态度、恪守合法、公正原则，并对纳税义务人或其代理人详予解说，期能获得共识，化解歧见。

税捐稽征机关协谈人员进行协谈时，得应纳税义务人或其代理人要求，或视案件需要经纳税义务人或其代理人同意后,进行全程录音、录像。

九、纳税义务人或其代理人经合法通知未到场,应另订日期通知,届期仍未到场者,视为拒绝协谈。

十、协谈案件应将协谈经过及结果制作协谈纪录,载明下列事项,并由所有参加协谈人员签章:

(一) 协谈日期、地点。

(二) 所有参加协谈人员之姓名、职称。

(三) 协谈要点。

(四) 协谈结果。

十一、协谈后承办人员应将协谈经过及结果,签报核定,作为审理该案件之参考;如属第三点第二款依复查委员会决议之案件,应签提复查委员会参考。

十二、纳税义务人或其代理人陈述之内容虽属合情、合理,惟囿于法令限制,未便实行时,应反应上级机关,建议修改法令。

十三、依本要点达成之协谈结果,经稽征机关签报核定或签提复查委员会之协谈案件,除有下列情形之一外,稽征机关应尽量遵照协谈结果办理:

(一) 协谈之成立,系以诈术或其他不正当方法达成者。

(二) 协谈成立后,发现新事实或新证据,影响课税之增减者。

十四、协谈纪录应装册备查,年度终了时并将协谈成果报财政部,协谈工作绩优人员得予叙奖。

十五、本要点对于纳税义务人之规定,于扣缴义务人、代征人、代缴人及其他依法负缴纳税捐义务之人准用之。

十六、本要点之作业细节,各稽征机关得视需要订定之。

Procedures for Requesting Competent Authority Assistance Under Tax Treaties

Rev. Proc. 2006–54, 2006–49 I.R.B. 1035, 2006–2 C.B. 1035, 2006 WL 3334167(IRS RPR)

Internal Revenue Service(I.R.S.)

IRS RPR

Revenue Procedure

PROCEDURES FOR REQUESTING COMPETENT AUTHORITY ASSISTANCE UNDER TAX TREATIES

Released: November 17, 2006

Published: December 4, 2006

26 CFR 601.201: Rulings and determination letters.

This document updates the procedures for requesting assistance from the U.S. competent authority under the provisions of an income, estate, or gift tax treaty to which the United States is a party. Rev. Procs. 2002–52 and 2006–26 modified and superseded. Rev. Proc. 2006–9 amplified. Rev. Rul. 92–75 clarified.

TABLE OF CONTENTS

SECTION 2. SCOPE

.01 In General.

.02 Requests for Assistance.

.03 General Process.

.04 Failure to Request Assistance.

SECTION 3. GENERAL CONDITIONS UNDER WHICH THIS PROCEDURE APPLIES

.01 General.

.02 Requirements of a Treaty.

.03 Applicable Standards in Allocation Cases.

.04 Who Can File Requests for Assistance.

.05 Closed Cases.

.06 Foreign Initiated Competent Authority Request.

.07 Requests Relating to Residence Issues.

.08 Determinations Regarding Limitation on Benefits.

SECTION 4. PROCEDURES FOR REQUESTING COMPETENT AUTHORITY ASSISTANCE

.01 Time for Filing.

.02 Place of Filing.

.03 Additional Filing.

.04 Form of Request.

.05 Information Required.

.06 Other Dispute Resolution Programs.

.07 Other Documentation.

.08 Updates.

.09 Conferences.

SECTION 5. SMALL CASE PROCEDURE FOR REQUESTING COMPETENT AUTHORITY ASSISTANCE

.01 General.

.02 Small Case Standards.

.03 Small Case Filing Procedure.

SECTION 6. RELIEF REQUESTED FOR FOREIGN INITIATED ADJUSTMENT WITHOUT COMPETENT AUTHORITY INVOLVEMENT

SECTION 7. COORDINATION WITH OTHER ADMINISTRATIVE OR JUDICIAL PROCEEDINGS

.01 Suspension of Administrative Action with Respect to U.S. Adjustments.

.02 Coordination with IRS Appeals.

.03 Coordination with Litigation.

.04 Coordination with Other Alternative Dispute Resolution and Pre-Filing Procedures.

.05 Effect of Agreements or Judicial Determinations on Competent Authority Proceedings.

.06 Accelerated Competent Authority Procedure.

SECTION 8. SIMULTANEOUS APPEALS PROCEDURE

.01 General.

.02 Time for Requesting the Simultaneous Appeals Procedure.

(1) When Filing for Competent Authority Assistance.

(2) After Filing for Competent Authority Assistance.

.03 Cases Pending in Court.

.04 Request for Simultaneous Appeals Procedure.

.05 Role of IRS Appeals in the Simultaneous Appeals Procedure.

(1) IRS Appeals Process.

(2) Assistance to U.S. Competent Authority.

.06 Denial or Termination of Simultaneous Appeals Procedure.

(1) Taxpayer's Termination.

(2) IRS's Denial or Termination.

.07 Returning to IRS Appeals.

.08 IRS Appeals' Consideration of Non-Competent Authority Issues.

SECTION 9. PROTECTIVE MEASURES

.01 General.

.02 Filing Protective Claim for Credit or Refund with a Competent Authority Request.

(1) In General.

(2) Treatment of Competent Authority Request as Protective Claim.

.03 Protective Filing Before Competent Authority Request.

(1) In general.

(2) Letter to Competent Authority Treated as Protective Claim.

(3) Notification Requirement.

(4) No Consultation between Competent Authorities until Formal Request is Filed.

.04 Effect of a Protective Claim.

.05 Treaty Provisions Waiving Procedural Barriers.

SECTION 10. APPLICATION OF REV. PROC. 99-32

SECTION 11. DETERMINATION OF CREDITABLE FOREIGN TAXES

SECTION 12. ACTION BY U.S. COMPETENT AUTHORITY

.01 Notification of Taxpayer.

.02 Denial of Assistance.

.03 Extending Period of Limitations for Assessment.

.04 No Review of Denial of Request for Assistance.

.05 Notification.

.06 Closing Agreement.

.07 Unilateral Withdrawal or Reduction of U.S. Initiated Adjustments.

SECTION 13. REQUESTS FOR RULINGS

.01 General.

.02 Foreign Tax Rulings.

SECTION 14. FEES

.01 Requests to Which a User Fee Does Not Apply.

.02 Requests to Which a User Fee Applies.

.03 Acceptance of Requests.

.04 Address to Send Payment.

.05 Refunds of User Fee.

SECTION 15. EFFECT ON OTHER DOCUMENTS

SECTION 16. EFFECTIVE DATE

SECTION 17. PAPERWORK REDUCTION ACT

SECTION 18. DRAFTING INFORMATION

SECTION 1. PURPOSE AND BACKGROUND

.01 Purpose. This revenue procedure explains the procedures by which taxpayers may obtain assistance from the U.S. competent authority under the provisions of a tax treaty to which the United States is a party. This revenue procedure updates and supersedes Rev. Proc. 2002-52, 2002-2 C.B. 242.

.02 Background. The U.S. competent authority assists taxpayers with respect to matters covered in the mutual agreement procedure provisions of tax treaties. A tax treaty generally permits taxpayers to request competent authority assistance when they consider that the actions of the United States, the treaty country, or both, result or will result in taxation that is contrary to the provisions of the treaty. For example, tax treaties generally permit taxpayers to request assistance in order to relieve economic double taxation arising from an allocation under section 482 of the Internal Revenue Code (the "Code") or an equivalent provision under the laws of a treaty country. Competent authority assistance may also be available with respect to issues specifically dealt with in other provisions of a treaty. For example, many tax treaties contain provisions permitting competent authorities to resolve issues of fiscal residence or allowing a competent authority to make a discretionary determination that a taxpayer is entitled to the benefits of a treaty under specific limitation on benefits provisions. See sections 3.07 and 3.08 of this revenue procedure. The Deputy Commissioner (International), Large and Mid-Size Business Division, acts as the U.S. competent authority in administering the operating provisions of tax treaties, including reaching mutual agreements in specific cases, and in interpreting and applying tax treaties. In interpreting and applying tax treaties, the Deputy Commissioner (International), Large and Mid-Size Business Division, acts only with the concurrence of the Associate Chief Counsel (International). See Delegation Order 4-12 (formerly DO-114, Rev. 13), Internal Revenue Manual ("IRM"), Part 1 Organization, Finance and Management, Chapter 2 Service wide Policies and Authorities, Section 43 Delegation of Authorities for the Examining Process (IRM 1.2.43), http://

www.irs.gov/irm/part1/ch02s10.html#d0e33677.

.03 Changes.Although most of the changes made by this revenue procedure to Rev. Proc. 2002-52 are minor edits for organization, accuracy, readability, or updating of citations to cross-referenced guidance, substantive changes have also been made and may be summarized as follows:

(1) Sections 3.04, 3.08 and 7.06 have been revised to clarify standards for acceptance of requests for competent authority assistance.

(2) Sections 3.08, 4.04 and 5.03 have been revised to clarify signature requirements for requests for determinations regarding limitation on treaty benefits.

(3) Section 4.04 has been revised to provide for filing copies of submissions on electronic media.

(4) Sections 4.05 and 5.03 have been revised to provide additional detail regarding information to be submitted with requests for competent authority assistance.

(5) Sections 7.02 and 7.05 have been revised to clarify current practices regarding coordination with IRS Appeals.

(6) Section 7.06 has been revised to clarify the coordination of the accelerated competent authority procedure with requests for Advance Pricing Agreements.

(7) Section 8.04 has been revised to clarify current practices regarding the processing of requests for the Simultaneous Appeal procedure.

(8) Section 9.03(3) has been revised to reduce the frequency with which taxpayers filing protective claims are required to notify the U.S. competent authority as to their intent to file a request for assistance.

(9) Section 10 has been revised to clarify the role of the U.S. competent authority in considering requests regarding conforming a taxpayer's accounts and allowing repatriation of certain amounts following an allocation of income between related U.S. and foreign corporations under section 482 of the Code.

(10) Section 12.02(8) has been revised to provide for denial of competent authority assistance where the underlying transaction is listed for purposes of the applicable Treasury regulations as a tax avoidance transaction.

(11) Section 14 has been revised to implement user fees for requests for determinations regarding limitation on treaty benefits.

SECTION 2. SCOPE

.01 In General. This revenue procedure addresses procedures for obtaining assistance from the U.S. competent authority under the provisions of an income, estate or gift tax treaty entered into between the United States and another country. The U.S. competent authority assists taxpayers with respect to matters covered in tax treaties in the manner specified in the mutual agreement procedure provisions or other provisions of the relevant tax treaty. Taxpayers are urged to examine the specific provisions of the treaty under which they seek relief, in order to determine whether relief may be available in their particular case. If, after examining the applicable treaty, a taxpayer is unsure whether relief is available, the taxpayer should contact competent authority. This revenue procedure is not intended to limit any specific treaty provisions relating to competent authority matters.

.02 Requests for Assistance. In general, requests by taxpayers for competent authority assistance must be submitted in accordance with this revenue procedure. However, where a treaty or other published administrative guidance provides specific procedures for requests for competent authority assistance, those procedures will apply, and the provisions of this revenue procedure will not apply to the extent inconsistent with such procedures. Taxpayers may consult the "Tax Information for International Businesses" and "Competent Authority Agreements" pages at ww.irs.gov for links to a variety of agreements and other documents that may modify the procedures set forth in this revenue procedure.

.03 General Process. If a taxpayer's request for competent authority assistance is accepted, the U. S. competent authority generally will consult with the appropriate foreign competent authority and attempt to reach a mutual agreement that is acceptable to all parties. The U.S. competent authority also may initiate competent authority negotiations in any situation deemed necessary to protect U.S. interests. Such a situation may arise, for example, when a taxpayer fails to request competent authority assistance after agreeing to a U.S. or foreign tax assessment that is contrary to the provisions of an applicable tax treaty or for which correlative relief may be available.

.04 Failure to Request Assistance. Failure to request competent authority assistance or to take appropriate steps as necessary to maintain the availability of the remedy may cause a denial of part or all of any foreign tax credits claimed.

See Treas. Reg. 1.901−2(e)(5)(i).See also section 9 of this revenue procedure concerning protective measures and section 11 of this revenue procedure concerning the determination of creditable foreign taxes.

SECTION 3. GENERAL CONDITIONS UNDER WHICH THIS PROCEDURE APPLIES

.01 General. The exclusions, exemptions, deductions, credits, reductions in rate, and other benefits and safeguards provided by treaties are subject to conditions and restrictions that may vary in different treaties. Taxpayers should examine carefully the specific treaty provisions applicable in their cases to determine the nature and extent of treaty benefits or safeguards they are entitled to and the conditions under which such benefits or safeguards are available. See section 9 of this revenue procedure, which prescribes protective measures to be taken by the taxpayer and any concerned related person with respect to U.S. and foreign tax authorities. See also section 12.02 of this revenue procedure for circumstances in which competent authority assistance may be denied.

.02 Requirements of a Treaty. There is no authority for the U.S. competent authority to provide relief from U.S. tax or to provide other assistance due to taxation arising under the tax laws of a foreign country or the United States, unless such authority is granted by a treaty. See alsoRev. Proc. 2006−23,2006−20 I.R.B. 900, for procedures for requesting the assistance of the IRS when a taxpayer is or may be subject to inconsistent tax treatment by the IRS and a U.S. possession tax agency.

.03 Applicable Standards in Allocation Cases. With respect to requests for competent authority assistance involving the allocation of income and deductions between a U.S. taxpayer and a related person, the U.S. competent authority and its counterpart in the treaty country will be bound by the arm's length standard provided by the applicable provisions of the relevant treaty. The U.S. competent authority will also be guided by the arm's length standard consistent with the regulations under section 482 of the Code and the Transfer Pricing Guidelines for Multinational Enterprises and Tax Administrations as published from time to time by the Organisation for Economic Co-operation and Development. When negotiating mutual agreements on the allocation of income and deductions, the U.S. competent authority will take into account all of the facts and circumstances of the particular case and the purpose of the treaty, which is to avoid double taxation.

.04 Who Can File Requests for Assistance. The U.S. competent authority will consider requests for assistance from U.S. persons, as defined in section 7701 (a)(30) of the Code, and from non-U. S. persons as permitted under an applicable tax treaty. As noted in section 12.02 of this revenue procedure, there are circumstances in which the U. S. competent authority will not pursue assistance. For purposes of this revenue procedure, except where the context otherwise requires, the term "taxpayer" refers to the person requesting competent authority assistance.

.05 Closed Cases. A case previously closed after examination will not be reopened in order to make an adjustment unfavorable to the taxpayer except in the presence of an exceptional circumstance described in Rev. Proc. 2005 – 32, 2005 – 23 I. R. B. 1206 (providing procedures for reopening cases if fraud, substantial error, or certain other circumstances are present). The U.S.competent authority may, but is not required to, accept a taxpayer's request for competent authority consideration that will require the reopening of a case closed after examination.

. 06 Foreign Initiated Competent Authority Request. When a foreign competent authority refers a request from a foreign person to the U.S. competent authority for consultation under the mutual agreement procedure, the U. S. competent authority generally will require the U.S. related person(in the case of an allocation of income or deductions between related persons) or may require the foreign person (in other cases) to file a request for competent authority assistance under this revenue procedure.

. 07 Requests Relating to Residence Issues. U. S. competent authority assistance may be available to taxpayers seeking to clarify their residency status in the United States. Examples include cases in which taxpayers believe that they are erroneously treated as non-U. S. residents by treaty countries or cases where taxpayers are treated as dual residents despite the objective tie-breaker provisions contained in the applicable treaties. Generally, competent authority assistance is limited to situations where resolution of a residency issue is necessary in order to avoid double taxation or to determine the applicability of a benefit under the treaty. Further, a request for assistance regarding a residency issue will be accepted only if it is established that the issue requires consultation with the foreign competent authority in order to ensure consistent treatment by the United States and the applicable treaty country. The U.S. competent authority does not issue unilateral determinations with respect to whether an individual is a resident of the United States or of a treaty country.

.08 Determinations Regarding Limitation on Benefits.Many treaties contain a limitation on benefits article that enumerates prescribed requirements that must be met to be eligible for benefits under the treaty. The U.S. competent authority will not issue determinations regarding a taxpayer's status under one of the prescribed requirements in a limitation on benefits provision. However, certain treaties provide that the competent authority may, as a matter of discretion, determine the availability of treaty benefits where the prescribed requirements are not met. Requests for assistance in such cases should comply with this revenue procedure and any other specific procedures that may be issued from time to time. A request may be with respect to an initial discretionary determination, a renewal or a redetermination. The request should take the form of a letter as described in section 4.04 of this revenue procedure, except that if the requester does not file federal tax returns and cannot identify a person authorized to sign such returns, the letter may be dated and signed by any authorized representative or officer of the requester.

Taxpayers who are requesting a discretionary determination under a limitation on benefits provision should include the user fee as described in Section 14 of this revenue procedure as well as the information described in Exhibit 4.60.3-3 of the Internal Revenue Manual("IRM"), Part 4 Examining Process, Chapter 60 International Procedure, Section 3 Tax Treaty Related Matters(IRM 4.60.3), http://www.irs.gov/irm/part4/ch45s03.html.

SECTION 4. PROCEDURES FOR REQUESTING COMPETENT AUTHORITY ASSISTANCE

.01 Time for Filing.A request for competent authority assistance generally may be filed at any time after an action results in taxation not in accordance with the provisions of the applicable treaty. In a case involving a U.S. initiated adjustment of tax or income resulting from a tax examination, a request for competent authority assistance may be submitted as soon as practicable after the amount of the proposed adjustment is communicated in writing to the taxpayer (e.g., a Notice of Proposed Adjustment). Where a U.S. initiated adjustment has not yet been communicated in writing to the taxpayer, the U.S. competent authority generally will deny the request as premature. In the case of a foreign examination, a request may be submitted as soon as the taxpayer believes such filing is warranted based on the actions of the country proposing the adjustment. In a case involving the re-allocation of income or deductions between related persons, the request should not be filed until such time that the taxpayer can establish that there is a probability of double taxation. In cases not involving an examination, a request can be made when the taxpayer believes that an action or potential action warrants the assistance of the U. S. competent authority. Examples of such action include: (a) a ruling or promulgation by a foreign tax authority concerning a taxation matter; and (b) the withholding of tax by a withholding agent. Except where otherwise provided in an applicable treaty, taxpayers have discretion over the time for filing a request; however, delays in filing may preclude effective relief. See section 9 of this revenue procedure, which explains protective measures to be taken by the taxpayer and any concerned related person with respect to U.S. and foreign tax authorities. See also section 7.06 of this revenue procedure for rules relating to accelerated issue resolution and competent authority assistance.

.02 Place of Filing. The taxpayer must send all written requests for, or any inquiries regarding, U. S. competent authority assistance to the Deputy Commissioner(International), Large and Mid-Size Business Division, Attn: Office of Tax Treaty, Internal Revenue Service, 1111 Constitution Avenue, NW, Routing: MA3-322A, Washington, D.C. 20224.

.03 Additional Filing.In the case of U.S. initiated adjustments, the taxpayer also must file a copy of the request with the office of the IRS where the taxpayer's case is pending. If the request is filed after the matter has been designated for litigation or while a suit contesting the relevant tax liability of the taxpayer is pending in a United States court, a copy of the request also must be filed with the Office of Associate Chief Counsel (International), Internal Revenue Service, 1111 Constitution Avenue, N.W., Washington, D.C. 20224, with a separate statement attached identifying the court where the suit is pending and the docket number of the action.

.04 Form of Request. A request for U.S. competent authority assistance must be in the form of a letter addressed to the Deputy Commissioner (International), Large and Mid-Size Business Division. It must be dated and signed by a person having the authority to sign the taxpayer's federal tax returns. The request must contain a statement that competent authority assistance is being requested and must include the information described in section 4.05 of this revenue procedure. In addition to the original signed submission, a copy of the text of the request and any materials contemporaneously prepared in support of the request must also be submitted, in Adobe PDF or Microsoft Word format, in the form of a CD, DVD, or 3.5-inch diskette. See section 5 of this revenue procedure for requests involving small cases.

.05 Information Required. The following information must be included in the request for competent authority assistance:

(1) a reference to the specific treaty and the provisions therein pursuant to which the request is made;

(2) the names, addresses, U.S. taxpayer identification number and foreign taxpayer identification number (if any) of the taxpayer and, if applicable, all related persons involved in the matter;

(3) a brief description of the issues for which competent authority assistance is requested, including a description of the relevant transactions, activities or other circumstances involved in the issues raised and the basis for the adjustment, if any;

(4) if applicable, a description of the control and business relationships between the taxpayer and any relevant related person for the years in issue, including any changes in such relationship to the date of filing the request;

(5) the years and amounts involved with respect to the issues in both U.S. dollars and foreign currency;

(6) the IRS office that has made or is proposing to make the adjustment or, if known, the IRS office with examination jurisdiction over the taxpayer;

(7) an explanation of the nature of the relief sought or the action requested in the United States or in the treaty country with respect to the issues raised, including a statement as to whether the taxpayer wishes to apply for treatment similar to that provided under Rev. Proc. 99-32, 1999-2 C.B. 296 (referred to in this revenue procedure as "Rev. Proc. 99-32 treatment" and explained in

further detail in section 10 of this revenue procedure);

(8) a statement whether the period of limitations for the years for which relief is sought has expired in the United States or in the treaty country;

(9) a statement of relevant domestic and foreign judicial or administrative proceedings that involve the taxpayer and related persons, including all information related to notification of the treaty country;

(10) to the extent known by the taxpayer, a statement of relevant foreign judicial or public administrative proceedings that do not involve the taxpayer or related persons but involve the same issue for which competent authority assistance is requested;

(11) a statement whether the request for competent authority assistance involves issues that are currently, or were previously, considered part of an Advance Pricing Agreement("APA") proceeding or other proceeding relevant to the issue under consideration in the United States or part of a similar proceeding in the foreign country;

(12) if applicable, powers of attorney with respect to the taxpayer, and the request should identify the individual to serve as the taxpayer's initial point of contact for the competent authority;

(13) if the jurisdiction of an issue is with an IRS Appeals office, a summary of prior discussions of the issue with that office and contact information regarding the IRS Appeals officer handling the issue; also, if appropriate, a statement whether the taxpayer is requesting the Simultaneous Appeals procedure as provided in section 8 of this revenue procedure;

(14) in a separate section, the statement and information required by section 9. 02 of this revenue procedure if the request is to serve as a protective claim;

(15) on a separate document, a statement that the taxpayer consents to the disclosure to the competent authority of the treaty country(with the name of the treaty country specifically stated) and that competent authority's staff, of any or all of the items of information set forth or enclosed in the request for U.S. competent authority assistance within the limits contained in the tax treaty under which the taxpayer is seeking relief. The taxpayer may request, as part of this statement, that its trade secrets not be disclosed to a foreign competent authority. This statement must be dated and signed by a person having authority to sign the taxpayer's federal tax returns and is required to facilitate the administrative

handling of the request by the U.S. competent authority for purposes of the recordkeeping requirements of section 6103(p) of the Code. Failure to provide such a statement will not prevent the U.S. competent authority from disclosing information under the terms of a treaty. See section 6103(k)(4) of the Code. Taxpayers are encouraged to provide duplicates to the U.S. and foreign competent authorities of all information otherwise disclosable under the treaty;

(16) a penalties of perjury statement in the following form:

Under penalties of perjury, I declare that I have examined this request, including accompanying documents, and, to the best of my knowledge and belief, the facts presented in support of the request for competent authority assistance are true, correct and complete.

The declaration must be dated and signed by the person or persons on whose behalf the request is being made and not by the taxpayer's representative. The person signing for a corporate taxpayer must be an authorized officer of the taxpayer who has personal knowledge of the facts. The person signing for a trust, an estate or a partnership must be respectively, a trustee, an executor or a partner who has personal knowledge of the facts; and

(17) any other information required or requested under this revenue procedure, as applicable. See, e.g., section 7.06 of this revenue procedure, which requires the provision of certain information in the case of a request for the accelerated competent authority procedure, and section 10 of this revenue procedure, which requires the provision of certain information in the case of a request for Rev. Proc. 99-32 treatment. Requests for supplemental information may include items such as detailed financial information, comparability analysis, or other material relevant to a transfer pricing analysis.

.06 Other Dispute Resolution Programs. Requests for competent authority assistance that involve an APA or Pre-Filing Agreement request must include the information required under Rev. Proc. 2006-9, 2006-2 I.R.B. 278(concerning APAs), and Rev. Proc. 2005-12, 2005-2 I.R.B. 311(concerning Pre-Filing Agreements).

.07 Other Documentation. In addition, on request, the taxpayer must submit any other information or documentation deemed necessary by the U.S. or foreign competent authority for purposes of reaching an agreement. This includes English translations of any documentation required in connection with the competent authority request.

.08 Updates. The taxpayer must keep the U.S. competent authority informed of all material changes in the information or documentation previously submitted as part of, or in connection with, the request for competent authority assistance. The taxpayer also must provide any updated information or new documentation that becomes known or is created after the request is filed and which is relevant to the resolution of the issues under consideration.

.09 Conferences. To the extent possible, the U.S. competent authority will consult with the taxpayer regarding the status and progress of the mutual agreement proceedings. The taxpayer may request a pre-filing conference with the U.S. competent authority to discuss the mutual agreement process with respect to matters covered under a treaty, including discussion of the proper time for filing, the practical aspects of obtaining relief and actions necessary to facilitate the proceedings. Similarly, after a matter is resolved by the competent authorities, a taxpayer may also request a conference with the U.S. competent authority to discuss the resolution.

SECTION 5. SMALL CASE PROCEDURE FOR REQUESTING COMPETENT AUTHORITY ASSISTANCE

.01 General. To facilitate requests for assistance involving small cases, this section provides a special procedure simplifying the form of a request for assistance and, in particular, the amount of information that initially must be submitted. All other requirements of this revenue procedure continue to apply to requests for assistance made pursuant to this section.

.02 Small Case Standards. A taxpayer may file an abbreviated request for competent authority assistance in accordance with this section if the total proposed adjustment involved in the matter is not greater than the following:

Taxpayer

Proposed Adjustment	
Individual	$ 200,000
Corporation/Partnership	$ 1,000,000
Other	$ 200,000

.03 Small Case Filing Procedure. The abbreviated request for competent authority assistance under the small case procedure must be dated and signed by a person having the authority to sign the taxpayer's federal tax returns. Although other information and documentation may be requested at a later date, the initial request for assistance should include the following information and materials:

(1) a statement indicating that this is a matter subject to the small case procedure;

(2) the name, address, U.S. taxpayer identification number and foreign taxpayer identification number(if any) of the taxpayer and, if applicable, all related persons involved in the matter;

(3) a description of the issue and the nature of the relief sought;

(4) the taxable years and amounts involved with respect to the issues in both U.S. and foreign currency;

(5) the name of the treaty country;

(6) if applicable, powers of attorney with respect to the taxpayer;

(7) on a separate document, a statement that the taxpayer consents to the disclosure to the competent authority of the treaty country(with the name of the treaty country specifically stated) and that competent authority's staff, of any or all of the items of information set forth or enclosed in the request for U.S. competent authority assistance within the limits contained in the tax treaty under which the taxpayer is seeking relief. The taxpayer may request, as part of this statement, that its trade secrets not be disclosed to a foreign competent authority. This statement must be dated and signed by a person having authority to sign the taxpayer's federal tax returns and is required to facilitate the administrative handling of the request by the U.S. competent authority for purposes of the recordkeeping requirements of section 6103(p) of the Code. Failure to provide such a statement will not prevent the U.S. competent authority from disclosing information under the terms of a treaty. See section 6103(k)(4) of the Code; and

(8) a penalties of perjury statement in the following form:

Under penalties of perjury, I declare that I have examined this request, including accompanying documents, and, to the best of my knowledge and belief, the facts presented in support of the request for competent authority assistance are true, correct and complete.

The declaration must be dated and signed by the person or persons on whose behalf the request is being made and not by the taxpayer's representative. The person signing for a corporate taxpayer must be an authorized officer of the taxpayer who has personal knowledge of the facts. The person signing for a trust, an estate or a partnership must be respectively, a trustee, an executor or a partner who has personal knowledge of the facts.

SECTION 6. RELIEF REQUESTED FOR FOREIGN INITIATED ADJUSTMENT WITHOUT COMPETENT AUTHORITY INVOLVEMENT

Taxpayers seeking correlative relief with respect to a foreign initiated adjustment involving a treaty matter should present their request to the U.S. competent authority. However, when the adjustment involves years under the jurisdiction of the Industry or Area Director or IRS Appeals, taxpayers sometimes try to obtain relief from these offices. This may occur, for example, if the adjustment involves a re-allocation of income or deductions involving a related person in a country with which the United States has an income tax treaty. In these cases, taxpayers will be advised to contact the U.S. competent authority office. In appropriate cases, the U. S. competent authority will advise the Industry or Area Director or IRS Appeals office on appropriate action. The U.S. competent authority may request the taxpayer to provide the information described under sections 4.05 and 4.07 of this revenue procedure. Failure to request competent authority assistance may result in denial of correlative relief with respect to the issue, including applicable foreign tax credits.

SECTION 7. COORDINATION WITH OTHER ADMINISTRATIVE OR JUDICIAL PROCEEDINGS

.01 Suspension of Administrative Action with Respect to U.S. Adjustments. When a request for competent authority assistance is accepted with respect to a U.S. initiated adjustment, the IRS will postpone further administrative action with respect to the issues under competent authority consideration (such as assessment or collection procedures), except: (a) in situations in which the IRS may be requested otherwise by the U.S. competent authority; or(b) in situations involving cases pending in court and in other instances in which action must be taken to avoid prejudicing the U. S. Government's interest. The normal administrative procedures continue to apply, however, to all other issues not under U.S. competent authority consideration. For example, if there are other issues raised during the examination and the taxpayer is not in agreement with these issues, the usual procedures for completing the examination with respect to these issues apply. If the taxpayer is issued a Notice of Proposed Adjustment with respect to these issues and prepares a protest of the unagreed issues, the taxpayer need not include any unagreed issue under consideration by the competent authority. Following the receipt of a taxpayer's protest, normal IRS Appeals procedures will be initiated with respect to those issues not subject to competent authority consideration.

.02 Coordination with IRS Appeals. Taxpayers who disagree with a proposed U.S. adjustment have the option of pursuing their right of administrative review with IRS Appeals before requesting competent authority assistance; making a request pursuant to the Simultaneous Appeals procedure in section 8 of this revenue procedure; or requesting competent authority assistance immediately for bilateral consideration. Taxpayers requesting unilateral withdrawal of a U.S. adjustment without consultation with the treaty country must direct such a request to IRS Appeals rather than to the U.S. competent authority. Taxpayers who are pursuing their rights with IRS Appeals may contact the U.S. competent authority if they believe they have a potential competent authority issue. If a taxpayer does not go through the Simultaneous Appeals procedure and instead enters into settlement discussions with IRS Appeals before making a competent authority request, the U.S. competent authority may rely upon, but will not necessarily be bound by, such previous consideration by IRS Appeals when considering the case (see also section 7.05 of this revenue procedure regarding settlements with IRS Appeals and section 8.05 of this revenue procedure regarding the role of IRS Appeals in the Simultaneous Appeals procedure). If a taxpayer enters into the Appeals arbitration program (see Rev. Proc. 2006 – 44, 2006 – 44 I. R. B. 800), the taxpayer generally may not request competent authority assistance until the arbitration process is completed. However, if the taxpayer demonstrates that a request for competent authority assistance is necessary to keep open a statute of limitations in the treaty country, then competent authority assistance may be requested while arbitration is pending, and the U.S. competent authority will suspend action on the case until arbitration is completed. If a taxpayer makes a competent authority request, the taxpayer is deemed to consent to communications between the U.S. competent authority and

IRS Appeals regarding the matter. See Rev. Proc. 2000-43, 2000-2 C.B. 404.

　　.03 Coordination with Litigation. The U.S. competent authority will not, without the consent of the Associate Chief Counsel (International), accept (or continue to consider) a taxpayer's request for assistance if the request involves a taxable period pending in a United States court or involves a matter pending in a United States court or designated for litigation for any taxable period. If the case is pending in the United States Tax Court, the taxpayer may, in appropriate cases, be asked to join the IRS in a motion to sever issues or delay trial pending completion of the competent authority proceedings. If the case is pending in any other court, the Associate Chief Counsel (International) will consult with the Department of Justice about appropriate action, and the taxpayer may, in appropriate cases, be asked to join the U.S. Government in a motion to sever issues or delay trial pending completion of the competent authority proceedings. Final decision on severing issues or delaying trial rests with the court. The filing of a competent authority request does not, however, relieve the taxpayer from taking any action that may be necessary or required with respect to litigation.

　　.04 Coordination with Other Alternative Dispute Resolution and Pre-Filing Procedures.Competent authority assistance is available to taxpayers in conjunction with other alternative dispute resolution and pre-filing procedures in order to ensure taxation in accordance with tax treaty provisions. Other revenue procedures and IRS publications should be consulted as necessary with regard to specific matters. See, e.g., Rev. Proc. 2006-9, 2006-2 I.R.B. 278(concerning APAs); Rev. Proc. 2005 - 12, 2005 - 2 I. R. B. 311 (concerning Pre-Filing Agreements); or Rev. Proc. 98 - 21, 1998 - 1 C. B. 585 [concerning Article XIII(8) of the U.S.-Canada treaty]. Taxpayers with applications under any other dispute resolution procedures should seek competent authority assistance as early as possible if they believe they have potential competent authority issues.

　　.05 Effect of Agreements or Judicial Determinations on Competent Authority Proceedings.If a taxpayer either executes a closing agreement with the IRS (whether or not contingent upon competent authority relief) with respect to a potential competent authority issue or reaches a settlement on the issue with IRS Appeals(including an Appeals settlement through the arbitration process) or with Chief Counsel pursuant to an executed closing agreement or other written agreement such as Form 870-AD, the U.S. competent authority will endeavor only to obtain a correlative adjustment from the treaty country and will not undertake any actions that would otherwise change such agreements. However, the U. S. competent authority will, in appropriate cases, consider actions necessary for the purpose of providing treatment similar to that provided in Rev. Proc. 99-32. Once a taxpayer's tax liability for the taxable periods in issue has been determined by a U.S. court(including settlement of the proceedings before or during trial), the U.S. competent authority similarly will endeavor only to obtain correlative relief from the treaty country and will not undertake any action that would otherwise reduce the taxpayer's federal tax liability for the taxable periods in issue as determined by a U.S. court. Taxpayers therefore should be aware that in these situations, as well as in situations where a treaty country takes a similar position with respect to issues resolved under its domestic laws, relief from double taxation may be jeopardized.

.06 Accelerated Competent Authority Procedure. A taxpayer requesting competent authority assistance with respect to an issue raised by the IRS also may request that the competent authorities attempt to resolve the issue for subsequent taxable periods for which returns have been filed, if the same issue continues in those periods. See alsoRev. Proc. 94 – 67, 1994 – 2 C.B. 800, concerning the Accelerated Issue Resolution("AIR") process. The U.S. competent authority will consider the request and will contact the appropriate IRS field office to consult on whether the issue should be resolved for subsequent taxable periods. If the IRS field office consents to this procedure, the U.S. competent authority will address with the foreign competent authority the request for such taxable periods. For purposes of resolving the issue, the taxpayer must furnish all relevant information and statements that may be requested by the U. S. competent authority pursuant to this revenue procedure. In addition, if the case involves a Coordinated Industry Case ("CIC") taxpayer, the taxpayer must furnish all relevant information and statements requested by the IRS, as described in Rev. Proc. 94-67, 1994-2 C.B. 800.If the case involves a non-CIC taxpayer, the taxpayer must furnish all relevant information and statements that may be requested by the IRS field office. A request for the accelerated competent authority procedure may be made at the time of filing a request for competent authority assistance or at any time thereafter, but generally before conclusion of the mutual agreement in the case; however, taxpayers are encouraged to request the procedure as early as practicable. The application of the accelerated procedure may require the prior consent of the Associate Chief Counsel(International).See section 7.03 of this revenue procedure. A request for the accelerated competent authority procedure must contain a statement that the taxpayer agrees that:(a) the inspection of books of account or records under the accelerated competent authority procedure will not preclude or impede[under section 7605(b) or any administrative provision adopted by the IRS] a later examination of a return or inspection of books of account or records for any taxable period covered in the accelerated competent authority assistance request; and (b) the IRS need not comply with any applicable procedural restrictions[for example, providing notice under section 7605(b)] before beginning such examination or inspection. The accelerated competent authority procedure is not subject to the AIR process limitations. The accelerated competent authority procedure is implicitly invoked when a taxpayer requests a rollback of its requested bilateral APA to already filed years. Thus, the provisions of section 7.06 of this revenue procedure also apply when a rollback is requested pursuant to Rev. Proc. 2006 – 9, which governs requests for APAs filed with the Office of Associate Chief Counsel (International), Advance Pricing Agreement Program.

SECTION 8. SIMULTANEOUS APPEALS PROCEDURE

.01 General.A taxpayer filing a request for competent authority assistance under this revenue procedure may, at the same time or at a later date, request IRS Appeals' consideration of the competent authority issue under the procedures and conditions provided in this section. The U.S. competent authority also may request IRS Appeals' involvement if it is determined that such involvement would facilitate the negotiation of a mutual agreement in the case or otherwise would serve the interest of the IRS. The taxpayer may, at any time, request a prefiling conference with the offices of the Chief of IRS Appeals and the U.S. competent authority to discuss the Simultaneous Appeals procedure. See also section 7.02 of this revenue procedure for coordination with the competent authority of cases already in IRS Appeals. However, arbitration or mediation procedures that otherwise would be available through the IRS Appeals process are not available for cases in the Simultaneous Appeals procedure. See Rev. Proc. 2006-44, 2006-44 I.R.B. 800, and Rev. Proc. 2002-44, 2002-2 C.B. 10.

.02 Time for Requesting the Simultaneous Appeals Procedure.

(1) When Filing for Competent Authority Assistance. The Simultaneous Appeals procedure may be invoked at any of the following times:

(a) When the taxpayer applies for competent authority assistance with respect to an issue for which the examining IRS office has proposed an adjustment and before the protest is filed;

(b) When the taxpayer files a protest and decides to sever the competent authority issue and seek competent authority assistance while other issues are referred to IRS Appeals; and

(c) When the case is in IRS Appeals and the taxpayer later decides to request competent authority assistance with respect to the competent authority issue. The taxpayer may sever the competent authority issue for referral to the U.S. competent authority and invoke the Simultaneous Appeals procedure at any time when the case is in IRS Appeals but before settlement of the issue. Taxpayers, however, are encouraged to invoke the Simultaneous Appeals procedure as soon as possible, preferably as soon as practicable after the first IRS Appeals conference.

(2) After Filing for Competent Authority Assistance. The taxpayer may request the Simultaneous Appeals procedure at any time after requesting competent authority assistance. However, a taxpayer's request for the Simultaneous Appeals procedure generally will be denied if made after the date the U.S. position paper is communicated to the foreign competent authority, unless the U.S. competent authority determines that the procedure would facilitate an early resolution of the competent authority issue or otherwise is in the best interest of the IRS.

.03 Cases Pending in Court.If the matter is pending before a U.S. court or has been designated for litigation and jurisdiction has been released to the U.S. competent authority, a request for the Simultaneous Appeals procedure may be granted only with the consent of the U.S. competent authority and the Office of Associate Chief Counsel(International).

.04 Request for Simultaneous Appeals Procedure. The taxpayer's request for the Simultaneous Appeals procedure should be addressed to the U.S. competent authority either as part of the initial competent authority assistance request or, if made later, as a separate letter to the U.S. competent authority. The request should state whether the issue was previously protested to IRS Appeals for the periods in competent authority or for prior periods(in which case a copy of the relevant portions of the protest and an explanation of the outcome, if any, should be provided). The U.S. competent authority will send a copy of the request to the Chief of IRS Appeals, who, in turn, will forward a copy to the appropriate Area Director. The U.S. competent authority will consult with IRS Appeals to determine whether the Simultaneous Appeals procedure should be invoked. When the U.S. competent authority invokes the Simultaneous Appeals procedure, the taxpayer will be notified. The U.S. competent authority has jurisdiction of the issue when the Simultaneous Appeals procedure is invoked.

.05 Role of IRS Appeals in the Simultaneous Appeals Procedure.

(1) IRS Appeals Process. The IRS Appeals representative assigned to the case will consult with the taxpayer and the U.S. competent authority for the purpose of reaching a resolution of the unagreed issue under competent authority jurisdiction before the issue is presented to the foreign competent authority. For this purpose, established IRS Appeals procedures generally apply. The IRS Appeals representative will consult with the U.S. competent authority during this process to ensure appropriate coordination of the IRS Appeals process with the competent authority procedure, so that the terms of a tentative resolution and the principles and facts upon which it is based are compatible with the position that the U.S. competent authority intends to present to the foreign competent authority with respect to the issue. Any resolution reached with the IRS under this procedure is subject to the competent authority process and, therefore, is tentative and not binding on the IRS or the taxpayer. The IRS will not request the taxpayer to conclude the IRS Appeals process with a written agreement. The conclusions of the tentative resolution, however, generally will be reflected in the U.S. position paper used for negotiating a mutual agreement with the foreign competent authority. The procedures under this section do not give taxpayers the right to receive reconsideration of the issue by IRS Appeals where the taxpayer applied for competent authority assistance after having received substantial IRS Appeals consideration. Rather, the IRS may rely upon, but will not necessarily be bound by, such previous consideration by IRS Appeals when considering the case under the Simultaneous Appeals procedure.

(2) Assistance to U.S. Competent Authority. The U.S. competent authority

is responsible for developing a U.S. position paper with respect to the issue and for conducting the mutual agreement procedure. Generally, requesting IRS Appeals' consideration of an issue under competent authority jurisdiction will not affect the manner in which taxpayers normally are involved in the competent authority process.

.06 Denial or Termination of Simultaneous Appeals Procedure.

(1) Taxpayer's Termination. The taxpayer may, at any time, withdraw its request for the Simultaneous Appeals procedure.

(2) IRS's Denial or Termination. The U.S. competent authority, the Chief of IRS Appeals or the appropriate Industry or Area Director may decide to deny or terminate the Simultaneous Appeals procedure if the procedure is determined to be prejudicial to the mutual agreement procedure or to the administrative appeals process. For example, a taxpayer that received IRS Appeals consideration before requesting competent authority assistance, but was unable to reach a settlement in IRS Appeals, may be denied the Simultaneous Appeals procedure. A taxpayer may request a conference with the offices of the U.S. competent authority and the Chief of IRS Appeals to discuss the denial or termination of the procedure.

.07 Returning to IRS Appeals. If the competent authorities fail to agree or if the taxpayer does not accept the mutual agreement reached by the competent authorities, the taxpayer will be permitted to refer the issue to IRS Appeals for further consideration.

.08 IRS Appeals' Consideration of Non-Competent Authority Issues. The Simultaneous Appeals procedure does not affect the taxpayer's rights to IRS Appeals' consideration of other unresolved issues. The taxpayer may pursue settlement discussions with respect to the other issues without waiting for resolution of the issues under competent authority jurisdiction.

SECTION 9. PROTECTIVE MEASURES

.01 General. In negotiating treaties, the United States seeks to secure an agreement with the treaty country that any competent authority agreement reached with the treaty country will be implemented notwithstanding any time limits or other procedural limitations in the domestic law of either country. However, treaty provisions that provide a competent authority with the ability to waive such limitations do not affect the application of statutes of limitation in the event that a request for competent authority assistance is declined or the competent authorities are unable to reach an agreement. In addition, the particular treaty or the posture of the particular case may indicate that the taxpayer or a related person must take protective measures with the U.S. and foreign tax authorities so that the implementation of any agreement reached by the competent authorities or alternative remedies outside of the competent authority process are not barred by administrative, legal or procedural barriers. Such barriers may arise either before or after a competent authority request is filed. Protective measures include, but are not limited to: (a) filing protective claims for refund or credit; (b) extending any period of limitations on assessment or refund; (c) avoiding the lapse or termination of the taxpayer's right to appeal any tax determination; (d) complying with all applicable procedures for invoking competent authority consideration, including applicable treaty provisions dealing with time limits within which to invoke such remedy; and (e) contesting an adjustment or seeking an appropriate correlative adjustment with respect to the U.S. or treaty country tax. A taxpayer should take protective measures in a timely manner, that is, in a manner that allows sufficient time for appropriate procedures to be completed and effective before barriers arise. Generally, a taxpayer should consider, at the time an adjustment is first proposed, which protective measures may be necessary and when such measures should be taken. However, earlier consideration of appropriate actions may be desirable, for example, in the case of a recurring adjustment or where the taxpayer otherwise is on notice that an adjustment is likely to be proposed. Taxpayers may consult with the U.S. competent authority to determine the need for and timing of protective measures in their particular case.

.02 Filing Protective Claim for Credit or Refund with a Competent Authority Request.

(1) In General. A valid protective claim for credit or refund must meet the requirements of section 6402 of the Code and the regulations thereunder. Accordingly, a protective claim must: (a) fully advise the IRS of the grounds on which credit or refund is claimed; (b) contain sufficient facts to apprise the IRS of the exact basis of the claim; (c) state the year for which the claim is being made; (d) be on the proper form; and (e) be verified by a written declaration

made under penalties of perjury.

(2) Treatment of Competent Authority Request as Protective Claim. The IRS will treat a request for competent authority assistance itself as one or more protective claims for credit or refund with respect to issues raised in the request and within the jurisdiction of the U.S. competent authority and will not require a taxpayer to file the form described in Treas. Reg. s301.6402-3 with respect to those issues, provided that the request meets the other requirements of section 6402 of the Code and the regulations thereunder, as described in section 9.02(1) of this revenue procedure. The information constituting the protective claim should be set forth in a separate section of the request for assistance and captioned "Protective claim pursuant to section 9.02 of Rev. Proc. 2006-54." The penalties of perjury statement described in section 4.05(16) of this revenue procedure satisfies the requirement for the written declaration and a separate declaration is not required.

.03 Protective Filing Before Competent Authority Request.

(1) In general. There may be situations in which a taxpayer will be unable to file a formal competent authority assistance request before the period of limitations expires with respect to the affected U.S. return. In these situations, before the period of limitations expires, the taxpayer should file a protective claim for credit or refund of the taxes attributable to the potential competent authority issue to ensure that alternative remedies outside of the competent authority process will not be barred. A protective filing may be appropriate where: (a) the treaty country is considering but has not yet proposed an adjustment; (b) the treaty country has proposed an adjustment but the related taxpayer in the treaty country decides to pursue administrative or judicial remedies in the foreign country; or(c) the terms of the applicable treaty require notification to be made to the competent authority within a certain time period. In considering whether to accept a taxpayer's request for competent authority assistance, the U.S. competent authority will consider whether the proper treaty notification has been made in accordance with this subsection.

(2) Letter to Competent Authority Treated as Protective Claim. In situations in which a protective claim is filed prior to submitting a request for competent authority assistance, the taxpayer may make a protective claim in the form of a letter to the competent authority. The letter must indicate that the taxpayer is

filing a protective claim and set forth, to the extent available, the information required under section 4.05(1) through(17) or under section 5.03(1) through (8) of this revenue procedure, as applicable. The letter must include a penalties of perjury statement as described in sections 4.05(16) and 5.03(8) of this revenue procedure. The letter must be filed in the same place and manner as a request for competent authority assistance. The IRS will treat the letter as a protective claim(s) with respect to issues raised in the letter and within the jurisdiction of the U.S. competent authority and will not require a taxpayer to file the form described in Treas. Reg. s301.6402-3 with respect to those issues, provided that the request meets the other requirements described in section 9.02 (1) of this revenue procedure. The letter must include the caption "Protective claim pursuant to section 9.03 of Rev. Proc. 2006-54."

(3) Notification Requirement.After filing a protective claim, the taxpayer periodically must notify the U.S. competent authority whether the taxpayer still is considering filing for competent authority assistance. The notification must be filed every twelve months until the formal request for competent authority assistance is filed. The U.S. competent authority may deny competent authority assistance if the taxpayer fails to file this annual notification.

(4) No Consultation between Competent Authorities until Formal Request is Filed. The U. S. competent authority generally will not undertake any consultation with the foreign competent authority with respect to a protective claim filed under section 9.03 of this revenue procedure. The U.S. competent authority will place the protective claim in suspense until either a formal request for competent authority assistance is filed or the taxpayer notifies the U. S. competent authority that competent authority onsideration is no longer needed. In appropriate cases, the U.S. competent authority will send the taxpayer a formal notice of claim disallowance.

.04 Effect of a Protective Claim.

Protective claims filed under section 9.02 or 9.03 of this revenue procedure will only allow a credit or refund to the extent of the grounds set forth in the protective claim and only to the extent agreed to by the U. S. and foreign competent authorities or to the extent unilaterally allowed by the U.S. competent authority. This revenue procedure does not grant a taxpayer the right to invoke section 482 of the Code in its favor or compel the IRS to allocate income or deductions or grant a tax credit or refund.

.05 Treaty Provisions Waiving Procedural Barriers.

In those cases where the mutual agreement article authorizes a competent authority to waive or remove procedural barriers to the credit or refund of tax, taxpayers may be allowed a credit or refund of tax even though the otherwise applicable period of limitations has expired, prior closing agreements have been entered into, or other actions have been taken or omitted that ordinarily would foreclose relief in the form of a credit or refund of tax. However, under these provisions there may still be situations in which taxpayers should take appropriate protective measures as described under this revenue procedure or under applicable foreign procedures. For example, procedural limitations cannot be waived if a request for competent authority assistance is declined or the competent authorities are unable to reach agreement. In addition, some countries may take the position that domestic statutes of limitation on refunds cannot be waived under the relevant treaty. Because there are circumstances that are not under the control of taxpayers or the U.S. competent authority it is advisable that taxpayers take protective measures to increase the possibility that appropriate relief is available to them in all circumstances.

SECTION 10. APPLICATION OF REV. PROC. 99-32

Rev. Proc. 99-32, 1999-2 C.B. 296, generally provides a means to conform a taxpayer's accounts and allow repatriation of certain amounts following an allocation of income between related U.S. and foreign corporations under section 482 of the Code without the federal income tax consequences of the adjustments that would otherwise have been necessary to conform the taxpayer's accounts in light of the allocation of income. In situations where a section 482 allocation is the subject of a request for competent authority assistance, the competent authority may provide relief consistent with the principles of Rev. Proc. 99-32 with respect to any new or pending requests for Rev. Proc. 99-32 treatment relating to such allocation. Accordingly, if a taxpayer intends to seek Rev. Proc. 99-32 treatment in connection with competent authority assistance relating to a section 482 allocation, the taxpayer must request Rev. Proc. 99-32 treatment in conjunction with its request for competent authority assistance. If a taxpayer has already requested Rev. Proc. 99-32 treatment at the time it submits a request for competent authority assistance relating to a section 482 allocation, consideration of Rev. Proc. 99 – 32 treatment must be trans-ferred to the U.S. competent authority and a copy of the pending Rev.Proc. 99 – 32 request forwarded along with the request for competent authority assistance.

SECTION 11. DETERMINATION OF CREDITABLE FOREIGN TAXES

For purposes of determining the amount of foreign taxes creditable under sections 901 and 902 of the Code, any amounts paid to foreign tax authorities that would not have been due if the treaty country had made a correlative adjustment may not constitute a creditable foreign tax. See Treas. Reg. s1.901 – 2(e)(5)(i) and Rev. Rul. 92 – 75, 1992 – 2 C.B. 197. Acts or omissions by the taxpayer that preclude effective competent authority assistance, including failure to take protective measures as described in section 9 of this revenue procedure or failure to seek competent authority assistance, may constitute a failure to exhaust all effective and practical remedies as may be required to claim a credit. See Treas. Reg. s1.901 – 2(e)(5)(i). Further, the fact that the taxpayer has sought competent authority assistance but obtained no relief, either because the competent authorities failed to reach an agreement or because the taxpayer rejected an agreement reached by the competent authorities, generally will not, in and of itself, demonstrate that the taxpayer has exhausted all effective and practical remedies to reduce the taxpayer's liability for foreign tax (including liability pursuant to a foreign tax audit adjustment). Any determination within the IRS of whether a taxpayer has exhausted the competent authority remedy must be made in consultation with the U.S. competent authority.

SECTION 12. ACTION BY U.S. COMPETENT AUTHORITY

.01 Notification of Taxpayer. Upon receiving a request for assistance pursuant to this revenue procedure, the U.S. competent authority will notify the taxpayer whether the facts provide a basis for assistance.

.02 Denial of Assistance. The U.S. competent authority generally will not accept a request for competent authority assistance or will cease providing assistance to the taxpayer if:

(1) competent authority determines that the taxpayer is not entitled to the treaty benefit or safeguard in question or to the assistance requested;

(2) the taxpayer is willing only to accept a competent authority agreement under conditions that are unreasonable or prejudicial to the interests of the U.S. Government;

(3) the taxpayer rejected the competent authority resolution of the same or similar issue in a prior case;

(4) the taxpayer does not agree that competent authority negotiations are a government-to-government activity that does not include the taxpayer's participation in the negotiation proceedings;

(5) the taxpayer does not furnish upon request sufficient information to determine whether the treaty applies to the taxpayer's facts and circumstances;

(6) the taxpayer was found to have acquiesced in a foreign initiated adjustment that involved significant legal or factual issues that otherwise would be properly handled through the competent authority process and then unilaterally made a corresponding correlative adjustment or claimed an increased foreign tax credit, without initially seeking U.S. competent authority assistance;

(7) the taxpayer: (a) fails to comply with this revenue procedure; (b) failed to cooperate with the IRS during the examination of the periods in issue and such failure significantly impedes the ability of the U.S. competent authority to negotiate and conclude an agreement (e.g., significant factual development is required that cannot effectively be completed outside the examination process); or (c) fails to cooperate with the U.S. competent authority (including failing to provide sufficient facts and documentation to support its claim of double taxation or taxation contrary to the treaty) or otherwise significantly impedes the ability of the U.S. competent authority to negotiate and conclude an agreement; or

(8) the transaction giving rise to the request for competent authority assistance: (a) is more properly within the jurisdiction of IRS Appeals; (b) includes an issue pending in a U.S. Court, or designated for litigation, unless competent authority consideration is concurred in by the U.S. competent authority and the Associate Chief Counsel International; (c) is a listed transaction for purposes of Treas. Reg. s1.6011-4(b)(2) and s301.6111-2(b)(2); or (d) involves fraudulent activity by the taxpayer.

.03 Extending Period of Limitations for Assessment.If the U.S. competent authority accepts a request for assistance, the taxpayer may be requested to execute a consent to extend the period of limitations for assessment of tax for the taxable periods in issue. Failure to comply with the provisions of this subsection can result in denial of assistance by the U.S. competent authority with respect to the request.

.04 No Review of Denial of Request for Assistance. The U.S. competent authority's denial of a taxpayer's request for assistance or dismissal of a matter previously accepted for consideration pursuant to this revenue procedure is final and not subject to administrative review.

.05 Notification. The U.S. competent authority will notify a taxpayer requesting assistance under this revenue procedure of any agreement that the U.S. and the foreign competent authorities reach with respect to the request. If the taxpayer accepts the resolution reached by the competent authorities, the agreement will provide that it is final and is not subject to further administrative or judicial review. If the competent authorities fail to agree, or if the agreement reached is not acceptable to the taxpayer, the taxpayer may withdraw the request for competent authority assistance and may then pursue all rights otherwise available under the laws of the United States and the treaty country. Where the competent authorities fail to agree, no further competent authority remedies generally are available, except with respect to treaties that provide for arbitration of the dispute. See, e.g., Article 25(5) of the U.S.-German income tax treaty. A request for arbitration must be made in accordance with the procedures prescribed under the applicable treaty and related documents, including procedures that the IRS may promulgate from time to time.

.06 Closing Agreement. When appropriate, the taxpayer may be requested to enter into a closing agreement that reflects the terms of the mutual agreement and of the competent authority assistance provided and that is executed in conformity with sections 6.07 and 6.17 of Rev. Proc. 68-16, 1968-1 C.B. 770(as modified by Rev. Proc. 94-67, 1994-2 C.B. 800).

.07 Unilateral Withdrawal or Reduction of U.S. Initiated Adjustments. With respect to U.S. initiated adjustments under section 482 of the Code, the primary goal of the mutual agreement procedure is to obtain a correlative adjustment from the treaty country. For other types of U.S. initiated adjustments, the primary goal of the U.S. competent authority is the avoidance of taxation not in accordance with an applicable treaty. Unilateral withdrawal or reduction of U.S. initiated adjustments, therefore, generally will not be considered. For example, the U.S. competent authority will not withdraw or reduce an adjustment to income, deductions, credits or other items solely because the period of limitations has expired in the foreign country and the foreign competent authority has declined to grant any relief. If the period provided by the foreign statute of limitations has expired, the U.S. competent authority may take into account other relevant facts to determine whether such withdrawal or reduction is appropriate and may, in extraordinary circumstances and as a matter of discretion, provide such relief with respect to the adjustment to avoid actual or economic double taxation. In no event, however, will relief be granted where there is fraud or negligence with respect to the relevant transactions. In keeping with the U.S. Government's view that tax treaties should be applied in a balanced and reciprocal manner, the United States normally will not withdraw or reduce an adjustment where the treaty country does not grant similar relief in equivalent cases.

SECTION 13. REQUESTS FOR RULINGS

.01 General. Requests for advance rulings regarding the interpretation or application of a tax treaty, as distinguished from requests for assistance from the U.S. competent authority pursuant to this revenue procedure, must be submitted to the Associate Chief Counsel(International).SeeRev. Proc. 2006-1,2006-1 I.R. B. 1, and Rev. Proc. 2006-7, 2006-1 I.R.B. 242.

.02 Foreign Tax Rulings. The IRS does not issue advance rulings on the effect of a tax treaty on the tax laws of a treaty country for purposes of determining the tax of the treaty country.

SECTION 14. FEES

.01 Requests to Which a User Fee Does Not Apply.Except as provided in section 14.02 of this revenue procedure, no user fees are required with respect to a request for U.S. competent authority assistance pursuant to this revenue procedure.

.02 Requests to Which a User Fee Applies.In general, a $15,000 user fee applies to all requests for determinations on limitation on benefits, as described in section 3.08 of this revenue procedure. The fee will apply regardless of whether the request is for: (a) an initial determination; (b) a renewal of a previously issued determination; or(c) a supplemental determination required, for example, if there is a material change in fact or if the taxpayer seeks benefits with respect to a different type of income or requests a lower rate of withholding tax on dividends. If a request is submitted that requires the U. S. competent authority to make a discretionary determination for more than one entity, a separate user fee will be charged for each entity.

.03 Acceptance of Requests. A user fee will not be charged until the U.S. competent authority has formally accepted the request for consideration. Within 30 days of receipt of a complete submission, the U.S. competent authority will provide written notice to the taxpayer as to whether the request will be accepted or rejected for consideration. If a request is accepted, the taxpayer will be required to mail a check or money order in the appropriate amount, along with a copy of the written notice of acceptance to the IRS office identified below. The check or money order should be payable to the United States Treasury. The fee may be refunded as provided in section 14.05 of this revenue procedure.

.04 Address to Send Payment. The user fee should be sent along with a copy of the written notice of acceptance to the mailing address listed below:

IRS/BFC

P.O. Box 9002

Beckley, WV 25802

.05 Refunds of User Fee. In general, a user fee will not be refunded once the U.S. competent authority accepts a request for consideration and the user fee is paid. For example, the IRS will not refund the user fee if the request for a discretionary determination is withdrawn by the taxpayer or if the taxpayer fails to submit additional information as requested by the U.S. competent authority. A user fee may be refunded, however, if: (a) a higher user fee is paid than is required; or (b) taking into account all the facts and circumstances, including the IRS's resources devoted to the request, the Competent Authority declines to rule and, in his or her sole discretion, decides a refund is appropriate.

SECTION 15. EFFECT ON OTHER DOCUMENTS

Rev. Proc. 2006-26, 2006-21 I.R.B. 936, and Rev. Proc. 2002-52, 2002-2 C.B. 242, are modified and superseded by this revenue procedure. Rev. Proc. 2006-9, 2006-9 I.R.B. 278 is amplified. Rev. Rul. 92-75, 1992-2 C.B. 197, is clarified. References in this revenue procedure to Rev. Proc. 99-32 will be treated as references to Rev. Proc. 65 – 17, 1965 – 1 C.B. 833, as modified, amplified and clarified from time to time, for taxable years beginning before August 24,1999.

SECTION 16. EFFECTIVE DATE

This revenue procedure is effective for requests for U. S. competent authority assistance and Rev. Proc. 99 – 32 treatment filed after December 4, 2006.

SECTION 17. PAPERWORK REDUCTION ACT

The collection of information contained in this revenue procedure has been reviewed and approved by the Office of Management and Budget in accordance with the Paperwork Reduction Act(44 U.S.C. s 3507) under control number 1545–2044.

An agency may not conduct or sponsor, and a person is not required to respond to, a collection of information unless the collection of information displays a valid control number.

The collection of information in this revenue procedure is in sections 4.04, 4.05,5.03, 7.06, 8.04, and 9.03. This information is required, and will be used, to evaluate and process the request for competent authority assistance. The collection of information is required to obtain competent authority assistance. The likely respondents are individuals or business or other for-profit institutions.

The estimated total annual reporting and/or record keeping burden is 9,000 hours.

The estimated annual burden per respondent/record keeper is 30 hours. The estimated number of respondents and/or record keepers is 300. The estimated annual frequency of responses is on occasion.

Books or records relating to a collection of information must be retained as long as their contents may become material in the administration of any internal revenue law. Generally, tax returns and tax return information are confidential, as required by section 6103 of the Code.

SECTION 18. DRAFTING INFORMATION

The principal authors of this revenue procedure are Aziz Benbrahim and

Vincent Salvo of the Office of the Deputy Commissioner(International), Large and Mid-Size Business Division, and Mae J. Lew and Denen A. Norfleet of the Office of Associate Chief Counsel (International). For further information regarding this revenue procedure, contact either Mr. Benbrahim or Mr. Salvo at (202) 435-5000 or Ms. Norfleet at(202) 435-5262(not toll-free calls).

Rev. Proc. 2006-54, 2006-49 I.R.B. 1035, 2006-2 C.B. 1035, 2006 WL 3334167(IRS RPR)

国家税务总局关于支持中国
（上海）自由贸易试验区
创新税收服务的通知

税总函〔2014〕298 号

上海市国家税务局、地方税务局：

为了认真落实党中央、国务院部署，深入贯彻党的十八届三中全会《中共中央关于全面深化改革若干重大问题的决定》和国务院印发的《中国（上海）自由贸易试验区总体方案》要求，加快政府职能转变，推进税收现代化建设，切实服务好中国（上海）自由贸易试验区（以下简称自贸试验区），国家税务总局研究决定，自贸试验区创新税收服务的主题是"税收一网通办、便捷优质高效"（简称办税一网通），请你局在自贸试验区内落实好以下十项措施：

一、网上自动赋码。转变现有税务登记方式，在全国范围内率先试行税务登记网上自动赋码管理。由原先纳税人发起税务登记申请转变为税务机关根据工商、质监提供的企业信息，由系统自动赋予税务登记号码，减轻纳税人往返税务机关申请税务开业登记负担，提速税务登记办理，提高税收现代化服务水平。建立自贸试验区税务登记查询平台，纳税人可以网上自主查询税务登记信息。

二、网上自主办税。在全市"网上办税服务厅"统一推进的基础上，先行先试，拓展和完善网上办税功能，推行网上发票核定管理、发票领用、普通发票验旧、涉税事项证明开具、红字发票通知单、电子申报撤销等项目的网上办理，力争年内常用办税项目的网上应用全覆盖，为纳税人提供"便捷高效、足不出户"的办税服务体验。加强网上跨部门联合受理和信息共享，与科委、工商、质检、银行等部门实行"一口受理、并联审批"，联合推进研发费加计扣除、非贸付汇等事项便利化，避免企业多部门间往返奔波。

三、电子发票网上应用。加快推进自贸试验区内电商企业电子发票网上应用，支持电子商务行业发展；针对金融保险行业特点，积极研究金融保险业电子发票应用，节省电子商务交易时间，减少企业运营成本，维护消费者权益。

四、网上区域通办。针对自贸试验区地域宽广、企业往返时间长、办税成本高等现状,在"1＋4自贸办税直通车"(办税大厅和延伸点)的基础上,为企业提供所有税收业务事项的网上区域通办服务。

五、网上直接认定。对新办企业取消辅导期,推行网上增值税一般纳税人直接认定。在风险管控方面,加强事中违纪纳税人纳入辅导期管理工作。

六、非居民税收网上管理。明确银行等账户托管方主管税务机关权限,对在银行等托管方设立自由贸易账户开展投资等综合业务的非居民企业和个人,试行由托管方履行信息报告义务,由托管方主管税务机关集中提供相关涉税服务。开发非居民税收管理系统,实行全市统一的非居民网上税务登记,实现非居民合同网上备案、网上申报、网上扣款。

七、网上按季申报。对洋山保税港区享受提供国内货物运输服务、仓储服务和装卸搬运服务即征即退增值税政策的纳税人,由原来的按月申报转变为按季网上申报并实行网上即征即退,便于该类企业资金周转和加大行业扶持力度,为促进自贸试验区发展与国际航运中心建设协调推进提供助力。

八、网上备案。加快行政审批制度改革,对行政审批清单内常用涉税事项实行网上"先备后核",纳税人根据现有政策规定向税务机关网上备案(备忘)后先行享受相关政策,税务机关进行事后核实和监管。

九、纳税信用网上评价。通过信用信息平台,采集、处理、评价纳税信用信息,提供纳税信用评价结果网上自我查询。根据评价结果,实施分类服务和管理,对A级纳税人给予主动公开、放宽用票量等激励措施,对D级纳税人加大税务惩戒力度的同时,将纳税信用评价结果通报相关部门,促进社会诚信体系建设。

十、创新网上服务。网上信息收集,通过税企互动平台、网上在线、网上调查问卷等功能,对纳税人需求进行分类采集;网上信息推送,根据纳税人需求有针对性地提供个性化政策推送、风险提示提醒等主动推送服务;网上信息查询,提供网上涉税事项办理进度等信息查询服务。

国家税务总局

2014 年 6 月 25 日

中国(上海)自由贸易试验区条例

(2014年7月25日上海市第十四届人民代表大会常务委员会第十四次会议通过)

第六章　税收管理

第三十三条　自贸试验区按照国家规定,实施促进投资和贸易的有关税收政策;其所属的上海外高桥保税区、上海外高桥保税物流园区、洋山保税港区和上海浦东机场综合保税区执行相应的海关特殊监管区域的税收政策。

遵循税制改革方向和国际惯例,积极研究完善不导致利润转移、税基侵蚀的适应境外股权投资和离岸业务发展的税收政策。

第三十四条　税务部门应当在自贸试验区建立便捷的税务服务体系,实施税务专业化集中审批,逐步取消前置核查,推行先审批后核查、核查审批分离的工作方式;推行网上办税,提供在线纳税咨询、涉税事项办理情况查询等服务,逐步实现跨区域税务通办。

第三十五条　税务部门应当在自贸试验区开展税收征管现代化试点,提高税收效率,营造有利于企业发展、公平竞争的税收环境。

税务部门应当运用税收信息系统和自贸试验区监管信息共享平台进行税收风险监测,提高税收管理水平。

Convention on the Settlement of Investment Disputes Between States and Nationals of Other States

（节选）

International Centre for Settlement of Investment Disputes

Section 1　Establishment and Organization

Article 1

(1) There is hereby established the International Centre for Settlement of Investment Disputes(hereinafter called the Centre).

(2) The purpose of the Centre shall be to provide facilities for conciliation and arbitration of investment disputes between Contracting States and nationals of other Contracting States in accordance with the provisions of this Convention.

Article 2

The seat of the Centre shall be at the principal office of the International Bank for Reconstruction and Development(hereinafter called the Bank). The seat may be moved to another place by decision of the Administrative Council adopted by a majority of two-thirds of its members.

Article 3

The Centre shall have an Administrative Council and a Secretariat and shall maintain a Panel of Conciliators and a Panel of Arbitrators.

Section 2　The Administrative Council

Article 4

(1) The Administrative Council shall be composed of one representative of each Contracting State. An alternate may act as representative in case of his

principal's absence from a meeting or inability to act.

(2) In the absence of a contrary designation, each governor and alternate governor of the Bank appointed by a Contracting State shall be ex officio its representative and its alternate respectively.

Article 5

The President of the Bank shall be ex officio Chairman of the Administrative Council(hereinafter called the Chairman) but shall have no vote. During his absence or inability to act and during any vacancy in the office of President of the Bank, the person for the time being acting as President shall act as Chairman of the Administrative Council.

Article 6

(1) Without prejudice to the powers and functions vested in it by other provisions of this Convention, the Administrative Council shall:

(a) adopt the administrative and financial regulations of the Centre;

(b) adopt the rules of procedure for the institution of conciliation and arbitration proceedings;

(c) adopt the rules of procedure for conciliation and arbitration proceedings (hereinafter called the Conciliation Rules and the Arbitration Rules);

(d) approve arrangements with the Bank for the use of the Bank's administrative facilities and services;

(e) determine the conditions of service of the Secretary-General and of any Deputy Secretary-General;

(f) adopt the annual budget of revenues and expenditures of the Centre;

(g) approve the annual report on the operation of the Centre.

The decisions referred to in sub-paragraphs(a),(b),(c) and(f) above shall be adopted by a majority of two-thirds of the members of the Administrative Council.

(2) The Administrative Council may appoint such committees as it considers necessary.

(3) The Administrative Council shall also exercise such other powers and perform such other functions as it shall determine to be necessary for the implementation of the provisions of this Convention.

Article 7

(1) The Administrative Council shall hold an annual meeting and such other

meetings as may be determined by the Council, or convened by the Chairman, or convened by the Secretary-General at the request of not less than five members of the Council.

(2) Each member of the Administrative Council shall have one vote and, except as otherwise herein provided, all matters before the Council shall be decided by a majority of the votes cast.

(3) A quorum for any meeting of the Administrative Council shall be a majority of its members.

(4) The Administrative Council may establish, by a majority of two-thirds of its members, a procedure whereby the Chairman may seek a vote of the Council without convening a meeting of the Council. The vote shall be considered valid only if the majority of the members of the Council cast their votes within the time limit fixed by the said procedure.

Article 8

Members of the Administrative Council and the Chairman shall serve without remuneration from the Centre.

Section 3   The Secretariat

Article 9

The Secretariat shall consist of a Secretary-General, one or more Deputy Secretaries-General and staff.

Article 10

(1) The Secretary-General and any Deputy Secretary-General shall be elected by the Administrative Council by a majority of two-thirds of its members upon the nomination of the Chairman for a term of service not exceeding six years and shall be eligible for re-election. After consulting the members of the Administrative Council, the Chairman shall propose one or more candidates for each such office.

(2) The offices of Secretary-General and Deputy Secretary-General shall be incompatible with the exercise of any political function. Neither the Secretary-General nor any Deputy Secretary-General may hold any other employment or engage in any other occupation except with the approval of the Administrative Council.

(3) During the Secretary-General's absence or inability to act, and during any vacancy of the office of Secretary-General, the Deputy Secretary-General

shall act as Secretary-General. If there shall be more than one Deputy Secretary-General, the Administrative Council shall determine in advance the order in which they shall act as Secretary-General.

Article 11

The Secretary-General shall be the legal representative and the principal officer of the Centre and shall be responsible for its administration, including the appointment of staff, in accordance with the provisions of this Convention and the rules adopted by the Administrative Council. He shall perform the function of registrar and shall have the power to authenticate arbitral awards rendered pursuant to this Convention, and to certify copies thereof.

Section 4   The Panels

Article 12

The Panel of Conciliators and the Panel of Arbitrators shall each consist of qualified persons, designated as hereinafter provided, who are willing to serve thereon.

Article 13

(1) Each Contracting State may designate to each Panel four persons who may but need not be its nationals.

(2) The Chairman may designate ten persons to each Panel. The persons so designated to a Panel shall each have a different nationality.

Article 14

(1) Persons designated to serve on the Panels shall be persons of high moral character and recognized competence in the fields of law, commerce, industry or finance, who may be relied upon to exercise independent judgment. Competence in the field of law shall be of particular importance in the case of persons on the Panel of Arbitrators.

(2) The Chairman, in designating persons to serve on the Panels, shall in addition pay due regard to the importance of assuring representation on the Panels of the principal legal systems of the world and of the main forms of economic activity.

Article 15

(1) Panel members shall serve for renewable periods of six years.

(2) In case of death or resignation of a member of a Panel, the authority

which designated the member shall have the right to designate another person to serve for the remainder of that member's term.

(3) Panel members shall continue in office until their successors have been designated.

Article 16

(1) A person may serve on both Panels.

(2) If a person shall have been designated to serve on the same Panel by more than one Contracting State, or by one or more Contracting States and the Chairman, he shall be deemed to have been designated by the authority which first designated him or, if one such authority is the State of which he is a national, by that State.

(3) All designations shall be notified to the Secretary-General and shall take effect from the date on which the notification is received.

Section 5   Financing the Centre

Article 17

If the expenditure of the Centre cannot be met out of charges for the use of its facilities, or out of other receipts, the excess shall be borne by Contracting States which are members of the Bank in proportion to their respective subscriptions to the capital stock of the Bank, and by Contracting States which are not members of the Bank in accordance with rules adopted by the Administrative Council.

Section 6   Status, Immunities and Privileges

Article 18

The Centre shall have full international legal personality. The legal capacity of the Centre shall include the capacity:

(a) to contract;

(b) to acquire and dispose of movable and immovable property;

(c) to institute legal proceedings.

Article 19

To enable the Centre to fulfil its functions, it shall enjoy in the territories of each Contracting State the immunities and privileges set forth in this Section.

Article 20

The Centre, its property and assets shall enjoy immunity from all legal process, except when the Centre waives this immunity.

Article 21

The Chairman, the members of the Administrative Council, persons acting as conciliators or arbitrators or members of a Committee appointed pursuant to paragraph(3) of Article 52, and the officers and employees of the Secretariat:

(a) shall enjoy immunity from legal process with respect to acts performed by them in the exercise of their functions, except when the Centre waives this immunity;

(b) not being local nationals, shall enjoy the same immunities from immigration restrictions, alien registration requirements and national service obligations, the same facilities as regards exchange restrictions and the same treatment in respect of travelling facilities as are accorded by Contracting States to the representatives, officials and employees of comparable rank of other Contracting States.

Article 22

The provisions of Article 21 shall apply to persons appearing in proceedings under this Convention as parties, agents, counsel, advocates, witnesses or experts; provided, however, that sub-paragraph(b) thereof shall apply only in connection with their travel to and from, and their stay at, the place where the proceedings are held.

Article 23

(1) The archives of the Centre shall be inviolable, wherever they may be.

(2) With regard to its official communications, the Centre shall be accorded by each Contracting State treatment not less favourable than that accorded to other international organizations.

Article 24

(1) The Centre, its assets, property and income, and its operations and transactions authorized by this Convention shall be exempt from all taxation and customs duties. The Centre shall also be exempt from liability for the collection or payment of any taxes or customs duties.

(2) Except in the case of local nationals, no tax shall be levied on or in respect of expense allowances paid by the Centre to the Chairman or members of

the Administrative Council, or on or in respect of salaries, expense allowances or other emoluments paid by the Centre to officials or employees of the Secretariat.

(3) No tax shall be levied on or in respect of fees or expense allowances received by persons acting as conciliators, or arbitrators, or members of a Committee appointed pursuant to paragraph (3) of Article 52, in proceedings under this Convention, if the sole jurisdictional basis for such tax is the location of the Centre or the place where such proceedings are conducted or the place where such fees or allowances are paid.

Jurisdiction of the Centre

Article 25

(1) The jurisdiction of the Centre shall extend to any legal dispute arising directly out of an investment, between a Contracting State (or any constituent subdivision or agency of a Contracting State designated to the Centre by that State) and a national of another Contracting State, which the parties to the dispute consent in writing to submit to the Centre. When the parties have given their consent, no party may withdraw its consent unilaterally.

(2) "National of another Contracting State" means:

(a) any natural person who had the nationality of a Contracting State other than the State party to the dispute on the date on which the parties consented to submit such dispute to conciliation or arbitration as well as on the date on which the request was registered pursuant to paragraph(3) of Article 28 or paragraph(3) of Article 36, but does not include any person who on either date also had the nationality of the Contracting State party to the dispute; and

(b) any juridical person which had the nationality of a Contracting State other than the State party to the dispute on the date on which the parties consented to submit such dispute to conciliation or arbitration and any juridical person which had the nationality of the Contracting State party to the dispute on that date and which, because of foreign control, the parties have agreed should be treated as a national of another Contracting State for the purposes of this Convention.

(3) Consent by a constituent subdivision or agency of a Contracting State shall require the approval of that State unless that State notifies the Centre that no such approval is required.

(4) Any Contracting State may, at the time of ratification, acceptance or

approval of this Convention or at any time thereafter, notify the Centre of the class or classes of disputes which it would or would not consider submitting to the jurisdiction of the Centre. The Secretary-General shall forthwith transmit such notification to all Contracting States. Such notification shall not constitute the consent required by paragraph(1).

Article 26

Consent of the parties to arbitration under this Convention shall, unless otherwise stated, be deemed consent to such arbitration to the exclusion of any other remedy. A Contracting State may require the exhaustion of local administrative or judicial remedies as a condition of its consent to arbitration under this Convention.

Article 27

(1) No Contracting State shall give diplomatic protection, or bring an international claim, in respect of a dispute which one of its nationals and another Contracting State shall have consented to submit or shall have submitted to arbitration under this Convention, unless such other Contracting State shall have failed to abide by and comply with the award rendered in such dispute.

(2) Diplomatic protection, for the purposes of paragraph(1), shall not include informal diplomatic exchanges for the sole purpose of facilitating a settlement of the dispute.

Arbitration

Section 1   Request for Arbitration

Article 36

(1) Any Contracting State or any national of a Contracting State wishing to institute arbitration proceedings shall address a request to that effect in writing to the Secretary-General who shall send a copy of the request to the other party.

(2) The request shall contain information concerning the issues in dispute, the identity of the parties and their consent to arbitration in accordance with the rules of procedure for the institution of conciliation and arbitration proceedings.

(3) The Secretary-General shall register the request unless he finds, on the basis of the information contained in the request, that the dispute is manifestly outside the jurisdiction of the Centre. He shall forthwith notify the parties of registration or refusal to register.

Section 2 Constitution of the Tribunal

Article 37

(1) The Arbitral Tribunal (hereinafter called the Tribunal) shall be constituted as soon as possible after registration of a request pursuant to Article 36.

(2) (a) The Tribunal shall consist of a sole arbitrator or any uneven number of arbitrators appointed as the parties shall agree.

(b) Where the parties do not agree upon the number of arbitrators and the method of their appointment, the Tribunal shall consist of three arbitrators, one arbitrator appointed by each party and the third, who shall be the president of the Tribunal, appointed by agreement of the parties.

Article 38

If the Tribunal shall not have been constituted within 90 days after notice of registration of the request has been dispatched by the Secretary-General in accordance with paragraph(3) of Article 36, or such other period as the parties may agree, the Chairman shall, at the request of either party and after consulting both parties as far as possible, appoint the arbitrator or arbitrators not yet appointed. Arbitrators appointed by the Chairman pursuant to this Article shall not be nationals of the Contracting State party to the dispute or of the Contracting State whose national is a party to the dispute.

Article 39

The majority of the arbitrators shall be nationals of States other than the Contracting State party to the dispute and the Contracting State whose national is a party to the dispute; provided, however, that the foregoing provisions of this Article shall not apply if the sole arbitrator or each individual member of the Tribunal has been appointed by agreement of the parties.

Article 40

(1) Arbitrators may be appointed from outside the Panel of Arbitrators, except in the case of appointments by the Chairman pursuant to Article 38.

(2) Arbitrators appointed from outside the Panel of Arbitrators shall possess the qualities stated in paragraph(1) of Article 14.

Section 3 Powers and Functions of the Tribunal

Article 41

(1) The Tribunal shall be the judge of its own competence.

(2) Any objection by a party to the dispute that that dispute is not within the jurisdiction of the Centre, or for other reasons is not within the competence of the Tribunal, shall be considered by the Tribunal which shall determine whether to deal with it as a preliminary question or to join it to the merits of the dispute.

Article 42

(1) The Tribunal shall decide a dispute in accordance with such rules of law as may be agreed by the parties. In the absence of such agreement, the Tribunal shall apply the law of the Contracting State party to the dispute(including its rules on the conflict of laws) and such rules of international law as may be applicable.

(2) The Tribunal may not bring in a finding of non liquet on the ground of silence or obscurity of the law.

(3) The provisions of paragraphs(1) and(2) shall not prejudice the power of the Tribunal to decide a dispute ex aequo et bono if the parties so agree.

Article 43

Except as the parties otherwise agree, the Tribunal may, if it deems it necessary at any stage of the proceedings,

(a) call upon the parties to produce documents or other evidence, and

(b) visit the scene connected with the dispute, and conduct such inquiries there as it may deem appropriate.

Article 44

Any arbitration proceeding shall be conducted in accordance with the provisions of this Section and, except as the parties otherwise agree, in accordance with the Arbitration Rules in effect on the date on which the parties consented to arbitration. If any question of procedure arises which is not covered by this Section or the Arbitration Rules or any rules agreed by the parties, the Tribunal shall decide the question.

Article 45

(1) Failure of a party to appear or to present his case shall not be deemed an

admission of the other party's assertions.

(2) If a party fails to appear or to present his case at any stage of the proceedings the other party may request the Tribunal to deal with the questions submitted to it and to render an award. Before rendering an award, the Tribunal shall notify, and grant a period of grace to, the party failing to appear or to present its case, unless it is satisfied that that party does not intend to do so.

Article 46

Except as the parties otherwise agree, the Tribunal shall, if requested by a party, determine any incidental or additional claims or counterclaims arising directly out of the subject-matter of the dispute provided that they are within the scope of the consent of the parties and are otherwise within the jurisdiction of the Centre.

Article 47

Except as the parties otherwise agree, the Tribunal may, if it considers that the circumstances so require, recommend any provisional measures which should be taken to preserve the respective rights of either party.

Section 4   The Award

Article 48

(1) The Tribunal shall decide questions by a majority of the votes of all its members.

(2) The award of the Tribunal shall be in writing and shall be signed by the members of the Tribunal who voted for it.

(3) The award shall deal with every question submitted to the Tribunal, and shall state the reasons upon which it is based.

(4) Any member of the Tribunal may attach his individual opinion to the award, whether he dissents from the majority or not, or a statement of his dissent.

(5) The Centre shall not publish the award without the consent of the parties.

Article 49

(1) The Secretary-General shall promptly dispatch certified copies of the award to the parties. The award shall be deemed to have been rendered on the date on which the certified copies were dispatched.

(2) The Tribunal upon the request of a party made within 45 days after the date on which the award was rendered may after notice to the other party decide any question which it had omitted to decide in the award, and shall rectify any clerical, arithmetical or similar error in the award. Its decision shall become part of the award and shall be notified to the parties in the same manner as the award. The periods of time provided for under paragraph(2) of Article 51 and paragraph (2) of Article 52 shall run from the date on which the decision was rendered.

Section 5　Interpretation, Revision and Annulment of the Award

Article 50

(1) If any dispute shall arise between the parties as to the meaning or scope of an award, either party may request interpretation of the award by an application in writing addressed to the Secretary-General.

(2) The request shall, if possible, be submitted to the Tribunal which rendered the award. If this shall not be possible, a new Tribunal shall be constituted in accordance with Section 2 of this Chapter. The Tribunal may, if it considers that the circumstances so require, stay enforcement of the award pending its decision.

Article 51

(1) Either party may request revision of the award by an application in writing addressed to the Secretary-General on the ground of discovery of some fact of such a nature as decisively to affect the award, provided that when the award was rendered that fact was unknown to the Tribunal and to the applicant and that the applicant's ignorance of that fact was not due to negligence.

(2) The application shall be made within 90 days after the discovery of such fact and in any event within three years after the date on which the award was rendered.

(3) The request shall, if possible, be submitted to the Tribunal which rendered the award. If this shall not be possible, a new Tribunal shall be constituted in accordance with Section 2 of this Chapter.

(4) The Tribunal may, if it considers that the circumstances so require, stay enforcement of the award pending its decision. If the applicant requests a stay of enforcement of the award in his application, enforcement shall be stayed provisionally until the Tribunal rules on such request.

Article 52

(1) Either party may request annulment of the award by an application in writing addressed to the Secretary-General on one or more of the following grounds:

(a) that the Tribunal was not properly constituted;

(b) that the Tribunal has manifestly exceeded its powers;

(c) that there was corruption on the part of a member of the Tribunal;

(d) that there has been a serious departure from a fundamental rule of procedure; or

(e) that the award has failed to state the reasons on which it is based.

(2) The application shall be made within 120 days after the date on which the award was rendered except that when annulment is requested on the ground of corruption such application shall be made within 120 days after discovery of the corruption and in any event within three years after the date on which the award was rendered.

(3) On receipt of the request the Chairman shall forthwith appoint from the Panel of Arbitrators an ad hoc Committee of three persons. None of the members of the Committee shall have been a member of the Tribunal which rendered the award, shall be of the same nationality as any such member, shall be a national of the State party to the dispute or of the State whose national is a party to the dispute, shall have been designated to the Panel of Arbitrators by either of those States, or shall have acted as a conciliator in the same dispute. The Committee shall have the authority to annul the award or any part thereof on any of the grounds set forth in paragraph(1).

(4) The provisions of Articles 41–45, 48, 49, 53 and 54, and of Chapters VI and VII shall apply mutatis mutandis to proceedings before the Committee.

(5) The Committee may, if it considers that the circumstances so require, stay enforcement of the award pending its decision. If the applicant requests a stay of enforcement of the award in his application, enforcement shall be stayed provisionally until the Committee rules on such request.

(6) If the award is annulled the dispute shall, at the request of either party, be submitted to a new Tribunal constituted in accordance with Section 2 of this Chapter.

Section 6　Recognition and Enforcement of the Award

Article 53

(1) The award shall be binding on the parties and shall not be subject to any appeal or to any other remedy except those provided for in this Convention. Each party shall abide by and comply with the terms of the award except to the extent that enforcement shall have been stayed pursuant to the relevant provisions of this Convention.

(2) For the purposes of this Section, "award" shall include any decision interpreting, revising or annulling such award pursuant to Articles 50, 51 or 52.

Article 54

(1) Each Contracting State shall recognize an award rendered pursuant to this Convention as binding and enforce the pecuniary obligations imposed by that award within its territories as if it were a final judgment of a court in that State. A Contracting State with a federal constitution may enforce such an award in or through its federal courts and may provide that such courts shall treat the award as if it were a final judgment of the courts of a constituent state.

(2) A party seeking recognition or enforcement in the territories of a Contracting State shall furnish to a competent court or other authority which such State shall have designated for this purpose a copy of the award certified by the Secretary-General. Each Contracting State shall notify the Secretary-General of the designation of the competent court or other authority for this purpose and of any subsequent change in such designation.

(3) Execution of the award shall be governed by the laws concerning the execution of judgments in force in the State in whose territories such execution is sought.

Article 55

Nothing in Article 54 shall be construed as derogating from the law in force in any Contracting State relating to immunity of that State or of any foreign State from execution.

Replacement and Disqualification of Conciliators and Arbitrators

Article 56

(1) After a Commission or a Tribunal has been constituted and proceedings have begun, its composition shall remain unchanged; provided, however, that if

a conciliator or an arbitrator should die, become incapacitated, or resign, the resulting vacancy shall be filled in accordance with the provisions of Section 2 of Chapter III or Section 2 of Chapter IV.

(2) A member of a Commission or Tribunal shall continue to serve in that capacity notwithstanding that he shall have ceased to be a member of the Panel.

(3) If a conciliator or arbitrator appointed by a party shall have resigned without the consent of the Commission or Tribunal of which he was a member, the Chairman shall appoint a person from the appropriate Panel to fill the resulting vacancy.

Article 57

A party may propose to a Commission or Tribunal the disqualification of any of its members on account of any fact indicating a manifest lack of the qualities required by paragraph (1) of Article 14. A party to arbitration proceedings may, in addition, propose the disqualification of an arbitrator on the ground that he was ineligible for appointment to the Tribunal under Section 2 of Chapter IV.

Article 58

The decision on any proposal to disqualify a conciliator or arbitrator shall be taken by the other members of the Commission or Tribunal as the case may be, provided that where those members are equally divided, or in the case of a proposal to disqualify a sole conciliator or arbitrator, or a majority of the conciliators or arbitrators, the Chairman shall take that decision. If it is decided that the proposal is well-founded the conciliator or arbitrator to whom the decision relates shall be replaced in accordance with the provisions of Section 2 of Chapter III or Section 2 of Chapter IV.

我国与亚洲国家签署税收协定情况

亚洲国家建交 45 个,签署协定 35 个,生效 34 个				
序号	国家	签署日期	签署地点	生效日期	执行日期
1	日本	1983.9.6	北京	1984.6.26	1985.1.1
2	马来西亚	1985.11.23	北京	1986.9.14	1987.1.1
3	新加坡	1986.4.18	新加坡	1986.12.11	1987.1.1
		2007.7.11	新加坡	2007.9.18	2008.1.1
4	泰国	1986.10.27	曼谷	1986.12.29	1987.1.1
5	巴基斯坦	1989.11.15	伊斯兰堡	1989.12.27	1989.1.1/7.1
6	科威特	1989.12.25	科威特	1990.7.20	1989.1.1
7	蒙古国	1991.8.26	乌兰巴托	1992.6.23	1993.1.1
8	阿拉伯联合酋长国	1993.7.1	阿布扎比	1994.7.14	1995.1.1
9	韩国	1994.3.28	北京	1994.9.27	1995.1.1
10	印度	1994.7.18	新德里	1994.11.19	1995.1.1
11	以色列	1995.4.8	北京	1995.12.22	1996.1.1
12	越南	1995.5.17	北京	1996.10.18	1997.1.1
13	土耳其	1995.5.23	北京	1997.1.20	1998.1.1
14	亚美尼亚	1996.5.5	北京	1996.11.28	1997.1.1
15	乌兹别克斯坦	1996.7.3	塔什干	1996.7.3	1997.1.1
16	孟加拉国	1996.9.12	北京	1997.4.10	中:1998.1.1 孟:1998.7.1
17	老挝	1999.1.25	北京	1999.6.22	2000.1.1
18	菲律宾	1999.11.18	北京	2001.3.23	2002.1.1

（续表）

序号	国家	签署日期	签署地点	生效日期	执行日期
19	卡塔尔	2001.4.2	北京	2008.10.21	2009.1.1
20	尼泊尔	2001.5.14	加德满都	2010.12.31	2011.1.1
21	哈萨克斯坦	2001.9.12	阿斯塔纳	2003.7.27	2004.1.1
22	印度尼西亚	2001.11.7	雅加达	2003.8.25	2004.1.1
23	阿曼	2002.3.25	马斯喀特	2002.7.20	2003.1.1
24	伊朗	2002.4.20	德黑兰	2003.8.14	2004.1.1
25	巴林	2002.5.16	北京	2002.8.8	2003.1.1
26	吉尔吉斯斯坦	2002.6.24	北京	2003.3.29	2004.1.1
27	斯里兰卡	2003.8.11	北京	2005.5.22	2006.1.1
28	文莱	2004.9.21	北京	2006.12.29	2007.1.1
29	阿塞拜疆	2005.3.17	北京	2005.8.17	2006.1.1
30	格鲁吉亚	2005.6.22	北京	2005.11.10	2006.1.1
31	沙特阿拉伯	2006.1.23	北京	2006.9.1	2007.1.1
32	塔吉克斯坦	2008.8.27	杜尚别	2009.3.28	2010.1.1
33	土库曼斯坦	2009.12.13	阿什哈巴德	2010.5.30	2011.1.1
34	叙利亚	2010.10.31	大马士革	2011.9.1	2012.1.1
35	柬埔寨	2016.10.13	金边	（尚未生效）	

我国与欧洲国家签署税收协定情况

欧洲国家建交 44 个，签署协定 39 个，生效 39 个				
序号	国家	签署日期	签署地点	生效日期	执行日期
1	法国	1984.5.30	巴黎	1985.2.21	1986.1.1
		2013.11.26	北京	2014.12.28	2015.1.1
2	英国	1984.7.26	北京	1984.12.23	1985.1.1
		2011.6.27	伦敦	2013.12.13	中（China）：2014.1.1 英（UK）：所得税和财产收益税（Income Tax and Capital Gains Tax）：2014.4.6；公司税（Corporation Tax）：2014.4.1
3	比利时	1985.4.18	北京	1987.9.11	1988.1.1
		2009.10.7	布鲁塞尔	2013.12.29	2014.1.1
4	德国	1985.6.10	波恩	1986.5.14	1985.1.1/7.1
		2014.3.28	柏林	2016.4.6	2017.1.1
5	挪威	1986.2.25	北京	1986.12.21	1987.1.1
6	丹麦	1986.3.26	北京	1986.10.22	1987.1.1
		2012.6.16	哥本哈根	2012.12.27	2013.1.1
7	芬兰	1986.5.12	赫尔辛基	1987.12.18	1988.1.1
		2010.5.25	北京	2010.11.25	2011.1.1
8	瑞典	1986.5.16	斯德哥尔摩	1987.1.3	1987.1.1
9	意大利	1986.10.31	北京	1989.11.14	1990.1.1

（续表）

序号	国家	签署日期	签署地点	生效日期	执行日期
10	荷兰	1987.5.13	北京	1988.3.5	1989.1.1
		2013.05.31	北京	2014.8.31	2015.1.1
11	捷克斯洛伐克（适用于斯洛伐克）	1987.6.11	布拉格	1987.12.23	1988.1.1
12	波兰	1988.6.7	北京	1989.1.7	1990.1.1
13	南斯拉夫（适用于波黑）	1988.12.2	北京	1989.12.16	1990.1.1
14	保加利亚	1989.11.6	北京	1990.5.25	1991.1.1
15	瑞士	1990.7.6	北京	1991.9.27	1990.1.1
		2013.09.25	北京	2014.11.15	2015.1.1
16	塞浦路斯	1990.10.25	北京	1991.10.5	1992.1.1
17	西班牙	1990.11.22	北京	1992.5.20	1993.1.1
18	罗马尼亚	1991.1.16	北京	1992.3.5	1993.1.1
		2016.7.4	布加勒斯特	（尚未生效）	
19	奥地利	1991.4.10	北京	1992.11.1	1993.1.1
20	匈牙利	1992.6.17	北京	1994.12.31	1995.1.1
21	马耳他	1993.2.2	北京	1994.3.20	1995.1.1
		2010.10.18	瓦莱塔	2011.8.25	2012.1.1
22	卢森堡	1994.3.12	北京	1995.7.28	1996.1.1
23	俄罗斯	1994.5.27	北京	1997.4.10	1998.1.1
		2014.10.13	莫斯科	2016.4.9	2017.1.1
24	克罗地亚	1995.1.9	北京	2001.5.18	2002.1.1
25	白俄罗斯	1995.1.17	北京	1996.10.3	1997.1.1
26	斯洛文尼亚	1995.2.13	北京	1995.12.27	1996.1.1
27	乌克兰	1995.12.4	北京	1996.10.18	中：1997.1.1/乌：股利特个人1996.12.17企业所得税1997.1.1
28	冰岛	1996.6.3	北京	1997.2.5	1998.1.1
29	立陶宛	1996.6.3	维尔纽斯	1996.10.18	1997.1.1
30	拉脱维亚	1996.6.7	里加	1997.1.27	1998.1.1

序号	国家	签署日期	签署地点	生效日期	执行日期
31	原南斯拉夫联盟（适用于塞尔维亚和黑山）	1997.3.21	贝尔格莱德	1998.1.1	1998.1.1
32	马其顿	1997.6.9	北京	1997.11.29	1998.1.1
33	葡萄牙	1998.4.21	北京	2000.6.7	2001.1.1
34	爱沙尼亚	1998.5.12	北京	1999.1.8	2000.1.1
35	爱尔兰	2000.4.19	都柏林	2000.12.29	中：2001.1.1 爱：2001.4.6
36	摩尔多瓦	2000.6.7	北京	2001.5.26	2002.1.1
37	希腊	2002.6.3	北京	2005.11.11	2006.1.1
38	阿尔巴尼亚	2004.9.13	北京	2005.7.28	2006.1.1
39	捷克	2009.8.28	北京	2011.5.4	2012.1.1

附件十二

我国与非洲国家签署税收协定情况

非洲国家建交 52 个,签署协定 14 个,生效 12 个				
序号	国家	签署日期	签署地点	生效日期	执行日期
1	毛里求斯	1994.8.1	北京	1995.5.4	1996.1.1
2	苏丹	1997.5.30	北京	1999.2.9	2000.1.1
3	埃及	1997.8.13	开罗	1999.3.24	2000.1.1
4	塞舌尔	1999.8.26	北京	1999.12.17	2000.1.1
5	南非	2000.4.25	比勒陀利亚	2001.1.7	2002.1.1
6	尼日利亚	2002.4.15	阿布贾	2009.3.21	2010.1.1
7	突尼斯	2002.4.16	突尼斯	2003.9.23	2004.1.1
8	摩洛哥	2002.8.27	拉巴特	2006.8.16	2007.1.1
9	阿尔及利亚	2006.11.6	北京	2007.7.27	2008.1.1
10	埃塞俄比亚	2009.5.14	北京	2012.12.25	2013.1.1
11	赞比亚	2010.7.26	卢萨卡	2011.6.30	2012.1.1
12	乌干达	2012.1.11	坎帕拉	(尚未生效)	
13	博茨瓦纳	2012.4.11	哈博罗内	(尚未生效)	
14	津巴布韦	2015.12.1	哈拉雷	2016.9.29	2017.1.1

我国与美洲国家签署税收协定情况

美洲国家建交 23 个,签署协定 11 个,生效 11 个				
序号	国家	签署日期	签署地点	生效日期	执行日期
1	美国	1984.4.30	北京	1986.11.21	1987.1.1
2	加拿大	1986.5.12	北京	1986.12.29	1987.1.1
3	牙买加	1996.6.3	北京	1997.3.15	1998.1.1
4	巴巴多斯	2000.5.15	北京	2000.10.27	2001.1.1
5	古巴	2001.4.13	哈瓦那	2003.10.17	2004.1.1
6	特立尼达和多巴哥	2003.9.18	西班牙港	2005.5.22	预提税:2005.6.1 其他:2006.1.1
7	墨西哥	2005.9.12	墨西哥城	2006.3.1	2007.1.1
8	巴西	1991.8.5	北京	1993.1.6	1994.1.1
9	委内瑞拉	2001.4.17	加拉加斯	2004.12.23	2005.1.1
10	厄瓜多尔	2013.01.21	基多	2014.3.6	2015.1.1
11	智利	2015.5.25	圣地亚哥	2016.8.8	2017.1.1

我国与大洋洲国家签署税收协定情况

大洋洲国家建交 10 个, 签署协定 3 个, 生效 3 个				
序号	国家	签署日期	签署地点	生效日期	执行日期
1	新西兰	1986.9.16	惠灵顿	1986.12.17	1987.1.1
2	澳大利亚	1988.11.17	堪培拉	1990.12.28	1991.1.1
3	巴布亚新几内亚	1994.7.14	北京	1995.8.16	1996.1.1

附件十五

内地与港澳签署税收安排及
大陆与台湾签署税收协议情况

签署税收安排和税收协议 3 个, 生效 2 个					
序号	地区	签署日期	签署地点	生效日期	执行日期	所在国家
1	澳门	2003.12.27	澳门	2003.12.30	2004.1.1	中国
2	香港	2006.8.21	香港	2006.12.8	内地：2007.1.1 香港：2007.4.1	中国
3	台湾	2015.8.25	福州	（尚未生效）		中国

参 考 文 献

陈延忠.2010.国际税收协定解释问题研究[M].北京:科学出版社.

陈安.2001.国际投资争端仲裁:解决投资争端国际中心机制研究[M].上海:复旦大学出版社.

林明锵.2006.行政契约法研究[M].台北:翰庐图书出版有限公司.

金子宏.1989.日本税法原理[M].北京:中国财政经济出版社.

金子宏.2004.日本税法[M].战宪斌,郑林根,等,译.北京:法律出版社.

黄进.2010.国际商事争议解决机制研究[M].湖北:武汉大学出版社.

廖益新.2008.国际税法学[M].北京:高等教育出版社.

Andrea Amatucci. 2006. International Tax Law [M]. Alphen aan den Rijn: Kluwer Law International.

Anuschka Bakker, Marc M Levey. 2011. Transfer Pricing and Dispute Resolution: Aligning strategy and execution[M]. Amsterdam: IBFD.

Jennifer E Farrell. 2013. The Interface of International Trade Law and Taxation [M]. Amsterdam: IBFD.

Juan Angel Becerra. 2013. Interpretation and Application of Tax Treaties in North America[M]. 2nd ed. Amsterdam: IBFD.

Mario Züger. 2001. Arbitration under Tax Treaties: Improving Legal Protection in International Tax Law[M]. Amsterdam: IBFD.

Marjaana Helminen. 2010. The International Tax Law Concept of Dividend[M]. Alphen aan den Rijn: Kluwer Law International.

Reuven S Avi-Yonah. 2007. International Tax as International Law: An Analysis of the International Tax Regime[M]. Cambridge: Cambridge University Press.

Simon James. 2002. Taxation: Critical Perspectives on the World Economy(Volume I-IV)[M]. London/New York: Routledge.

Turki Althunayan. 2010. Dealing with the Fragmented International Legal Environment: WTO, International Tax and Internal Tax Regulations [M]. Heidelberg: Springer-Verlag Berlin Heidelberg.

Włodzimierz Nykiel, Małgorzata Sęk. 2009. Protection of Taxpayer's Rights-European,

International and Domestic Tax Law Perspective[M].Warszawa：Wolters Kluwer Polska Sp.z o.o.

Zachary Douglas. 2009. The International Law of Investment Claims [M]. Cambridge：Cambridge University Press.

Zvi Daniel Altman. 2006. Dispute Resolution under Tax Treaties[M]. Amsterdam：IBFD.